贾少华 著

漂泊的理想：
社会学视角下的教育隐忧

本书为金华市第三批重点学科——《社会学》学科建设阶段性成果之一

厦门大学出版社 国家一级出版社
XIAMEN UNIVERSITY PRESS 全国百佳图书出版单位

目录

第一编 边走边读

2011 年访美日记 ... 1
 美国小镇的"楼盘" ... 1
 有一种自信叫无知 ... 2
 住宅是主人的镜子 ... 3
 一流大学可以在短时间内建成 ... 4
 因为包容所以强大 ... 5
 校园横幅既丑陋又愚昧 ... 6
 教授的"便当盒" ... 7
 半个月伙食费买一本教材 ... 8
 美国大学的暑假 ... 9
 清华学长对留学准备的建议 ... 10
 富有创意的"创意园" ... 12
 美国加州的"农家乐" ... 13
 诚信之缺失 中国之软肋 ... 14
 美国的"中国式小商品市场" ... 15
 加州的民居 ... 16
 孩子在欢笑中成长 ... 17
 美国孩子为什么不哭闹 ... 18
 圣迭戈：美国真正的富人区 ... 20
 留学并不适合每一个人 ... 21
 德育无痕 ... 22
 美国博士生实习的多重效应 ... 23
 中美大学的直观比较 ... 24
 中美大学生之比较 ... 26

2011 年访台日记 ... 29
 失败无素质 ... 29

大学好坏看什么 …… 30
　　道德教育回归生活实践 …… 31
　　高职院校一定要升本吗 …… 32
　　人之儿女 己之儿女 …… 33
　　台湾的高复班 …… 34
　　品牌的感召力 …… 35
　　村庄原来可以这样建 …… 36
　　企业即景点 …… 37

2012年访美加日记 …… 38
　　只有一条街的美国小城 …… 38
　　大学校园中的河 …… 40
　　美国百年老街 …… 41
　　大学要对得起学生的每一分学费 …… 42
　　国人在境外丢人现眼的新变种 …… 43
　　大学校园中的专用高速 …… 45
　　把家乡英雄钉在耻辱柱上 …… 46
　　职业教育 经验第一 …… 47
　　加拿大最美小镇的文化构建 …… 48
　　圈养的大学长不大 …… 50
　　加拿大农民的住宅什么样 …… 51
　　暑假反映大学的良心 …… 52

2012—2013年访美日记 …… 54
　　学不会的是文化 …… 54
　　美国大学的年度聚餐 …… 55
　　学术无假期 …… 56
　　美国大学为何少有"窝里斗" …… 57
　　人无社会服务不成长 …… 58
　　垃圾的文明 …… 60
　　在美国生活的诸多不便 …… 62
　　假如中美高中能互换 …… 64
　　中国学生知识基础更扎实吗 …… 66

第二编　教育时评

　　大学文凭为什么这样贱 …… 68
　　高校"去行政化"——一个美丽的梦 …… 69
　　大学创业教育的认识障碍 …… 70

目 录

大学自发文凭,可行或不可行 …………………………………… 72
我给南方科大算一命 ……………………………………………… 73
教室里走不出创业人才 …………………………………………… 74
创业不需要专业 …………………………………………………… 75
大学,拿什么来证明自己 ………………………………………… 76
大学老师为什么遭自己学生鄙视 ………………………………… 77
电子商务创业的春天 ……………………………………………… 78
大学,助人成长还是让人堕落 …………………………………… 80
大学无他 氛围而已 ……………………………………………… 81
哲学是受到尊重还是在被糟蹋 …………………………………… 82
"摆摊"是大学生最适合的创业方式 …………………………… 83
课程开设为了老师还是为了学生 ………………………………… 84
创业会导致大学生拜金吗 ………………………………………… 85
大学生在校期间不宜创业吗 ……………………………………… 86
创业找"货源"就像找女朋友 …………………………………… 87
大学,不要让自己成为创业者的"杀手" ……………………… 88
大学有太多的课程可以省略 ……………………………………… 89
匪夷所思:教师出错学生受罚 …………………………………… 91
乌托邦想象,一把让人笑着死的刀 ……………………………… 92
创业比就业容易 …………………………………………………… 93
有话语权者的话语之害 …………………………………………… 94
炫了也白炫的"就业率" ………………………………………… 95
家长患上"短信恐惧症" ………………………………………… 96
比"功利化"更可怕的是"无目的化" ………………………… 98
增强大学生的责任意识 …………………………………………… 99
创业课程培养不出老板 …………………………………………… 100
高等职业教育不姓"高" ………………………………………… 102
人文精神不是嚷出来的 …………………………………………… 103
百万富翁培养可以异常简单 ……………………………………… 104
高职学生依然可以非常伟大 ……………………………………… 106
创业需要把油门踩到底 …………………………………………… 107
创业成功靠的是天赋吗 …………………………………………… 109
跑偏了的大学创业教育 …………………………………………… 110
大学要有点自己的硬通货 ………………………………………… 111
学生创业的最大阻力来自异化的教育 …………………………… 112
诺贝尔奖为什么与中国教育过不去 ……………………………… 114
创业教育既简单又复杂 …………………………………………… 114

创业教育既是方法更是理念 …… 116
创业人才在"规范"声中遭扼杀 …… 117

第三编 灯下闲谈

大学教师要为学生的"票子"负责 …… 119
世界一流大学何时在中国诞生 …… 120
大学校长不如村长 …… 121
智商决定于文化 …… 122
拯救男孩 …… 124
清华北大沦落为二流是好事 …… 126
教授成了自己不屑的人 …… 127
教育需要召开"十一届三中全会" …… 128
中国的大学没有真正的竞争 …… 129
"科研"之罪 …… 131
国之殇:反季节教育 …… 132
一想到未来就忐忑不安 …… 134
贬值的时代什么不贬值 …… 135
讲桌上需要牌桌上的文化 …… 136
清华给我的幸福 …… 137
上了大学失去了什么 …… 140
人才不是口渴时的水 …… 141
道德教育 自欺欺人 …… 142
官场忽悠:讲正确的废话 …… 142
没用的"眼保健操"何以流行 …… 143
中国未来十年的教育隐忧 …… 144
六门挂科无碍优秀大学生评选 …… 146
大学里什么老师最郁闷 …… 148
创业能力因上大学而遭扼杀 …… 149
理论重要但不是人人都需要 …… 150
数学的双重功能:助人与害人 …… 151
高职学生在忙什么 …… 152
有关系的大学生更懂得努力 …… 154
倾斜的讲台 偏心的教育 …… 155
当今最没尊严的人是大学教师 …… 156
课堂教学远没有人们想象的那么神奇 …… 157
大学首先要让学生有谋生的本领 …… 159

大学生家长怕放假 …………………………………………… 160
不能视而不见的七种社会心理 ……………………………… 161
教育患上不治之症——"正气缺乏症" ……………………… 163
重复他人的话是可耻的 ……………………………………… 164
每个大学生都要给自己算一命 ……………………………… 165
教育论坛简直成了斗富会 …………………………………… 167
不能让学生"忙"起来的大学教育叫忽悠 …………………… 168
假如没有升学率 ……………………………………………… 170
人为什么越受教育越恶 ……………………………………… 171
高职科研需要休克疗法 ……………………………………… 172
高职院校"师傅"比"博士"更需要 …………………………… 173
高职在"姓高"意淫中的狂躁 ………………………………… 175

第四编　家庭教育

当今孩子生活中最缺的是什么 ……………………………… 177
教育无范本 …………………………………………………… 179
家庭教育中父母当防"好心办坏事" ………………………… 180
自制力是成功的关键 ………………………………………… 181
是什么让孩子有了自己是小皇帝的感觉 …………………… 183
断后路方有孩子的前途 ……………………………………… 184
家长要把经验"关在笼子里" ………………………………… 185
比"解题"更重要的是"出题" ………………………………… 187
玩可以是另外一种学习 ……………………………………… 188
把拍板权还给孩子 …………………………………………… 190
输不起也就赢不起 …………………………………………… 191
有学术前景孩子的基本特征 ………………………………… 192
为孩子的魅力奠基 …………………………………………… 193
父母怎样与孩子"谈恋爱" …………………………………… 195

附　录

"改革可能会错,但不改革是最大的错" …………………… 197

后　记 …………………………………………………………… 200

第一编　边走边读

2011年访美日记

美国小镇的"楼盘"

2011年7月1日

到达Vista市已是晚上十点多了,空气中弥漫着浓浓的花香,天上的白云使夜空显得更加宁静。

Vista,号称是市,就其人口而言,在中国的话只能算是一个小镇。确切地说,Vista是美国加州圣迭戈大区的一个纯粹仅有居住功能的城市,距离圣迭戈市有半个小时的车程。整个城市随丘陵地形建设,建筑绝大多数为两层楼房,偶有三层的。一个个居住小区以铁栅栏和绿篱相隔。乔木以桉树、广玉兰、棕榈为主,灌木则种类繁多,坡面上铺满了金银花和景天类植物,大多开着鲜艳的花朵,红的、黄的、紫的、白的,热闹极了。

我们住的地方是一个公寓楼小区,小区高大的树木告诉我这一"楼盘"已有相当的年纪了。公寓楼以一室一厅的小套为主,非常适合大学生和参加工作不久的工薪阶层居住。散步中碰到的大多是不同肤色的年轻人,说不定他们都是在圣迭戈就学或就业的。从人口构成看,小区像一个小小的"联合国"。

小区不见得豪华,但体现了生活的方便。有户外体育场所、健身房、儿童游乐园、商务中心、烧烤场所、公共洗衣房、公共泳池和停车场。停车场是小区占地最多的场所,体育场所是小区建设最为重要的配套设施,离我住的房子不超过50米的地方就有南北两个游泳池,全天免费开放。当然,让我印象最深刻的还是商务中心,这是一个免费供居民阅读、办公、上网的场所,电脑、打字机、饮水机一应俱全,温馨典雅,想必是居民们最喜欢、最常去的地方。

什么叫以人为本?什么叫天人合一?美国小镇的"楼盘"给了我一些启示和答案。

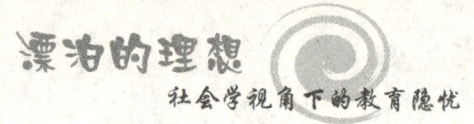

有一种自信叫无知

2011 年 7 月 6 日

到了一个地方,总要与自己的家乡做比较;到了一个国家,自然也要与自己的国家论长短。现在出国就像以前出差,生活中也就有了更多的中外比较的话题。早些年,出访欧美,回国后,人们一个共同的感觉就是自己祖国的落后。近些年,这种感觉变了,在许多人的心目中,中国的发展一点也不比西方落后。改革开放以后,中国是有了长足的进步,但与西方的距离是不是不存在了?

论房子,我们比他们高大;论汽车我们比他们豪华;论马路,我们比他们宽敞;论饮食,我们比他们多样;论娱乐,他们没有遍地的卡拉 OK、洗脚屋;论繁荣,我们商店里的顾客比他们多。问题是,文明、进步的标准早已发生变化。高房子、大汽车也曾经被西方人认为是文明的象征,但那已经是半个多世纪以前的事了。在今天,环保已成了他们进步的标志,绿色已成了他们文明的象征。来美国后,我最大的感受是天是蔚蓝的,空气是清新的,食品是安全的,门窗是不需要防盗加固的,垃圾是分类投放的。我们在追求的是他们早已放弃的,他们已经实现的是我们还没有想到的。

退一步说,即使按照传统的标准来衡量文明与进步,我们与他们的距离也没有消失而是仍然很大。人家的发展是均衡的,我们的发展是失衡的。在我看来,他们的农村比小城市好,小城市比大城市好。这不仅指自然环境,也包括社会环境。美国最好的大学基本上不在大城市,最好的医院也不是集中在纽约、华盛顿,大企业的总部说不定能在田野找到。我们的国人也承认农村的发展落后于城市,曾经流行这样一句话:我们的城市像欧洲,我们的农村像非洲。事实上,我们的城市建设和发展也是失衡的。我们的城市有可与世界上任何一座城市相媲美的建筑和街道,但离这些建筑和街道不远的地方就可能是一条条坑坑洼洼的街道和连片的破败不堪的房子。美国的城市也有大小街道之分,但却没有发展水平的差异。小街道没有大街道的车水马龙,但更整洁宁静,自然也更适合人的生活和休闲。确切地说,我们的城市有"亮点",他们的城市无"黑点"。"点"的突破固然难得,但是"面"的发展才是真发展。我们的国人往往把自己的"点"当做了"面"来与他国做比较,从而也就有了"比外国好"的结论。

但愿这种结论的得出仅仅是少数人思维上的出错而不是整体民族文化上的缺陷所致。我们的民族缺乏忧患的基因而多了自吹自擂的嗜好,摇摇欲坠的清政府会自诩为强大无比,国民经济处于崩溃边缘的"文革"时期我们的国民也一直对"世界上还有 4/5 的人在受苦受难"的谎言深信不疑。落后不可怕,可怕的是身处落后还不知落后。

住宅是主人的镜子

2011年7月7日

　　国内住宅的装潢是越来越考究了,特别是一些高档住宅以及所谓的别墅,主人就愁钱投不进去,什么材料昂贵就用什么材料,什么材料阔气就用什么材料。美国的住宅怎样装潢?豪华到何种程度?我一直想了解个究竟,此次来美,女儿满足了我的愿望。

　　圣迭戈得天独厚的自然环境,吸引了美国众多的富豪、影星、歌星、球星在此购置房产,像比尔·盖茨、迈克尔·杰克逊在圣迭戈都有自己的别墅。在圣迭戈,我接触到的不论是普通住宅还是豪宅,在豪华程度上没什么区别,从装潢到家具讲究的是简洁、实用和舒适。墙面和房顶基本上是油漆粉刷,地面不是地毯就是地板,卫生间和厨房的设施多采用标准化的组合件。要说"豪宅"的独特性,那就是周边环境要略胜一筹,特别是房子与自然景观的融合所产生的独一无二的视觉效果是普通住宅所没有的。我所参观的"豪宅",每个房间窗前的景色真是有多好就有多好。置身其中,每扇窗户给人感觉就似一幅幅挂在墙上的风景画。房子主人也真有意思,床头就紧靠一扇比床铺还要宽许多的窗子。走进卧室就能看到窗外的风景很是惬意,但我心里直犯嘀咕:头顶窗户,玻璃一碎,脸不首当其冲?太阳一照,不干扰睡觉?主人仿佛知道了我的所思所想,爽朗地说:"人是从森林中走出来的,现在我们又要走回森林中去。"

　　人们对居所的态度,看似个人喜好,实质上,也反映出了民族的文化差异。对自然的向往,是对自然的尊重,就会少一分对大自然强取豪夺的贪婪,就会多一分对大自然珍稀资源的仁慈。装潢的差异,也反映出了人们在对精神和物质关注程度上的差异。精神上的贫穷自然要显示物质上的富有。可怕的是,一个把物质财富多寡当作人生价值是否体现的人,精神上的贫穷会日益加剧。当年的徽商富得流油,热衷于豪宅和祠堂的建造。他们炫耀了自己和家族的富有,但丧失了事业发展中转型升级的意识、能力和机会。一些徽商的建筑留在了人间,而他们自己及后代却无了影踪。今天的一些国人似乎正在复制着徽商的悲剧。住宅还是反映主人品位和生活方式的一面镜子,富丽堂皇的过度装潢,不仅让他人看到了自己的虚荣,而且也让他人看到了自己被物质绑架的不自由。

　　美国人少资源多,尚且崇尚简约;中国人多资源少,却是奢侈成风。中国如何可持续发展,看了美国的住宅,更让人忧心。

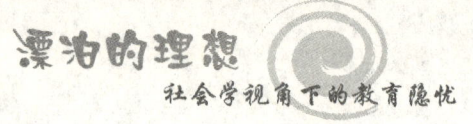

一流大学可以在短时间内建成

2011 年 7 月 10 日

中国的经济总量已排名世界第二,但中国的大学在世界上却没有地位。在许多人看来,建一流大学是一个漫长的过程,没有时间的积累,是不可能出现一流大学的。言下之意,中国的大学办学历史不长,成不了一流大学情有可原,或者说,要办成一流大学还要假以时日。

大学的成长是有一个过程,但这个过程可以是很短暂的。当我漫步在加州大学圣迭戈分校的校园,我越来越感觉到办学历史短绝不能成为学校不够强大的理由和借口。加州大学圣迭戈分校,诞生了 16 位诺贝尔奖获得者,其中包括钱学森的堂侄、化学家钱永健教授。加州大学圣迭戈分校在上海交通大学推出的大学排行榜中列全球第 14 位。这样一所世界名校,历史极为短暂,建于 1960 年,刚过了 50 岁生日,"50 年历史,50 位领袖"的生日纪念招牌在校园中还随处可见。事实上,加州大学圣迭戈分校在不到 20 年的时间里就成为领先世界的研究型大学之一。中国许多大学的办学历史都要比加州大学圣迭戈分校悠久,为什么人家早已成为世界一流大学了呢?

能否办好一所大学,受到多种因素的制约。师资、生源、经费等因素尽管不可或缺,但都不是最主要的。对大学的发展起决定作用的是大学的"治理结构"。全世界大学的发展历程告诉我们,高效的大学"治理结构"总是充分体现了"大学自治、校长治校、教授治学"的基本原则和要求。一所大学没有这样的治理结构就似猴子永远不可能变成人一样永远也不可能成为一流大学。加州大学圣迭戈分校尽管是公立大学,但在治理结构上与哈佛、加州理工等私立大学相比没有什么两样。正是这种高效的管理机制、科学的治理结构使得学校在短时间内迅速腾飞跻身世界一流。相反,国内的大学,外部婆婆多,内部机构多,始终处于无序、混乱、扯皮、推诿、懈怠的状态。说教育部不按高教规律出牌,这也太冤枉了教育部,对高校的许多政策、指令、考核根本就不是来自教育部。说高校领导不作为,这也同样冤枉了高校领导,因为在很多情况下,高校领导不知道自己还是谁的高校领导。在这种治理状态下,中国的高校便很难做到真正的世界一流。

怎样建世界一流大学、怎样完善现代大学制度、怎样构建科学的大学治理结构,这是一个常识性的问题,在国际上已有很多可供借鉴的经验,但是站在加州大学圣迭戈分校的校园中,面对这一成功大学的典范,我的心情依然异常复杂:我们建一流大学的口号最多、最响,也知道体制、机制是关键,为什么就不能在这上面动真格而是热衷于在无关紧要的地方敲敲打打?我们也有很多很好的建一流大学的设想和建议,为什么这些设想和建议只能停留在《教育改革和发展纲要》等文本中?蔡元培领导的北大、抗日战争时期的西南联大在现代大学制度建设上都有很好的实践,是不是当今的人在智慧和胆略上都不及前人?去行政化、扩大高校自主权的表态不绝于耳,难道只是为了安抚民众忽悠媒体?

因为包容所以强大

2011 年 7 月 12 日

美国的强大有多方面的原因,其中一个重要的原因就是笼络了全世界的精英。早些时候我曾说过:全世界的基础教育都在为美国服务。每次来美国,每次来到美国高校,这种感觉总是倍加强烈。此次来到加州大学圣迭戈分校就像前两次到加州大学伯克利分校一样,碰到的教师和学生大多来自世界各地。当前,加州大学圣迭戈分校本科生中,44%是亚裔学生,37%的学生母语不是英语,64%的学生不是白人。校园中不同肤色、不同种族的人群,很容易让自己产生不知身在何处的感觉。

美国校园中,国际学生的比例随着教育层次的提高而提高。硕士研究生中国际学生的比例要比本科阶段高,博士研究生中国际学生的比例又比硕士阶段高。尤其在理工科专业,国际学生的比例更高,美国的学生往往成了"少数民族"。国际学生不仅数量众多,而且普遍优秀。有一位美国籍的同学曾对我女儿说,在他看来中国的天才比美国的总人口数还要多。他的话带有玩笑的性质,但也足见中国留学生强大的竞争力。在美留学的来自世界各地的留学生也都像中国来美的留学生一样都是千里挑一甚至是万里挑一的,不优秀都难。美国的大学,不仅国际学生比例高,而且国际教师的比例也很高。女婿、女儿有很多国内同学在美留学,他们的导师大多是"国际教师",这也许有偶然性,但谁也不能否定这偶然中所包含的必然。

美国大学国际学生、国际教师比例高,美国公司、企业的国际员工的比例同样高,尤其是高科技公司和企业,国际员工的比例更高。此次来美,正值暑假,一批博士生在公司、企业实习。在与这些实习的博士生交谈中了解到,美国的一些公司或企业,实质上就是一个研究机构,其研发的产品的生产基地基本上不在美国本土。在美国本土公司或企业上班的工程师,从事的就是研发的工作。这些工程师往往具有这样两个特点:一是高学历,二是来自世界各地。

美国为什么能笼络到全球的精英?有人一定会说,美国的物质待遇好。有人还会说,美国的工作、研究的条件好。这些话,不是没有道理,但最最重要的原因,在我看来,是美国包容的文化,而这种包容的文化产生了神奇的人才聚集效应。

首先是包容所产生的吸引效应。包容意味着对不同的人的接纳,包容不是选择性的拒绝。美国的文化中就包含了这种包容的基因，总是敞开胸怀欢迎而不是拒绝来自全球各地有真才实学的人们。以大学招生为例，凡符合学术要求的，不论什么国籍、种族、性别、宗教信仰、政治立场一概不过问。包容不仅包含着接纳，而且还包含着付出。同样以美国大学招生为例，对于学术成绩优异的海外学生不仅免学费，而且还提供奖学金、保险等一切生活之需。这样的文化，谁不向往？谁不心动？

其次是包容所产生的归顺效应。不论一个人来自哪个敌对国家，也不论这个人说过什么话，仍然接纳他而不是排斥他，这叫真包容。这种真正的包容就需要有非同寻常的胸襟、气度和自信。而美国的文化中具备了这种胸襟、气度和自信。不仅给你奖学金、给你优厚的物质待遇，还允许你批评、欢迎你批评。这种胸襟、气度和自信产生了最好的人才归顺效果，许多来自世界各地的人们不是被奖学金、物质待遇所感动，而是被这种文化所感动。尤其是一些来自骂美国骂得最厉害的国家的人们，更容易产生对这种文化的认同感、亲近感和归属感。

最后是包容所产生的回报效应。美国不是不图回报的菩萨，也不是不讲功利的上帝，无非它是更讲策略、更讲方法、更懂得艺术罢了。美国吸引人才，目的还是利用人才。但美国不是采用我们通常使用的防范、教育、斗争的办法，而是采用接纳、相容、尊重的策略。他们没有群众大会，没有公开的政治教育，也没有思想观念转变的个别谈心，他们允许你坚持自己的政治立场、宗教信仰。他们是通过接纳你、感化你，通过尊重你、教育你，来达到目的。是的，天底下哪有在被怀疑、被限制、被排斥、被教育、被训斥的情况下让人变得顺从、顺服和顺心的？而我们就在不断干这样的傻事、蠢事、笨事。接纳、尊重、包容的氛围和环境，不仅笼络了人才，而且最容易让人才产生工作的激情和创造的灵感。

校园横幅既丑陋又愚昧

2011 年 7 月 14 日

来到加州大学圣迭戈分校，校园面貌给我留下了深刻的印象，各系馆场所的布置也同样给我留下了深刻印象。

我到过的系馆，门窗玻璃、门厅地面的整洁可以与五星级宾馆相媲美，物品的摆放、告示栏的设计、休闲区的布置既典雅又富有艺术性。当然，他们也不忘宣传、展示自己。在系馆大厅会有最新科研成果的动态展示，还会有杰出教师、校友的介绍。在机械系的大厅，一个墙面就是一整块电视屏幕，画面是对城市特定区域的实时扫描俯瞰，如果驻足观看，那么用不了多少时间一个城市或某个区域的面貌就会完整地呈现在你面前；与此相对的墙面上播放的是 3D 电视，无须 3D 眼镜，3D 效果非常好,让我不时要伸手去抓画面中游到我面前的海鱼。据说这些都是他们系比较新的同时又有观赏性的研究成果。与3D电视机并排的电视中呈现的实时画面是研究人员正在做的研究实验,让我感兴趣的不是实验本身,而是为什么要直播研究实验。他们说没有我所认为的监视、监督的目的,只是向人们呈现他们的工作状况,以便人们对他们系的研究领域、研究方式有一个直观的了解。

在对他们的学术校园及系馆的布置和展示表达我的赞赏和兴趣的时候,在美的中国留学生反问我:"中国大学校园的横幅是不是仍然铺天盖地?"在得到我的肯定回答后,其中有位留学生显示出无奈和轻蔑的表情,冷冷地说:"横幅既丑陋又愚蠢!"我在2002年从澳大利亚回来时,也曾写文章批评校园横幅满天飞,但我嘴里还是说可能是文化不一样造成的差异。我心里也很明白,横幅既无现实的需要,又浪费钱财,更破坏校容校貌。通过横幅发布信息是背时,通过横幅欢迎来宾是老套,通过横幅庆功是浅薄,通过横幅造势是多余。我只是不明白:为什么我们的大学喜欢低级庸俗的老一套,为什么我们的校园宣传没有现代感、艺术感,为什么我们给人的感觉是传播文化没文化、崇尚学术没学术。

我用了七个半小时才把加州大学圣迭戈分校走了个遍,偌大的校园没有发现一块横幅,没有发现有多余的东西,让我切切实实地感受到了作为一个大学应该具有的人文与自然、科学与艺术、历史与时代紧密结合的校园文化。

教授的"便当盒"

2011年7月15日

美国大学许多教授每天上班除了带公文包外还拎着一只便当盒,里面装着自己中餐的饭和菜。女儿的导师是院士,中饭也是自备,每天同样拎着便当盒上班。

美国的服务业异常发达,但是美国校园对教师学生的餐饮服务异常落后,这是我多次来美感到最不解的地方。在加州大学伯克利分校居然找不到学生餐厅,自然也没有教工餐厅。校园很大,也许有餐厅,可能只是自己没发现,我就把找餐厅的任务交给了女婿。女婿在加州大学伯克利分校攻读博士学位已有三年,告诉我至今他也没发现校园中有餐厅。伯克利分校周边的餐饮业发达,不带便当盒的师生在学校周边的小餐馆用餐。教授、学生挤在一起手抓热狗或汉堡共进午餐就是他们就餐时的常态。我不禁好奇:大学要举办高规格的会议、要举行国际学术活动、有最基本的礼尚往来,难道都不设宴招待?女婿、女儿已多次参加类似活动,他们告诉我也有设宴招待的,但以自助为主,学校有餐厅的在学校举行,学校没有餐厅的在附近的酒店举行。没有中国式的圆桌,没有中国式的包厢,更没有中国式的酒席上的豪言壮语和胡言乱语。加州大学圣迭戈分校周边没什么餐饮业,学校内部有一些就餐场所,但与超过三万师生的规模比,凭我的经验,就餐场所的规模和数量都不够。然而,实际情况是,就餐时没有我们国内大学的热闹和拥挤。许多教师和学生还是靠自己的便当盒解决自己的就餐问题。

"便当盒"是简约人际关系的反映,是教授们专注于自己专业的表现。美国的教授如果没有课题、没有经费,那么也进行不了研究,也带不了研究生。课题的取得不是说没有一点人际关系,但主要靠实力、靠水平。道理很简单,在成熟的市场经济条件下,与企业合作的课题必须为企业带来利润,没有能力为企业带来利润的任何努力除了会遭到企业的嗤笑外还能得到什么?当然也有相当比例的科研经费来自政府、军队或别的社会组织机构,这些经费的取得靠"中国式的攻关"也是徒劳的。美国对财政经费监管之严格和规范举世公认,任何请客送礼之类的套近乎,除了让自己在学术场上走向孤立外,还可能让自己进入"黑名单"。美国同行告诉我,凡来自公共财政的科研经费,接受的中期检查以及项目验收会更规范、更苛刻。说不准正是这种没有太多人际关系需要的社会才产生了"便当盒文化",也正是这种"便当盒文化"造就了一批批真正的学者。美国的教授包括院士除学术活动(大多安排在假期)外,常年忙于教学和科研,学期中途少有调课,更不可能停课。美国大学的暑假,教授们带领的研究团队更是进入了无双休日的研究。我来美国,女儿一如往常带着便当盒早出晚归,用她的话来说,暑假的研究注意力可以更集中。

教授带着便当盒上班无关寒酸,这是美国学界再平常不过的事。只因与中国有着太大差别,引起我发自内心的尊敬。

半个月伙食费买一本教材

2011 年 7 月 17 日

对在美国留学的中国学生来讲,教科书是最为昂贵的。每本教材售价都在上百美元,这相当于一个人在美国半个月的伙食费支出。教科书昂贵,而且还不准复印。复印超过一部书的1/3,就属知识产权侵犯,要受到处罚。

没有比写作更艰苦的劳动了,写一本书,要耗费多少时间,投入多少精力,没有写过书的人是想象不出来的。从这个角度讲,上百美元的一本教材,绝对不能算贵。要体现对知识的尊重,要体现对知识创造的尊重,就必须提高大学教科书的价格和加强对教科书知识产权的保护。也只有提高了教科书的价格以及加强了对教科书知识产权的保护,才能促使教师去写书,并写出好书。中国大学的教科书的价格只相当于美国大学教科书的2%~2.5%,看似每位学生都能买得起,但说不定买到的是"垃圾"。一个人的劳动得不到认可和尊重的时候,这个人是不会全身心投入到这项劳动之中去的。不是说中国大学教师没有写书编教材的能力,关键是写书编教材的付出从来就没有被认可和尊重。不被认可,就瞎编瞎抄;瞎编瞎抄的结果是得不到认可和尊重;越得不到认可和尊重,自然导致更加肆无忌惮地瞎编瞎抄。这就是中国大学为什么出不了精品教科书、为什么"全民编书尽抄书"的原因所在。

美国教科书值钱,那么美国大学教师是不是都去编书了呢？不是的。大学教科书的使用不可能由官方或校方指定,也不是像中国大学教师"土匪抢占山头,在势力范围内的自产自销",而是由教科书的"公认度"决定。大家一致认可的好教材会在各大学广泛使用。一个大学如果有公认的好教材不使用而用自己编的烂教材,那么就会像实施远程攻击的部队只要鞭炮不要导弹一样被人嗤笑。美国大学上百年的发展历程中诞生了一大批公认的好教材,特别是一些基础课的教材,人们也就没有必要去重复编写、重复劳动。话说回来,即便重新编写,也未必能超越现有教材的水平。所以,美国大学的许多老师,他们的精力不是用于"编写教材",而是用于"钻研教材"。事实上,全世界众多的国家和地区的大学使用的都是世界上现成的公认的教材,而且是未经翻译的"原版教材"。来美以后,得到的第一手材料证明,不仅日本、韩国、中国台湾广泛使用美国的原版教材,而且就是泰国、马来西亚,甚至是美国的死对头伊朗也广泛使用美国的原版教材。通过强制推行英文原版教材的使用让"全民编教材"的荒诞剧尽快谢幕,说不定是挽回中国大学面子的一个好举措。

"美国的大学教材很贵,但值得。"这是我在美国所遇到的中国学生异口同声所说的一句话。

美国大学的暑假

2011 年 7 月 19 日

上午九点,来到加州大学圣迭戈分校,停车场上几乎找不到停车位,校园里人来人往,根本让人感觉不到这是暑假的校园。

加州大学圣迭戈分校实行的是一年四学期制,对本科生来讲暑假期间的 Summer School(暑假班或暑假课程)也算一个学期,仍然有学分的要求。美国实行双学制的大学,暑假尽管差不多有三个月的时间,但学校(特别是研究型大学)里同样有 Summer School。这种暑假班或者说暑假课程,形式多样,内容丰富。有专题探索的研究性学习,有辅修性质的拓展性学习,有注重调查实验的实践性学习。Summer School 还是美国大学生校际交流学习的重要形式,一个班里的同学可能来自不同的大学。他们在一起学习,在获得知识学问的同时,也在感受不同学校的文化,也在领略不同教师的风采,而且结交了更多的朋友。对美国大学而言,暑假是开阔学生的视野、提升学生的综合素质、培养学生特长的机会。美国的大学在利用暑假、设计暑假方面已有了很成熟的做法和悠久的历史。对美国大学生而言,暑假并不意味着纯粹回家度假,而是换一种方式或者换一个地方或者换一种心情的学习。显然,中美两国大学的领导、教师、学生乃至家长对暑假的理解还是有太多的不一样。

暑假对于美国的研究生而言,只是没有了课程的学习和考试,其他的与平时完全没有变化,实验研究、撰写论文、组会讨论一切照常。研究生如此,他们的导师也是如此,照常上班下班。美国的博士研究生培养,能实现让一名普通学生转变为一名学者,我看除了时间的利用上胜人一筹外也没有更多的绝招。如果我们也能像他们充分利用时间,那么说不定我们也会成功。美国的大学教师不存在解聘下岗,又没有论文、课题的数量要求,这种终身教职比中国教师的"铁饭碗"还铁,但暑假里他们怎么每天还泡在实验室呢?美国大学的研究生又没有本科生那样 Summer School 的学分要求,为什么暑假里的研究热情不减?在交谈中了解到,美国教师的工作态度也不全是职业兴趣或者是学术习惯使然,尽管没有类似于中国的论文数量、课题项目的绩效考核,但承担的责任和已建立的学术威望,使得自己骑虎难下只能一往无前。例如,要维持仪器设备价值过千万甚至过亿美元的实验室的运转,要养活全体工作人员和研究生,导师必须确保研究的高水平,必须争取到足够数量的课题及经费,所以,也只能马不停蹄、争分夺秒。至于博士研究生,研究既是学习,同时又是责任。他们大多拿的是助研的工资(平时国内的人理解为全额奖学金),既然拿了工资就得上班,暑假里拿了工资,暑假里也得上班。但博士生们废寝忘食地研究和学习,不仅是为了对得起拿到的一份助研工资,而且要考虑到更长远的未来所可能面临的竞争。找工作凭的是真才实学,没有后门,没有更多的人际关系。拿绿卡、申请国籍,对国际学生来说更是靠学术的贡献和成果的积累。看来,人们放弃暑假坚持上班从事研究,也并非纯粹是灵魂的纯洁高尚所导致的自觉自愿的行为,更大的原因还是所承担的不可推卸的责任以及为了应对可能面临的挑战和竞争。确实,有什么样的制度就会有什么样的人,有什么样的机制就会有什么样的行为。

当我们心安理得地认为暑假就是完全属于自己的休息时间并身心放松地躺在空调房里享受暑假的时候,说不定我们已经落伍了。在美国的校园里,我的脑子里不时冒出这种想法。

清华学长对留学准备的建议

2011 年 7 月 22 日

由于女婿、女儿毕业自清华,到美国留学后交往的朋友也多为清华校友。我来

第一编 边走边读

美国后,接触最多的自然也是来美攻读博士学位的清华毕业生。他们都是留学道路上的成功者,来美多年后,对中美两种文化、教育又有了很深入的比较和了解。对于国内大学生留学道路的选择和准备,应该说,他们是有发言权的。有鉴于此,我特请他们对国内准备出国留学的大学生提一些建议和忠告。现我将他们的一些观点和建议归纳如下,供国内的大学生参考。

一是决心要大。对于要不要出国留学的任何犹豫、摇摆都无助于人生目标的达成。留学或不留学,两者必居其一。唯有当机立断,方能注意力专一。不论从中美教育比较而言,还是未来工作选择、社会贡献、生活质量而言,留学都是不错的选择。切忌当自己成为国家累赘的时候还大谈爱国来为自己的犹豫不决寻找开脱的理由。没有坚强的决心、铁的意志,留学道路上的任何挫折和困难都可能让自己退却。欲留学先明志。

二是了解要深。既然选择了留学之路,那么就要拿到走留学之路的"通行证"。没有通行证,留学之路走不通。什么是通行证?怎样才能拿到通行证?对这些问题必须了然于胸,不能留任何疑问。"通行证"就是录取通知书,要拿到通知书,先要具备录取条件。具备怎样的条件才能被录取,这是要了解的众多问题中的关键问题。大学本科前三年各科目的考试成绩、大学期间参加的社会服务、科学研究及取得的成绩、英语成绩(GRE、托福成绩)往往是各大学研究生录取的主要依据。

三是规划要早。要达到录取要求,要做的事很多,准备的过程也很漫长,必须要有周密的计划和安排。在取得各科目优异考试成绩、积累社会服务、科学研究经验的同时,在大三结束前必须取得满足录取要求的 GRE 和托福的成绩。英语考试难度很大,准备越早越好。GRE 和托福考试很可能不能一次达标,要做好第二次,甚至第三次考试的准备。很多时候由于受到报考人数的限制,自己报名如果稍晚一步,就不得不到别的城市报考。在规划中,对于英语考试时间及备选考点都要明确体现,以确保大三结束前完成全部规定动作。大四开始着手申请,申请多少学校及每所学校申请截止日期都要以表格形式附在规划中。

四是备考要拼。要达到录取要求已属不易,更何况录取是好中选优,是全球申请者之间的竞争。即使被录取,还有硕士与博士之分、自费与获奖学金之分。所以,留学准备是拼智力、拼体力的过程,更是拼意志、拼毅力的过程。面对 GRE 海量的词汇,谁也不敢说记得住,但出现在考场的时候似乎谁都记住了。人的潜力就是那么大,许多事看似完不成,在人的意志努力面前都完成了。清华同学出国多,读博多,拿奖学金多。清华同学说,不是因为他们聪明,而是因为他们放弃了双休日、寒暑假,比人家更会拼、更会吃苦。

五是申请要慎。当具备了所有的条件就进入了申请阶段。申请,既烦琐又要讲技巧,需要耐心、细致和策略。特别注意:尽快联系三位推荐老师;申请的学校可能要十几所、二十几所,甚至更多,学校的选择应该有一个上中下的梯度安排;申请材料的准备要体现个性,这就要研究申请学校、专业及导师的情况;还有就是申请材料中英语的表述不能掉以轻心。申请材料寄出以后,在等待录取消息时,要做好面试或电话面试的准备。

"成功总是属于目标明确并不断为之而奋斗的人。"清华校友不断强调这一点。

富有创意的"创意园"

2011 年 7 月 24 日

美国圣迭戈市的西班牙村艺术中心,相当于中国的创意园。在一个院落式的建筑群中有近百家的艺术创造工作室。来美国之前,对这一"创意园"曾有所耳闻,此次能亲眼所见却完全是偶然。在游览圣迭戈市内 Balboa 公园时,让我没有想到的是,西班牙村艺术中心竟然就是公园的一部分。

近几年,国内的创意产业得到了空前的重视,全国各地出现了众多的创意园,而且还将会出现更多的创意园。我不知道美国创意产业的发展状况,更不知道美国在创意产业发展中是否也重视创意园建设。从圣迭戈市西班牙村艺术中心来看,这一肩负创意使命的"创意园"本身是很有创意的。

一是展示与体验相结合。每一间工作室都陈列着自己的创意作品,陶艺、雕塑、饰品、旅游纪念品、木制品、绘画等,可谓丰富多彩、琳琅满目。让我印象深刻的是,艺术家们在展示自己创意成果的同时,还给前来游览、参观的人参与创作动手的机会。如有兴趣,参观者可与从事创意的艺术家们一起动手。有的孩子为自己的"作品"开怀大笑,有的游客因自己的笨手笨脚在遭同伴揶揄后仍是一脸开心。作品的展示会给人留下印象,动手参与所产生的体验更让人难忘。

二是接单与销售相结合。西班牙村艺术中心的每一个工作室,都是由某一个艺术组织机构或俱乐部经营的,其成员有十几人到上百个人。承接设计的订单是各工作室的主营业务,也是工作室生存的基础。但他们同时又直接销售自己的"陈列品",每一件创意作品都标有零售的价格。每间工作室既是洽谈业务的场所,又是销售艺术品的商场。这种经营模式至少有两个好处:一是通过零售聚人气;二是创意园的影响能随销售的产品而扩散,从而达到推广自己、宣传自己的目的。

三是设计与制作相结合。设计是个体的思维活动,制作是设计的"物化"过程。前者需要的是不受干扰的安静,后者却可以产生供人观赏的热闹。西班牙村艺术中心游人如织,兴旺异常,原因之一就是艺术家们现场的艺术品的制作所具有的观赏性而产生的集聚效应。如有的工作间前半间是陶艺作品的陈列展销,后半间就是陶艺作品的制作坊。我所到之处,都有艺术家的当场创作,或画画,或拼图,或雕塑。人们对艺术品产生过程的兴趣似乎要比艺术品本身要大,总是有大批的人驻足观看欣赏。相比较,国内的创意园多了一分严肃和冷清。

四是艺术和旅游相结合。国内的创意园可能是旧厂房改造而来,或者是利用没什么商业价值的较为偏僻的闲置房子。结果是,成本低了,但人气不旺。这无论是对创意队伍的壮大,还是对创意产业的发展都是不利的。西班牙村艺术中心坐落在圣迭戈 Balboa 公园,而后者是圣迭戈市最大的公园,位居市中心,汇聚了全市最为主要的博物馆、艺术馆、科学馆、剧场和众多休闲娱乐场所,每时每刻吸引着数不胜数的市民和游客。创意园坐落在这样的地方,自然不需要打广告来聚人气,同时还丰富了公园的内涵,为推动旅游加了分。

五是创作与教育相结合。西班牙艺术村,是艺术家从事艺术创作的场所,同时也是对孩子们进行艺术教育的场所。进入艺术村,就可以看到放暑假的孩子们在艺术家们的指导下在从事绘画、工艺品制作。艺术村有众多的从事不同艺术的艺术家,有着众多艺术品的展示,有着无可比拟的浓厚的艺术氛围,天底下还能找出比这更好的艺术教育场所吗?从孩子们的投入专注的神情可以感受得到他们浸淫于艺术之中的满足和愉悦。

美国加州的"农家乐"

2011 年 7 月 26 日

美国的城市像乡村,处处是树木、鲜花和草地,不缺田园风光。在我看来,美国城市居民没必要像中国城里人那样到乡村去转一转,换换心情,呼吸呼吸新鲜空气,享受享受"农家乐"。其实不然,美国人也时兴"农家乐"。只是他们不像我们兴趣在"吃饭",而是以"品酒"为乐。

把美国人到酒庄的"品酒"说成是"农家乐",也许不够确切,说不定美国人到酒庄"品酒"的历史要比我们到农村享受"农家乐"的历史悠久。我把美国人的"品酒"比喻为中国的"农家乐",只是想让大家更容易理解他们的"品酒"爱好和方式。

美国加州盛产葡萄酒,南北加州都有许多酒庄。我原来理解,酒庄就是产酒的地方。没想到,酒庄还是休闲旅游的地方,特别是城里人更是喜欢前往。酒庄被葡萄园包围,景色之好自然不必多说。我所到的南加州一带的酒庄,除了提供品酒服务外,还提供购物、餐饮的服务,有的酒庄还有 SPA 服务项目。酒庄风景优美,服务设施齐全,也往往是举行婚礼的地方。美国加州的城里人在双休日喜欢去的地方之一就是酒庄。与家人或与朋友,除了品酒,还可能在酒庄烧烤野炊。他们的品酒,没有酒席,没有包厢,更没有我们喝酒时的喧嚣,在柜台前大厅里人们站立着,一边品酒一边与家人或与朋友交谈。每两位客人付 15 美元就可以品尝到五种该酒庄的葡萄酒。既然是品酒,就不是喝酒,每种提供品的酒的量凭我的估计不超过

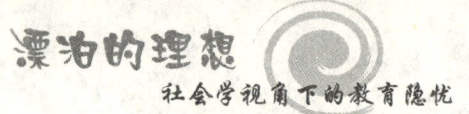

半两,但人们往往能"品"上几小时。说是品酒,实际上是休闲、交流和散心。

品完酒,人们往往会买一瓶自认为口感不错的葡萄酒带回家。这就是美国人,至少是加州人的"农家乐"。

诚信之缺失　中国之软肋

2011年7月27日

7月23日,国内动车组列车追尾相撞造成的重大伤亡,牵动了海外炎黄子孙的心。

对于整个事件的发生、抢救及善后处理,人们有悲伤,有感动,有质疑,有愤怒,有失望,可以说心情是极为复杂的。面对央视女主播秦方的含泪播报,他们流泪了;面对失去包括妻子在内的四位亲人五条人命(他妻子已有七个月身孕)的杨峰先生的怒吼,人们同样发出了愤怒的吼声;面对前国脚郝海东在第一时间作出收养失去双亲的获救小女孩的承诺,人们被深深感动了;对于特警违抗指令拒不撤离、坚持在现场寻找生命的行动,人们表现出了少有的对公职人员的敬意;对于事故原因及动车质量,人们发出了无数的质疑;对于掩埋车体所表现出来的对人的生命的冷漠,人们表现出了极大的愤慨。但是在美华人议论最多,同样也是让他们倍感耻辱的是,有关部门和人员在事故处理过程中所表现出的不诚实。

在美国的文化中,诚信是做人之本。一个人要想毁掉自己、要想让人家看不起自己,最有效的手段就是去撒谎;一个政府要想失去公信力、要想让自己下台,最有效的方法同样也是撒谎。美国人对自己民族的欺骗行为不能原谅,对别人的欺骗同样不能理解。在许多媒体上美国人对中国的评价,可能存在着偏见。产生这种偏见有政治立场、意识形态、文化差异、种族歧视等多方面的原因。但是,实事求是地讲,我们的诚信缺乏,不仅让美国人看不起,我们自己也越来越看不起自己了。在动车事故处理中,对于死亡人数为什么要含糊其辞?为什么对于事故原因总是三缄其口?对于掩埋车体的解释为什么总是前后不一?如此不诚实,而且不诚实手法之拙劣,不仅反映出了我们一些位高权重的人内心的卑劣,而且也反映出了这些人长期以来养尊处优、得过且过所导致的智力的退化。一个骗子,而且是一个弱智的骗子,除了得到旁人的鄙视、国人的愤恨外,还想得到什么?

讲到动车事故处理中的种种遮遮掩掩虚虚实实,美国大学朋友认为中国对于不诚实、不讲信用的行为过于宽容。对于学术不端之行为,政府主管部门一而再再而三地强调"零容忍",最后怎么样呢?美国朋友说,一切照旧,唯一不同的是"对学术不端行为零容忍"这句话本身成了新的流行在校园中骗人的话。美国之行,也越来越让我感觉到,诚信之缺乏成了中国发展之软肋。美国是法制社会,凡事讲法。

但在日常生活中,人们的安全感、和谐的人际关系、低成本的管理、有条不紊的生活秩序靠的是每位公民的诚实守信。美国24小时开放的便利超市,没有收银员,刷商品的条形码、信用卡付费、商品包装全部由顾客自己完成。此次来美驾车,路过一个收费站。收费站空无一人,收费窗口(其实没有收费窗口)处装着一只畚箕状的收费漏斗,供驾驶员投币,缴不缴费全靠驾驶员自觉。在美国同学家做客,闲聊中聊到商业信用,大家都为国内的坑蒙拐骗假冒伪劣感到痛心。在我们的文化中有"无商不奸"之说,似乎"奸"是"商"之固有属性。同学说,美国不是这样,美国人的经营是以诚信为本。当年她买房子,房地产商总是介绍对房子可能存在的不利因素。说附近有一个废弃的军用机场,如果要重新启用,则可能会有一些噪声。房地产商还对上百英里外的核电站也作了交代,尤其是不同的核事故所可能产生的不同影响范围更是作了详细说明。同学说,当时她根本就不知道附近有机场和上百英里外的核电站,在选购房子时也根本没有去考虑机场和核电站这方面的事。上面所说到的,看似小事,但正是这样一些小事让社会变得和谐,让人民的生活变得踏实。这样的小事为什么就不会出现在中国呢?

当然,诚信是靠自己的行动来证明的,再退一步说,人家认可不认可不重要,重要的是自己没有了诚信,社会将变得乱套,人心将变得恶毒。

美国的"中国式小商品市场"

2011年7月28日

加州圣迭戈市老城区,有一"中国式的小商品市场"。我一直认为"小商品市场"是中国或者是第三世界国家的"专利",没想到小商品市场在美国也有,规模也不小,而且还很有特色。

一是市场与美食的结合。市场中汇聚了全世界的美食,许多人可能是来品尝美食才顺便购物的。美国朋友说,在美国最方便的一点就是能品尝到最地道的各个国家的美食。朋友的这句话在这一市场中也得到了印证。

二是小商品销售与农副产品销售的结合。在中国,"小商品市场"与"农贸市场"往往是分开的,圣迭戈是合二为一的。销售的蔬菜、水果、鲜花差不多占据了1/3的地盘。据美国人说,这里销售的农副产品并不便宜,但很新鲜。

圣迭戈的小商品市场只在双休日开放。由于逛一次市场就能买到所需要的日常用品、水果蔬菜,而且还能品尝到世界美食,不仅吸引了众多的市民,而且也吸引了来自世界各地的游客。

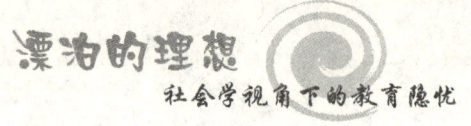

加州的民居

2011年7月31日

中国人对住宅情有独钟,国内朋友多次让我介绍美国老百姓住房的情况并传送一些照片。我对建筑有点兴趣,但对住房一直关注不够。这次来美,了解了一点,看到了一些,现与大家分享。

不要以为美国人很富有,实际上,差不多一半的人没有属于自己的房子,这些人只能靠租房过日子。美国也没有那么多的人在炒房,因为美国房价上涨不快。原因是要交差不多房价的1.5%的房产税,100万的房子要交1.5万的房产税,房价越高,房产税交得越多,房价上涨了,从一定意义上讲是自讨苦吃。前两年的金融危机,美国许多地方房价往下跌,但加州房价一直处于稳定状态。

美国老百姓的住房大体上分为公寓房、排屋和独立房。公寓房,像中国的套房,有一室一厅、两室一厅、三室一厅,但很少有三层以上的楼房,公寓房多为刚参加工作的人居住。排屋通常上下两层,市中心土地紧张,排屋的比例较高。公寓楼和排屋有很好的配套设施,游泳池、健身房、商务中心、游乐设施、烧烤场所一应俱全,生活十分方便,并且有非常漂亮的绿化以及高规格的养护。特别是市中心(就空间距离和人口密度而言,与乡村也没什么两样)的排屋,如果属于学区房,再加上周边的城市文化、商业、娱乐的配套,那么其售价往往比独立房要高。公寓楼和排屋享受的免费服务太多了,因而每个月要交物业费,像排屋的物业费每月在200～300美元。独立房,也就是中国人理解的别墅,房前屋后的空间绿化需要自己打理,这样也就不存在交不交物业费的问题。独立房也有缺点,那就是缺乏游泳池、健身房等配套场所及设施。

美国住房的室内装修非常简洁,让我最欣赏的是,他们的厨房间的吧台和加利福尼亚Room。我这种吃饭图简单的人,觉得站在吧台边吃饭可以很方便可以很快捷,餐厅的桌子椅子都可以省略。加利福尼亚Room,是一楼露天的一个房间,桌子沙发一应俱全,只是全部裸露在阳光底下,点缀其间的是树木和花草。加州,特别是南加州,常年气温在20度上下,湿度也适中,多晴少雨,没有蚊子苍蝇也没有任何飞舞的小虫,是这样举世无双的气候条件和自然环境诞生了这样的独特的房间。在加利福尼亚Room看书或会客,那该是多惬意的一件事啊!

美国的房子看上去都很新,像刚造的一样,但说不准已有几十年的历史,美国的房子的寿命可达百年以上。在美国看不到我们的大兴土木,更没有我们的大规模拆迁。不论居住在何处,没有住户之间的彼此干扰,更没有走街串巷的叫卖声,有的是蓝天绿地和鸟语花香。

第一编
边走边读

孩子在欢笑中成长

2011年8月3日

"美国的孩子真幸福!"中国人来美国常会作此感叹。不是说美国的孩子吃得好、穿得好、住得好、行得好,而是指美国的孩子玩得好。确实,不仅玩得好,而且玩得有意义。

是美国孩子喜欢玩?是美国孩子懂得玩?也不是的,天底下的孩子都是喜欢玩的,玩是孩子的天性。问题是,玩也是要有条件的,比如说场所、设施都是玩所不可或缺的。没有一定的条件,想玩的孩子无处玩,也没法玩。

美国的孩子玩得欢,关键是有地方玩。在美国圣迭戈,绵延不绝的太平洋海岸线是孩子们玩耍的绝好去处。一望无际的海滩,清澈无比的海水,一个接着一个的巨浪,躺在礁石上晒太阳的数不胜数的海豹,在蓝天的映衬下所构成的自然景观,除了让人感到置身其间的幸运外,就是不得不感叹大自然的神奇。看到孩子们游泳、垂钓、放风筝、捉螃蟹、拾海贝,听到孩子们发现不时跃出水面的海豚的欢叫声,时不时让我觉得上帝的不公平。

在居住小区,除了大家所熟悉的房前屋后的各类球场、游泳池外,秋千架、滑梯也是随处可见。在对美国社区进行深度考察后,我发现,他们的运动、娱乐的场所要比餐馆多许多。暑假里最热闹的场所还数博物馆、艺术馆、美术馆、科学中心、植物园、电影院、剧场等各种文化科学娱乐场所。孩子们,有的由成人带领,有的通过夏令营组织,有的着装统一,有的打扮富有个性,当然,他们也有相同的地方,那就是他们在进出这些场馆时的鲜花绽放般的笑容。

好玩的地方实在是太多了,就是博物馆也有各种各样。在圣迭戈 Balboa 公园,我看到的博物馆就有自然与历史博物馆、艺术博物馆、航空和航天博物馆、体育运动博物馆、汽车博物馆、人类博物馆。每个馆,展示面积巨大,既有展示陈列区,又有体验区。孩子们除了参观听讲解看文字外,还可以穿越时空隧道扮演各种角色亲身体验一把。绝大多数这样的场馆不仅儿童免票,而且陪伴儿童的成人中的一人也可免票入场。电影院就更多了,非常方便社区居民就近观看。前段时间正在上映国内还没上映的3D电影《变形金刚3》,我也去凑了热闹,观众中也不乏由父母带领前去观看的小朋友。

最令孩子们向往的还是动物园、野生动物园和海洋世界,那可真是孩子们的天堂。不要说有独立行动能力的孩子,就是还不会走路的、只能坐在小推车上的婴幼儿也是目不转睛的,似乎生怕某种小动物突然在他的眼前溜掉。不要说孩子们的激动,当虎鲸跃出水面的时候,我的心同样被震撼了。记得"文革"的时候,能看到的电影主要是纪录片。有一次县放映队来家门口放映的纪录片为《中国乒乓球队访问美国》，其中有虎鲸表演的镜头。当时简直像做梦一般，让人难以置信。一晃过去快40年了，看到电影中鲸鱼跃出水面时的兴奋和激动至今记忆犹新。自那以后，心中始终有一个梦——亲眼看一回虎鲸表演。孩子对于动物就是如此痴迷，对动物的情感就是如此难以割舍。

  对动物的喜欢程度是会随着年龄的增长而减退的，大人们在进行城市规划时往往不会顾及孩子们的需要和愿望而纯粹根据自己的好恶决定取舍，这也就使得我们周边的世界既让孩子们无处可去又让孩子们感到不可爱。美国人似乎对孩子的心理多一分研究和了解，也多一分理解和尊重。他们建的动物园、海洋世界，同时还是游乐场。国内游乐场里的各种设施差不多在他们的海洋世界中都能找到。这样的场所能不让孩子们乐不思蜀、欢天喜地吗？他们的动物园、海洋世界也像他们的博物馆、科技馆一样，是一个教育、学习的场所。有动物知识的普及宣传，有讲解员的现场解说。园内设有与小动物的亲密接触区，有探寻小动物的发现区，有喂养小动物的保护区。孩子们在欢笑中获得知识，孩子们在惊奇中产生兴趣，孩子们在热爱中产生志向。

  相比较，我们的孩子太清苦，太可怜，太沉闷。除了满眼的洗脚屋、卡拉OK、麻将室、电脑游戏房，我们的父母不把孩子送到校外辅导站和各种培训班，或者不将孩子寄养在老师家，还能让孩子到哪里去呢？孩子们除了作业还是作业、除了考试还是考试、除了分数还是分数，不在电脑游戏中寻找快乐还能到哪里去寻找快乐呢？

美国孩子为什么不哭闹

2011年8月8日

  我这里说的孩子是指学龄前儿童，特别是指上幼儿园之前的儿童。在人们印象中，这个年龄阶段的儿童是最会哭闹的，但美国的孩子不哭闹。

  小孩子的"哭闹"似乎是与生俱来的，其实不然，后天环境的影响是最为主要的。这就像孩子言语的获得，生活在中国自然就讲中文，生活在美国自然就讲英文。人受环境的影响如此巨大，动物受环境的影响也是同样巨大。美国的狗温顺听话通人性，即使独自被关在汽车里也不叫不动，更不乱咬东西，而中国的狗那是可以在短时间内毁掉整个汽车的。不是狗种不一样，而是狗的主人不一样。

  对孩子的观察，是我的职业习惯。在许多年前，我就发现了西方国家的孩子不哭闹。此次来美国，有了更多的机会观察、研究不同年龄阶段的儿童。在不同的时间、不同的场合碰到了数百名坐在小推车上的儿童，没有一个是哭闹的。他们不是

第一编 边走边读

在东张西望,就是专注于手头的玩具;不是在摆弄自己的手指头,就是嘴衔吸管在喝水。不需要大人抱,更不要大人哄,一个个"独立自主",自得其乐。大人也开心,没有孩子的干扰,可以忙于自己的事,或聊天或购物或接电话或游览。孩子闹父母吼,孩子哭父母哄,孩子吵父母烦,这在国内是再平常不过的家庭生活,在美国不要说不常见,就是碰上一起都难。我倒是很想看看美国家庭父母与孩子的"纠纷"是怎样处理的,结果让我的想法成了泡影,我所遇到的孩子只有欢笑没有哭闹。

孩子哭闹或不哭闹,是什么原因造成的?要回答这个问题,我们先一起来分析一下"哭闹"。孩子的哭闹,如果是一种信号,那么这种信号所代表的意思是不一样的。有的代表的是"生理不适",孩子生病了,又不能用言语表达或者不能忍受身体的疼痛,只能哭。这种哭闹是"本能性的哭闹",不论哪个国家的孩子遇到身体不适都可能要哭。更多的哭闹代表的是"诉求",孩子要想得到什么就通过哭闹来达到目的。假如,哭闹得越多,得到的越多,那么不要多久,孩子不仅知道了"哭闹"的功能和威力,而且对于这一"杀手锏"也能运用自如。这种"诉求性的哭闹",显然是后天习得的,是大人宠出来的,因此这是一种社会性的哭闹。还有一些哭闹,似乎并不指向于得到什么,没有明确的目的,但实际上都与"诉求"有关,或者说是"诉求性哭闹"派生出来的哭闹。其中主要的是"抗议性的哭闹"和"撒娇性的哭闹",都是父母无节制地满足孩子的诉求和无原则的宠爱的产物。谁都能理解,习惯于得到的孩子,稍有不顺,便会以"哭闹"来抗议或撒娇。当孩子的抗议和撒娇超越父母的忍受程度时,父母就会以自己的"白眼"、"吼声"、"拳脚"让孩子产生另一种"哭闹"。这种哭闹既可能来自皮肉之痛,也可能来自心理受挫,这是一种"惩罚性哭闹"。很有意思的是,生活中,"抗议性哭闹"、"撒娇性哭闹"与"惩罚性哭闹"在许多家庭是成正比的关系。

通过上述分析,我们可以知道,孩子的哭闹主要与家庭环境,特别是与父母的"教育培养方式"有着更为紧密的关系。要让孩子从小不哭闹,学会尊重父母,懂得以理性的方式表达诉求,孩子出生以后,父母就要把孩子看成是一个独立的人,尽可能让孩子在"独立思考、独立生活"的环境中长大。能做的事就要让孩子自己做,让孩子从小就意识到自己的事要自己做,父母不能是自己使唤的工具。孩子出生以后,父母与孩子之间就应该是一种平等民主、彼此尊重的关系,父母对孩子的爱是有原则的,孩子的要求不能无限度地答应和满足,彼此之间的矛盾要通过协商说理等理性的方式来处理。美国的孩子从小不哭闹,说不定他们的父母在上述方面做得要比我们好。

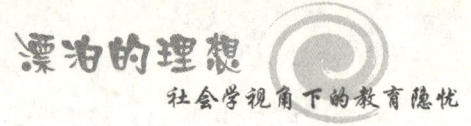

圣迭戈:美国真正的富人区

2011 年 8 月 10 日

讲到美国的富人区,人们首先会想到洛杉矶的比佛利山庄、加州海景公路附近的蒙特利尔(Monterey)和迈阿密的人工岛。但是,真正的美国富人区当属圣迭戈。

美国真正的富人们比较低调,往往选择比较僻静的地方居住。位于南加州的圣迭戈刚好能满足富人们的这一要求,环境优美,气候宜人,远离大都市。比尔·盖茨,文莱苏丹,影星珍妮佛·安妮斯顿、汤姆·汉克斯,名模辛迪·克劳馥,歌星迈克尔·杰克逊在圣迭戈都有自己的别墅。

圣迭戈是一个太平洋沿岸城市,位于美国的极端西南角。以温暖的气候和众多的沙滩著名。圣迭戈的富人区就集中在海边,比如,La Jolla 区,或者远离市区的山上,比如兰乔圣菲。镇上的居民多为美国西部地区的有钱人或退休的实业老板。他们来此居住首先是看中了这里的气候,冬季气温在 15 摄氏度左右,夏季在 21 摄氏度左右,每年有 320 天阳光普照。我来圣迭戈正是一年中气温最高的季节,阳光底下可以下海游泳,树底下的阴凉处却要加一件外套,晚上睡觉还得盖被子。不干燥不潮湿,圣迭戈的每一天总是给人最舒适的感觉。没有苍蝇没有蚊子,我也没有看到有什么让人不舒服的虫子。难怪美国人说,美国最宜居的地方是加州,加州最宜居的地方是圣迭戈。圣迭戈碧蓝碧蓝的海水、一望无际的沙滩和显得特别明亮的阳光,不仅吸引着世界各地的人来此冲浪、游泳,而且也吸引着无数的海狮、海豹来此享受日光。一切都是那样的明亮、干净和原生态,人也仿佛突然间变得纯洁、透明,没有了隐私,不再需要彼此防备、猜疑,成千上万的赤身裸体的男女老少或漫步或横躺在 Glider Port 的沙滩上,也没有给人异样的感觉。

如此优越的自然条件,吸引了富人,也吸引了学者。加州大学圣迭戈分校在建校不到 20 年的时间内跻身世界一流,自然环境也助了一臂之力。目前,加州大学圣迭戈分校拥有的院士在美国高校中名列第六,这么多的学界精英在短时间内聚集在一起,人文环境方面的原因肯定是最主要的,但谁又能否定自然环境在其中发挥的作用呢?

美国的富人们选择圣迭戈,与其说是向往低调的奢华,倒不如说是对人的生命的意义的追寻和对生活本真的回归。

第一编
边走边读

留学并不适合每一个人

2011年8月11日

有材料显示,中国去年赴美留学的人数达到14万,我估计今年将会接近20万。可以肯定的是,留学的高峰还没到来。国内越来越多的家庭都把孩子的成长寄希望于留学。国外的教育是有一些优势,但未必适合每一个人。一个人在作出留学决定前,必须对国外的教育要有所了解。好在目前在国外的中国留学生的学习、生活、发展的状况能为人们作决定提供一个参考。近段时间,我对中国留学生在美国的状况专门进行了考察,现把我了解到的其中的一些情况提供给大家。

国内有越来越多的高中生放弃国内高考直接在香港参加美国的SAT(美国的大学入学考试)考试,大学本科就选择在美国就读。凭中国学生的考试能力,很可能使自己直接成功进入美国名校(实际上也是世界名校)就读。要知道如果在国内读完本科再出国,即使是国内最好的大学毕业,要想进入美国名校继续深造也是不容易的。这种选择,另一个好处就是有利于一个人迅速融入美国文化,这对自己将来不论在美国还是在国内发展都是极为有利的。如果家里经济条件允许,那么这样的选择应该是不错的。但要知道,进入美国名校读本科,并不意味着能在美国名校读研究生,而仅有本科学历在美国还是不够有竞争力。美国的本科实施的是通识教育,为学生的后续发展做一个很好的铺垫。真正体现一个大学的高水平还是看这个大学的研究生教育特别是博士生培养,因此,美国名牌大学研究生特别是博士生招生是面向全世界的,不会把更多的指标留给本校。这种做法旨在招到全球最优秀的学生以确保自己在世界上学术领先的地位。已经进入美国名牌大学读本科的留学生,要想继续在本校或在别的美国名校攻读硕士学位特别是博士学位,那么就必须在本科阶段取得学业成绩上的领先。要做到这一点,一个人的"自律"的品质和较强的"学习能力"就显得尤为重要。美国的生活宽松自由,充满诱惑,美国的本科生良莠不齐。那些能够抵挡得住诱惑甘于寂寞坚持刻苦学习并且也具备学业竞争力的人,是适合在美国读本科的。当然,做到这一点也要有信心,美国高中毕业的优秀生不像中国集中到少数名牌大学而是分布在比较多的大学。要想在美国取得学业领先一定意义上讲比在国内还容易一些。

目前,来美国的留学生以攻读硕士学位的最多。经过长期艰苦的英语考试和申请,在国内完成本科后来到美国。这个庞大的留学生群体,面对的压力和挑战是巨大的。一是高昂的生活费和学费的支出让自己有一种对父母的愧疚感;二是学习的难度、强度所造成的心理压力远比想象的大;三是美国的高失业率让自己看不到在美国继续发展的前景;四是回国就业自己似乎也没有什么专业上的优势;五是继续申请博士，既要让自己学业成绩优秀，并且还要重新参加 GRE 和托福的考试，似乎也难以让自己承受。这个过程是很折磨人的，有的人经常会为自己选择留学之路感到后悔，但对于那些做好了继续吃苦和努力的准备并且善于自我调整和主动适应的人来讲，没有比这更锻炼人了。至于，那些把留学看成是度假、把留学看成是奋斗的终点的人还是不要出国留学为好。

赴美国留学，不论读本科还是读博士，生活自理的能力、人际适应的能力、抗挫折的能力以及持之以恒的坚持精神显得特别重要，让一个人具有这些能力和精神是漫长的出国留学准备过程中所最不能忽视的。

德育无痕

2011 年 8 月 15 日

美国的学校，不论是中小学还是大学，确实都不像我们有那么多的道德教育课程、思想教育活动以及从事思政工作的专门组织和人员。但据此就认为美国不重视道德教育、不注重自己价值观念的传播，那就大错特错了。只是他们重视得更巧妙更不露痕迹，从而也就有了更好的"润物细无声"的神奇效果。

人不是在"被教育"中成长，更不是在"被改造"中进步。道德观念是在自觉自愿中接受，道德情感、道德意志在亲身体验中产生，道德行为在潜移默化中改变。当一名教师以"教育者"自居的时候，其感召力已经消失；当一名学生成为"被教育者"时，其接受道德感化的前提已不复存在；当一堂道德课变成"改造人"的活动的时候，其效果将适得其反。我们的道德课，学生为什么总是往后坐？我们的德育活动，为什么不点名强制就没人参加？我们的道德教育口碑，为什么没有随着重视德育的红头文件的增多而改善？我们的道德教育的有效性，为什么没有因专职思政队伍的扩大而提高？原因可能很多，但有一点是不容置疑的，那就是我们的德育始终"不隐瞒自己的观点"，始终以"改造人"为己任，始终以盛气凌人居高临下的做派为手段。美国人的德育就显得低调、谦卑，热心于服务，没有口号、强制和规定，寓德育于生活，尊崇"无为而治"，从而达到了"愿者上钩"的目的。

来到美国，看不到国内铺天盖地的宣传标语、口号、画像，也看不到国内泛滥成灾的"德育基地"的匾牌，但任何一个人不论身处何地都能感受到美国人倡导的道德伦理和价值观的存在。他们所倡导的、想要让人做到的，不是通过直白的言语来表达，更不是通过命令式的指令来强制，而是通过各种活动载体或创设各种生活场景，让人们在日常生活中在自然状态下在自觉自愿、积极主动的参与中实现"自我感化"、"自我教育"和"自我提升"。商店、餐厅、汽车修理厂、厕所为社会不可或缺，战争、军事、历史、科技、艺术、体育等影响人感化人的场所在美国似乎更不可或缺，整个美国社会似乎都成了"教室"。以加州的圣迭戈为例,区区几十万人口,市中心的 Balboa 公园,居然就集中了博物馆、剧场、科技中心等几十家大型公共活动场所。我原计划花上一个小时逛遍整个公园。结果,我只是到各场馆的门口报个到,就花去了六个小时。如果逐一参观,那么我真不知道需要多少时间。我只见成群结队的游客,特别是青少年,兴致勃勃地进出各个没有悬挂"德育基地"牌匾的场馆。可以想象,当他们徜徉在这些场馆中,自然而然,"因科技的领先而自豪"、"因军人的牺牲而悲痛"、"因国家的强大而骄傲"、"因资源的枯竭而忧虑"。人们与其说在旅游、娱乐、休闲,倒不如说是在接受道德的锤炼、精神的熏陶。人们在游览中被感化,在谈笑中受教育,这是真德育。当然,对人的思想、行为产生更为深刻影响的还是全社会的精神风貌,对青少年的道德品质的形成和发展起决定作用的还是成年人的示范表率。

道德教育就是如此简单,只要赋予生活以感化人、提升人的功能,人们就无须挖空心思去设计什么"途径、手段和方法"了,德育的有效性也就不会只停留在"总结"中或只出现在领导的"讲话"中了。

美国博士生实习的多重效应

2011 年 8 月 20 日

暑假期间,美国大学有的博士生留在学校继续从事学习和研究,有的博士生到企业实习。实习在美国博士培养中是很重要的环节。在与实习的博士生接触中,我了解到博士生实习确实有多重意义。

博士实习,先是由博士生向企业提出申请。递交的书面材料类似于国内研究生的就业推荐书,自己的研究方向、经历和已取得的成果是其中不可缺少的内容。企业在审阅材料的基础上,对初选合格者还要进行面试,仍然有相当的淘汰率。实习申请成功有点类似于毕业时就业应聘成功,实习岗位的取得可以说是对博士生专业水平、研究能力的一个阶段性肯定。博士生们自然都很看重实习机会的获得,这也就推动了博士生之间的竞争。调动起博士生们学习、研究的积极性可以说是实习的第一个效应。

博士生重视实习的第二个原因是,既可以得到较为丰厚的报酬又可以为与企业的进一步合作研究打下基础。在企业实习,可以得到每小时不少于 30 美元的报酬。许多博士生既拿奖学金,又可以领取实习报酬,三个月的暑假实习会有接近 2 万美元的经济收入。在美国留学的优秀博士生经济收入超过美国公务员是很正常的。当然,对许多实习博士生来讲,比报酬更重要的是,争取到与企业合作研究的横向课题。如果能拿到得到企业资助的课题,那既是自己的学术资本也是对实验

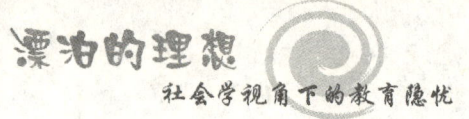

室的贡献、对导师的回报,更是为自己的进一步研究奠定了经济基础。

接纳博士生实习,企业要有一大笔费用支出,企业为什么还有接纳博士生实习的热情呢?企业主要是想通过实习来对博士生进行考察鉴定,以便为自己招录博士生打下基础。美国有着世界上最好的博士培养的质量保障机制和信誉,但是培养的博士也有三六九等之分,真正能从事创新研究以及具备知识贡献能力的又是少数。能够从事企业产品改进、技术创新的人才是企业最为宝贵的财富,招录到最优秀的博士是企业最为重大的战略之一。对企业而言,接纳博士生实习,不仅是生产、技术部门的事情,而且更是企业人事部门的一项人才储备战略。企业有热情接纳博士生实习的第二方面的原因是希望从实习生身上获得新知识、新技术、新创意。美国接纳博士生实习的大多数企业,本身就是一个研究机构,其员工往往具有博士学位,美国的知名企业实际上就是美国乃至世界上研发能力最强的机构。这样的机构仍然很看重来自高校的新生力量,事实上美国的大学也确实有在实习岗位上在短时间内能为企业技术创新做出重大贡献的牛人。有的博士生凭借自己的智慧和知识储备为企业带来的利润是企业支付给他的工资的百倍、千倍,甚至更多也是常有的事,所以,企业不仅有兴趣,而且高度重视博士生的实习。

美国大学有很好的研究条件,但也不可能包罗万象,在许多方面企业的研究条件、实验设备就要比大学好。大学的许多理论研究迫切需要实验的验证,而这些实验又只能在企业的研究室中完成。所以,校方、导师也鼓励、推动博士生的实习,让博士生在实习中完成学校中无法完成的实验研究。这样的成果为校企双方共享,发表的论文联合署名,缩短了知识转化为生产力的周期,密切了校企双方的关系,可谓一举多得,皆大欢喜。中国国内的许多博士生也有类似美国实习的下企业,但由于企业研发条件、能力以及重视程度有限,再加上产品技术含量低,使得国内的博士生的实习难以制度化、正规化,也使得博士生难以从企业获得更大更多的收获和进步。博士培养的质量与企业的发展水平是密切相关的,同样道理,没有全社会的发展进步自然难以产生高水平的大学。

美国博士生实习,看似平常不过的小事,但却是事关技术创新、知识转化以及博士研究生培养质量的大事,值得借鉴和研究。

中美大学的直观比较

2011年8月24日

越来越多的人想到美国留学。美国的大学有哪些优势?与国内的大学相比有哪些不同?经常有国内的朋友问起这些问题。要作深入、全面、科学的回答还真不容易,现我只能就面上了解的情况作一回答。

第一编 边走边读

教授水平。大学的水平取决于教授的水平,教授的水平取决于教授产生的机制。同样是"教授",水平会有天壤之别。美国大学教授面向全球招聘,缺一个补一个,严格的遴选甄别机制确保了每一位教授的高水平,不可能有像国内的论资排辈和滥竽充数情况。美国的大学集中了全世界最优秀的教师,因此,美国的大学也成了世界上水平最高的大学。

教师作风。美国大学教师最让人钦佩的不是他们的真才实学,而是他们极端负责的工作态度。他们担负着繁重的科研任务,但对于教学当中的备课、上课、辅导、改作业等每一个环节尽管轻车熟路,但仍然全力以赴、一丝不苟。国内的一些教师,水平不够还不忠于职守,整天忙于干私活,把教学当成了副业。中国大学广受诟病,主要原因不在于教师的低水平而在于教师的不负责任。

教学方式。美国的大学也并不都是小班化教学,特别是低年级的一些基础课也像国内采用大班教学,但他们会安排一定的时间分组讨论,每位任课教师每周还会安排固定的时间给学生答疑,使得学生和教师之间有着较为充分的交流。而国内的教师下了课便没有了影踪,教师与学生彼此陌生彼此阻隔。

学习内容。美国大学可供学生学习的课程非常丰富,即使是博士阶段也有学不完的课程。而国内大学,由于教师专业水平有限,再加上研究积累不够,许多学生想学而且又是社会需要的课程却开不出来。

学习动力。美国是一个真正竞争的社会,一个人只要有本事就会有舞台。美国学生,特别是来美国的国际学生面临的竞争是很激烈的。拿到美国大学的奖学金不容易,拿到美国政府的"绿卡"更难。"绿卡"的高门槛,就是为了确保在美国居住的任何一个人必须要有真才实学。这样的制度安排,让学生有了不竭的学习动力。

学业考核。美国的中小学没有太多的考试,大学本科甚至研究生(特别是一年四学期制的大学)却差不多每周都有考试,而且每次考试都不可能像国内有复习提纲。美国大学每门课程每学期有(1~2次)期中考试和期末考试,每次考试2~3小时。如此高密度和高强度的考试,谁还敢对学业有丝毫的懈怠?反观国内,作业不批改,考试给范围,学生自然优哉。

教学条件。美国大学教学、科研的条件举世公认,办学经费充足而且不移做他用。国内大学仪器设备有限还长期关闭,科研教学经费也相当有限。没有一定的条件,再有天赋,也是巧妇难为无米之炊。

学术氛围。读书做学问最忌讳的是浮躁虚伪,而我们的大学却存在浮躁虚伪的现象。移花接木写论文,胡编乱凑骗课题,挖空心思捞钞票,削尖脑袋求功名。如此氛围,能让学生安心读书做学问?美国的历史文化、市场机制、法制环境以及大学的评价考核方法,确保了每一位学术人永远具有诚实的品质和踏实的作风。

社会环境。美国的社会没有国内那样错综复杂的人际关系,非常适合擅长读

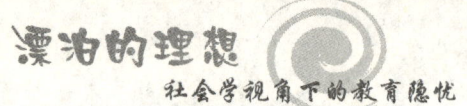

书做学问、不擅长拍马屁讲违心话的人生活。更重要的是,美国的社会发展水平很高,大学的任何一个与社会组织机构合作的横向课题,都可能处于学术的前沿,其成果往往也有了世界水平。大学往往与社会发展水平同步,没有全社会的进步,就不可能有大学发展上的领先。

领导产生。校长是大学的灵魂,美国的大学校长由学校董事会任命,董事会由大学利益相关者构成,因此,是利益相关者决定学校的命运。试想,一个大学的命运由与大学利益不相关的组织或人员决定,大学及大学校长的权责必定是混乱或者是模糊的,大学校长的素质也是难以得到保证的,这样的大学自然难以有一个好的发展,也是得不到人们的认可和信任的。

组织机构。美国的大学只懂得教学、科研和社会服务,没有游离于教学科研的活动。学校内部也只有教学和学术机构,校长和教务长是学校的主要领导人。机构精简,分工明确,校长治校,教授治学。国内大学,机构多,机构多了活动多,活动多了矛盾多,最终导致学校不成其为学校,教师不安心教书,学生不安心读书。

生活条件。美国大学也有不如中国的,那就是对学生的吃和住的重视程度不够。有的学校不负责学生的吃住,负责吃住的学校也有问题,不是住的价格过高就是吃的花色品种不多。这到底是美国的文化使然,还是有意训练学生的独立生活的能力,我就不得而知了。

中美大学生之比较

2011年8月31日

专业与兴趣。大学生对于专业学习,美国学生像是"先恋爱后结婚"去选,而中国的大学生却更倾向"先结婚后恋爱"。虽然这只是句玩笑话,但美国的大学生多数根据兴趣去选专业,而中国的大学生却是先看中专业的"前景"后有对专业产生兴趣。是教育对"兴趣"的鄙视导致中国有些学生除了知道对"分数"的追求外就不再知道自己喜欢什么、适合什么。

广度与深度。中国大学生在专业上显得比较牛,专业知识学得比较深,考试能力也比较强,但专业之外的领域就显得比较"弱智"。美国学生相反,专业上比较"弱智",专业之外却表现出他们的优势,知识面广,参与活动多,社交面广。造成此种差异的原因,大家都清楚,中国教育的价值追求是单一的,是重视分数的。而美国的教育恰恰相反,其价值追求是多元的、全方位的。中国的学生,考什么学什么,不考的就不学了。美国人不是不注重专业,只是到了研究生阶段才真正实施专业教育,本科阶段实施的是"通识教育"。

原则与功利。美国人务实,中国人也务实,务实的人不可能不讲功利。相比较而言,美国人或许更有原则一些。做人不能不讲原则,但原则过了头,就会变得死板、固执。中国的大学生在原则面前就显得比较灵活,也能表现出一定的高效率,但灵活过了头,就是狡猾、势利。中国大学校园中为什么会有那么多的失信、作弊、剽窃,都与灵活过了头有关。

信仰与投机。美国大学生有多少信仰,我也感觉不到,但他们不会没信仰假装有信仰。在中国大学校园中,同时存在着两种截然不同的声音:一种声音说,当代大学生没有信仰,没有目标,是垮掉的一代;另一种声音说,当代的多数大学生有远大的目标、崇高的理想,有着忧国忧民、解放全人类的精神追求。这两种判断,不可能都正确。造成人们判断上的失误,不在于人们智力不够,而在于当今的一些中国少数大学生太会伪装,太擅长投机。当然,也不要过多地去指责他们。每个人都很清楚,"伪信仰"背后有"真利益"。此种诱惑,年轻人挡不住,经历过血与火洗礼的人也挡不住。

规则与关系。美国是法制社会,大学生的规则意识也特别强,凡事讲制度、规则和程序。生活中鸡毛蒜皮小事的处理,也要先制定规则并举手表决。从这点上讲,美国人死板僵化,把规则看得比效率重要,缺乏灵活性和应变能力,而且让人感到没有人情味。请人吃饭还要让对方自掏腰包,说这是长期以来形成的娱乐消费中的"AA制",谁也不能违抗。相反,中国大学生更注重关系,"让关系改变规则"成了有的人孜孜不倦研究的课题,在有的人的心目中"能否让关系改变规则",也成了衡量一个人本事大小、能力高低的标准。在中国校园办事,规则不允许的找关系,规则允许的也同样找关系,而且利益存在之处,往往也是关系网最密集、关系活动最活跃之处。有的学生上了大学,学业没长进,搞关系的一套却收获不少。

自主与自律。美国的大学生从小在"自我做主"中成长,因而有更强的自主性。中国的学生从未精神上独立,思想上自主,行动上自由。以家庭生活为例,从小凡事由父母安排,不要说读文科还是读理科,就是穿什么衣服吃多少饭菜都要由家长决定。上大学了,凡事仍由父母定夺,专业父母挑选,谈恋爱父母批准,找工作父母操办。如此这般,自主意识欠缺,依赖心重,就成了中国大学生的通病。中国的大学生缺乏勤工俭学养活自己的意识,缺乏对自己前途负责的责任心。自主与自律往往是统一的,一个凡事要自我做主、自我负责的人自然会有较强的自我管理、自我约束的意识和行为。相比较而言,美国大学生的自律意识要略胜一筹。不要不服气,人家压根儿不需要班主任、辅导员和各种学生管理机构。

思辨与盲从。论考试,美国学生可能不如中国学生;论背诵,美国学生可能也不如中国学生。但美国学生人格独立,思维独特,想象丰富,讲话有意思,富有幽默感。中国的孩子,从小就受到了太多的"不允许"的限制,同时又受到了太多的"求同思维"方面的鼓励,使得具有"独立之人格,自由之思想"的人在中国大学生中犹如大熊猫般稀少。有的教育能启迪智慧,有的教育能让人变得愚笨,我们的学生接

受的是哪一种教育呢?

　　求稳与求成。在职业选择上,中国大学生较保守、求稳,而美国大学生更多地考虑自己的兴趣愿望,追求人生的意义和价值,强调自我实现。中国大学生把公务员当作自己职业的首选,对此美国人感到不解。因为他们不知道在中国没有比公务员更稳定更有特权的职业了,他们更不知道在中国放弃了公务员就意味着放弃了仕途。中国职业之间流动的阻隔,行业之间工资待遇及社会保障的巨大差距,是中国大学生在职业选择上"不求成功,但求稳定"的主要原因。

2011年访台日记

失败无素质

2011 年 11 月 22 日

"一个人除了要有谋生的本事,还应有一定的人文素质。"此话不错,关键是怎样才能让人有素质。否则,这只是一句口号,弄不好,还会让人变得更没素质。

来台湾,向职业教育界的同行讨教。台湾同行说,台湾的高职院校十几年前都已升格为四年制本科,但对于专业教育与人文素质教育的关系或者孰重孰轻的讨论从未停息,更没有权威或明确的结论。台湾人上大学就像上小学一样容易,普及化的大学教育,让许多大学特别是从事职业教育的大学不再有甄选学生的可能。台湾同行寻找不到答案,实质上反映了台湾大学的尴尬:本科需要人文素质教育,普及化的大学又实施不了人文素质教育。

"人文素质"不是喊口号喊出来的,也不是表决心表出来的。目前的大学生,特别是高职学生,人文素质是有欠缺,有的还很欠缺。怎样让他们具有一定的人文素质呢?一种普遍的做法是缺什么补什么。数学不好的补数学,英语不好的补英语。如此做法的一个必然结果是没素质的变得更没素质。

有的学生对读书失去兴趣,甚至对人生失去信心,都是因为数学和英语。如果继续强迫他们学习数学和英语,那么除了让他们变得对人生更自卑更消极,对读书更恐惧更排斥外,还想让他们得到什么?许多学生心理上出现问题,都是从成绩下滑开始的;有的学生走上犯罪道路,也是从成绩下滑开始的。一个始终处于受挫状态的人,他的无能感和无助感如果能让自己变得破罐子破摔,那么还是非常幸运的,可怕的是有的人因此变得与社会对立,与学校反目。人文素质是在"乐学"中获得、在"能学"中长进。不能让学生感受到学习的成功,就不可能有人文素质教育的成功!

人文素质更不能仅仅理解为语数英理化生。有的学生不擅长于这方面知识的学习,并不意味着在别的方面不能学不想学。要实施真正有效的人文素质教育,就必须在为学生提供多方面学习的选择上下工夫。让学生避免失败,是人文素质教育成功的前提。

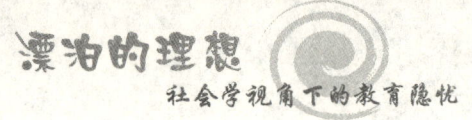

大学好坏看什么

2011 年 12 月 6 日

  大学是培养学生的,大学的好坏就是看学生的学习成果,这么简单的问题,当今的许多人,尤其是大学的官员、老师和学生却不知道。

  当今大陆的一些大学,官员不知道自己要干什么,更不知道要把自己的大学办成什么样的大学;教师不知道自己要教什么,更不知道要让学生变成什么样的大学生;学生不知道自己要学什么,更不知道自己要成为什么样的人。大学之所以会成为简直由一群梦游的人闲逛的场所,原因就在于当今大陆的许多大学没目标、没标准,自然也就没有了责任、没有了效果。

  我的这一观点,肯定会遭到众多的人的批评。在这些人看来,大学在教学、科研、服务、硬件保障方面的目标是明确的,对于科研成果、生均仪器值、生师比、藏书量、教师职称结构等方面都有具体目标和考核指标。是的,这些也是事实。但是我要问:有可测量的学生质量标准吗?有对学生学习成果的真正评量吗?可以说,枝枝节节的标准都有了,而根本的标准却没有,这就是当今大陆高校的状况。

  来台湾,我了解到,他们以往对高校的评价也像我们大陆今天对高校的评价,除了学生的学习成果,各项指标可谓面面俱到。但在今天,台湾对高校的评价,主要就是看学生的学习成果,学生在知识、技能、能力方面的情况成了大学好坏的主要标准。这一转变,也就把高校教师的注意力从对自己的关心转到了对学生的关心上,各专业、课程的教学目标也从含糊不清语焉不详的表述转化为看得见、摸得着、可测量、可评价的具体指标。在他们来看,学习成果是学习者所达成的重要成就,而且必须在课程结束后,可以明确地被验证出来,必须符合 SMART(即明确 Specific、可评量 Measurable、可达成导向 Attainable-Oriented、结果导向 Results-Oriented、具有期限 Time Bound)原则。

  对学生"学习成果"的定量评价,是会有些困难。今天大陆高校之所以不去解决这些困难,并不是这些困难不能解决,而是人们不愿意解决。任何人都可以想象得出,一所高校当可以对学生的学习、发展不负责的时候,其官员、教师会有多轻松、多快乐!举个例子,当今,多少大学生经过大学英语的学习,英语水平不升反降,而英语教师的工资奖金照拿、职称照评、职务照升。如果实施"学习成果"的量化评价,那么我可以肯定地说,许多英语教师都可以下岗了。做法很简单,只要用毕业时测试的成绩(后测)与高考时的成绩(前测)进行比较即可。如此简单的方法为什么不用,因为各大学都达成了不负责任的默契。

  大学对自己的感觉越来越好,社会对大学的怨言越来越多,原因就在于大学的追求与社会的期望相背。这样的状况不能再继续下去,要让社会大众认可自己是一所好大学,就要让社会大众能看得见摸得着自己所培养的大学生的学习成果。

道德教育回归生活实践

2011 年 12 月 8 日

来台湾让我感到惊讶的,不是他们的高楼、汽车、马路,而是台湾民众在日常生活中所表现出来的素质。公交车站上看不到拥挤,只有排着长长队伍的人群;各个公共场所的自动扶梯上,男女老少一律靠右站立,为了让赶路的人能在左侧快速上下;台北的地铁(捷运)也经常人挤人,但博爱座(残疾人、老年人专座)却总是空着;在台湾许多地方,房屋老旧街道狭窄,但一尘不染秩序井然……来过台湾的人,肯定会与我有同样的感觉。

是什么原因让台湾的民众有如此高的素质?这自然与地方历史传统、文化背景有关,但与学校教育也密切相关。就道德教育的重视程度而言,大陆与台湾的学校并没有多大差别;但就道德教育成效而言,台湾的学校就要略胜一筹了。这种差距不是体现在道德知识、道德观念的普及教育上,而是体现在道德知识与道德行为的转化上。也即,大道理谁都知道,但相应的行为却并不一定人人都有。大陆的道德教育,就像一位不断唠叨的老太,不断重复着老幼皆知的道理。而台湾的道德教育,则像一位说一不二的军人,重在行为落实。

大陆学校,也是知道行为训练的重要,也会有一些专门的行为训练。例如,从小学到大学都会有军训。但是,这种训练往往是一阵风,短则一周,长则十天,行为还未转化为习惯便告结束。大陆学校的军训可以说都是形式主义的走过场。而台湾学校,让孩子从小就在童子军这种组织形式中,通过长年累月的户外、野外有目的、有计划、有组织的训练,来培养一个公民所应该具有的文明有礼守纪的行为。没有行为的长期训练就不可能有道德教育的成效。

此次来台湾,主要考察台湾的高等教育。台湾的高校在对大学生行为训练方面的重视丝毫不亚于对专业知识的教育。我不知道,台湾是否有"德育为先"的说法,但他们却扎扎实实在做着"德育为先"的事。不说大话,不呼口号,从自己的事做起,从身边的小事做起,从能做的事做起。在台湾的许多大学,特别是高职院校,打扫卫生、绿化养护都是由学生自己完成的。台湾的大学,通常只有不超过 30% 的大学生住校,但在有的学校凡住校就要统一起床出操。台湾明志科技大学,由企业家王永庆创办,要求全体学生住校,每天早上全体教师和学生一起晨跑,一年四季,雷打不动。校长刘祖华每天第一个出现在操场上,让爱睡懒觉的师生不敢有丝毫的拖延。刘校长告诉我,他们的学生在中小学的时候,学业成绩欠佳,学习自觉

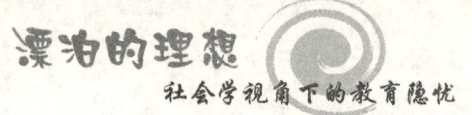

性不够,要让他们改变人生,就要从改变态度、改变行为开始。台湾明志科技大学的学生多次被人力银行、远见杂志、Cheers杂志评选为企业最爱毕业生,这是否与这样的行为训练有关呢?

台湾高校的教室不见纸屑,台湾高校寝室内同学共享的卫生间不闻异味。大陆的高校有比台湾高校更多的从事学生道德教育的组织、人员和课程,但却没有台湾高校的效果。这是为什么呢?谁都知道答案,只是谁都不愿意去改变。

高职院校一定要升本吗

2011年12月12日

大陆高校,特别是高职院校,对于升格总是有着强烈的要求和近乎病态的爱好。对于教育部关于高职院校一律不能升本科的规定,我可以用咬牙切齿来形容有的校长和老师对此的不满和愤慨。在他们看来,台湾的职业院校都已全部升格为本科了,大陆的高职院校也理所当然要升格为本科。台湾的高职院校确实都已升格为本科了,但人家升本能作为自己升本的理由吗?如果不能,那么高校升格的依据又是什么呢?

时代的发展,社会的进步,对公民和劳动者的素质要求越来越高,为了适应这样的发展和变化,人们受教育的程度也就越来越高。可以说,社会经济发展的要求是学校升格的动力和依据。不同的地区或国家的社会经济发展状况是不一样的,人们受教育的程度也不应该是一样的。因此,不能以别的地区或国家的做法作为自己是否升格的理由,而要根据自己所处的社会经济环境的要求来决定自己是否升格。

那么,目前大陆三年制的高职院校与社会经济发展状况相匹配吗?大陆究竟需要三年制高职还是四年制高职?对这些问题作简单的肯定或否定回答都难以让人信服。但有一点,可以作为我们在此问题上作决策时的依据,那就是今天专科三年的时间正被充分利用而培养的学生还不能适应社会经济发展的要求,如此则专升本势在必行。相反,如果专科三年的时间浪费了大半或者没能被充分利用,那么任何专升本的企图都可以被理解为好大喜功或者别有用心。在我看来,不论大陆社会经济发展多么迅速,高职院校也远未到专升本的时候。我们专科三年白白浪费的时间实在是太多了,当务之急不是再增加一年让学生继续浪费,而是要在怎么样充分利用专科三年时间上下工夫。如果时间能得到充分利用,师生积极性能得到充分发挥,那么我看高职院校三年都太久了,两年足矣!

我知道我所说的这些话没人感兴趣。我们的文化中有了太多的虚荣。孩子上本科能满足家长的虚荣心,在本科院校任教能满足教师的虚荣心。两种虚荣心的里应外合,自然让专升本的力量变得异乎寻常的坚韧和坚强。台湾高职院校全部升格为本科,真是社会经济发展的需要吗?我看也未必,一定程度上也是为了满足人们的虚荣心。

人之儿女　己之儿女

2011年12月19日

　　台湾的大学,校园面积不大,建筑也不见气派,若按大陆大学评价之标准,则台湾许多大学如不停办也要被亮黄牌受警告。然而,台湾的大学却有很好的声誉,在国际上有很好的口碑。台湾靠的是什么?在我看来,主要是台湾教师的素质很高。多数老师都有博士学位,而比博士学位更重要的是他们的责任心。

　　其实,培养人的工作也真谈不上有多困难,只要尽心尽力去做,多数学生都是能教好的,教学质量自然也是能得到保证的。台湾高校教师的责任心,说白了,也没什么特别之处,无非也就是尽了一个教师的责任,做了一个教师应该做的事。台湾铭传大学倡导"人之儿女,己之儿女"的办学理念,强调要像关心自己的儿女成长一样去关心学生的成长。我不敢讲台湾高校的老师都有这样的情怀。但是,相比大陆高校的教师,他们真的做得更好。也正是在这一点上的差距,造成了海峡两岸高校的差距。

　　大陆高校在硬件建设上有了长足的进步,但教师的责任心却是日益退化。不客气地说,目前大陆高校的许多教师似乎在承担着众多的责任,但唯独可以不对学生负责,唯独可以不对教学负责。如果对我的这一观点有异议,那么你可以去高校看一看,以下现象是否具有普遍性:

　　课堂上,学生或睡觉,或玩手机,或不停地转动手中的笔,教师不闻不问,自言自语般地讲着课,名副其实的"教师混课时,学生混学分"。

　　下课了,教室里冷冷清清,寝室里灯火通明,学生们或游戏,或电视,或零食,唯独不做与学业相关的事,不见教师巡访,更难见教师辅导。

　　期末复习,圈定范围,提供提纲,同学们分工合作,或誊抄,或复印,背诵一通,一学期学业几个小时搞定。

　　实习开始,也是真正"放羊"的开始,不要说跟踪指导,就是学生是否联系到实习点也不过问,然而,教师居然能给学生打出三六九等的实习成绩。

　　……

　　这样的现象,在台湾不能说没有,但肯定没有我们多。在台湾的一些高职院校,每3～5名实习生,就配备1名指导老师,对实习全过程进行跟踪指导。说到这儿,有人一定会认为,台湾高校教师的配备一定比我们大陆多。但事实上恰恰相反，台湾高校的教师相比大陆高校教师的配备可以说是少之又少。像台湾科技大学（《泰晤士报》世界大学评比，排名亚洲第56名），有1万余名学生，其中硕士生、博士生占一半，教师只有400人。又如，台北科技大学，有1.2万多名学生，硕士生、博士生也超过一半，教师只有420人。人家之所以3～5名学生就可以有1名指导老师，是因为对实习生的指导不只是毕业年级任课教师的责任，也是各年级教师的责任。

大陆的高校人手多，人手多的恶果是为每个人推卸责任找到了理由。推卸责任的结果，是把整体的教育分解得支离破碎，每个教师都把本该由自己承担的责任推卸得干干净净。做人的事是辅导员，纪律的事是学生处的，实训的事是实验员的，信仰的事是团委的，就业的事是班主任的……一切都可以与自己没有关系，毕业生工资不如农民工，教师照样拿工资领奖金获晋升。

台湾高校的教师也要晋升职称，而且竞争更激烈，也要看论文、课题，他们的注意力怎么会集中到教学和学生呢？这是制度科学安排的结果。铭传大学的做法是，一名教师只有通过教学考核，才能进入下一步论文、课题的考核。也就是说，一个教师即使科研再突出，如果教学不合格，那么也不可能得到晋升。这样的制度，使得每个教师对教学都不敢有丝毫的懈怠。

由此看来，要真正做到"人之儿女，己之儿女"，除了号召，还要有科学的制度安排。

台湾的高复班

2011年12月22日

台湾的大学早已普及，想上大学都可以上大学，但想上好大学却不是谁都能上。毕竟，优质资源都是稀缺资源。在台湾，人们向往的是台（台湾大学）成（成功大学）清（台湾"清华大学"）交（交通大学），高考竞争的激烈程度一点也不亚于大陆。台湾的高复班不仅没有因大学的普及而消失，而且还越来越红火。

到台中勤益科技大学讲学，在返回台北之前，受朋友之邀，参观了台中的一所高复班。我自认为，对教育有比较深的了解，没想到，台湾的高复班，让我大开了眼界，也让我吃惊不小。

首先是规模庞大。我参观的高复班，有4000余名学生，上课的大教室同时能容纳300余名学生。高复班众多师生的消费带来了周边商业的繁荣，凡高复班所在地夜市总是空前红火。

其次是设施良好。空调、电梯、多媒体设施一应俱全，特别让我印象深刻的是能满足个人需要的自习室。自习室不大，安排八个位置，配有电脑，学生可以根据需要收看教师讲课录像,也即个别辅导可以由电脑来完成了。

第三是连锁发展。台湾的高复班由来已久,竞争也很残酷,能幸存下来的都有比较好的口碑,也形成了自己的品牌。走连锁化、集团化之路往往是这些高复班的经营之道。我参观的这所台中高复班,在台北连锁经营,也有同等规模的校区。

第四是综合经营。高复班的主营自然是为高考服务,但是也与时俱进,也同时为中考服务,甚至还为小学生补习服务,高复班在许多地方也就改称为补习班了。我参观的高复班,有全日制的高复学生,也有课后补习的初中生、小学生。

在我要告别的时候,已是晚上十点多了,高复班依然灯火通明,300多人的大教室座无虚席,老师边讲解边演示,读书氛围异常浓烈。大陆、台湾同根同源,台湾高复班(补习班)的兴旺,让人有理由相信大陆的补习班(不论名称、形式、作用如何)也会长期存在。

品牌的感召力

2011 年 12 月 28 日

奋起湖,不是湖,而是一个海拔1400多米高的小山村,现在成了旅游胜地。

奋起湖,原名畚箕湖。由于三面环山,形似畚箕故得名畚箕湖。半山腰的村庄,根本没有湖,村名中怎么会有一"湖"字呢?原来,村庄经常被云雾缭绕,青山环抱的云海像似一个湖,富有想象力的村民就把自己的村庄取名为畚箕湖。"畚箕"一词,尽管形象,但终归过于粗俗,后来在文化人的建议下,把"畚箕湖"改名为现在的"奋起湖"。

小山村变成旅游胜地,有的凭借的是自然风光,有的凭借的是历史资源。而奋起湖什么也没有,绵延不绝的高山没什么特色,台风山洪又时常光顾,那么,奋起湖是凭什么让自己成为旅游胜地的呢?

让奋起湖人最感骄傲的是从嘉义到阿里山的高山铁路从自己的村庄穿过,但这是世界上客流量最少的铁路。奋起湖人也许实在是没什么资源可利用,一旦出现了机会便百倍珍惜。旅客不是要吃饭吗?满足旅客的需要不就是机会吗?高山铁路尽管客流量少,但对奋起湖人来说,满足旅客吃饭的需要就是最大的发展机会了。奋起湖人就做起了为旅客提供便当的生意。也许是山里人的厚道淳朴,他们做的便当始终便宜实惠;也许是山里人的坚忍不拔,他们做的便当始终保质保量。60多年如一日,奋起湖的便当声名远播,成为响当当的品牌。便当的名声响了,奋起湖的知名度也高了。原不为人知的小山村也就渐渐成为人们向往的旅游胜地。

小山村出名了,大山也成了氧吧,高海拔也成了消暑的卖点。商店林立,民宿众多,游客摩肩接踵,一个便当品牌带来众多产业的兴旺。陪同的教授告诉我,奋

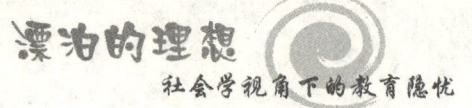

起湖的便当不仅深受铁路乘客欢迎,而且也深受普通民众欢迎,奋起湖的便当早已进入全台湾4800家"7-Eleven便利店"。

来到奋起湖的游客,自然免不了要品尝一下最正宗的便当。用完餐,奋起湖的便当并没有让我感到有什么特殊之处,奋起湖人无非是把能做的事做好,把能做好的事一直做好。但仔细一想,这不正是做人做事最难的吗?这不正是品牌形成所最不能缺少的吗?

村庄原来可以这样建

2012年1月4日

桃米是台湾中部南投县的一个村,人口1200多人,海拔高度介于420~800米之间。1999年,"921"地震造成全村庄绝大多数房屋倒塌。一片废墟,又处山区,怎样重建?

桃米人,没有被困难吓倒,而是利用自身的优势和特点,更新观念,走上了一条完全不同的建设之路。先是摸清自己的家底,发现面积18平方公里的桃米,蕴藏丰硕的生态资源。台湾原生29种青蛙,桃米拥有23种,台湾143种蜻蜓,在桃米发现56种。桃米在政府、学界、社会和社区居民的合作下,循着"教育学习,观念改变,行动实践"的策略,朝着"生态村"的重建愿景而努力。

重建至今,桃米已经培养出30位生态解说员,成立了近20家合法民宿,护卫了3公顷湿地,打造了25座家户型生态池、3条生态河、2座家庭污水处理池和厨余回收制作场,种下4万多株原生苗木,并开始生态农业的生产和推广。行走在桃米村,仿佛就在公园行走一般。树、草、花、水自然是不必说了,其间的茶楼、餐馆也是造型别致典雅。最能引起游客兴趣的还是那些在城里看不到的鸟兽草木。

桃米村,还成立有"见学中心",为来自各地的中小学生开设有"自然生态"、"朴素艺术"、"产业探索"、"自然农作"、"多元族群"、"社会照顾"、"生活美学"、"文化资产"等见学游程。可以想象在寒暑假、双休日,桃米村会有多热闹。"自然野宴",也成了桃米村一道亮丽的风景。优美的环境,自然的生态,吸引了众多的人前来野炊野宴。农户们提供无毒蔬果,让人们在蓝天绿野里,吃当地、吃当季,以简单的心,呼吸干净的空气,品尝安全的食品,共同找回绿色的地球和纯洁的心灵。桃米村还是人们举行婚礼、生日聚会、家人会餐、朋友约会的场所。坐落在山谷水畔的用纸建造而成的纸教堂,宛如水晶宫一般,给人灵感,激发梦想。这片草绿、花红、蝶飞、鸟唱的生态场,自然是一个与家人、好友创造、分享、重温那份专属的感动与幸福的好所在。自己尽管没有更多的时间停留,但我已能感受到桃米原生态的魅力和文化的厚重。

从名不见经传到成为各级学校教科书的教材，从对社区毫无自信到成为观摩的重镇，桃米的重建激励了台湾广大山区农村的转型，印证了"唯有自我承载，方能更永续"的道理。桃米村，从地震后的废墟变成当今的世外桃源，让我切切实实感觉到了人的智慧和力量的非同一般。

企业即景点

2012年1月9日

来台湾走访了三家企业，一家是威士忌酒厂，一家是糕饼厂，一家是兰花苗圃，目的是了解校企合作、工学结合、大学生实习等方面的情况。结果发现，这三家企业同时又是旅游景点，而且是人气很旺的旅游景点，并具有以下共同的特点：

一是环境优美，适合观赏休闲。三家企业都是花园式的，花坛、草坪、水池、亭台一应俱全，鸟语花香，绿树成荫，人们行走其间，感觉不到是工厂是企业。有的企业还专门配有供小孩子玩耍的游乐设施。

二是物质生产与知识传播相结合。每家企业简直都是本行业的历史博物馆，有专门的场所用于陈列不同时代的生产工具和生产产品，并配有文字、图画、表格，人们到企业，既是散心、购物，又是学习长知识。

三是都配有专职讲解员。人们一进入企业，便受到讲解员的欢迎和引导。讲解员既和蔼又专业，在介绍自己企业讲解相关知识的同时，又宣传了自己的企业文化推销了自己的产品。

四是都有餐饮服务设施的配套。每家企业除了设有自己产品的零售商场外，还都开设有规模更加宏大的餐馆和茶室，供前来参观的人用餐和休息。

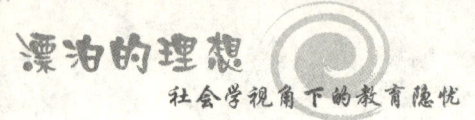

2012年访美加日记

只有一条街的美国小城

2012年7月1日

此次来美主要任务之一就是要访问威斯康星州立大学欧克莱尔分校。威斯康星州位于美国的中北部,学校所在地——欧克莱尔市又位于该州的西部,当属偏僻地方的偏僻之处。来美之前,尽管"备了很多课",但对欧克莱尔还是知之甚少。奇怪的是,知道得越少越令人向往。

我们先要乘飞机到达与威斯康星州相邻的明尼苏达州的明尼阿波利斯机场,然后再坐一个半小时的汽车才能到达欧克莱尔。不是威斯康星州没有机场,而是欧克莱尔实在是太偏远了,开车从欧克莱尔到威斯康星州政府所在地麦迪逊要两个半小时,到最近的大城市芝加哥则需要六个小时。

威斯康星州是一个被森林覆盖的州,车窗外我们所能看到的就是湛蓝的天和翠绿的地。森林、草坪和玉米地可以说是高速路两旁所能看到的全部。偶尔看到的几头牛和几幢房舍完全被绿色淹没。没有我们国内所熟悉的村庄、工厂,也没有我们国内比比皆是的广告牌。威斯康星州有相当于一个半浙江省那么大的土地,人口却只有浙江省的1/10。欧克莱尔号称是市,人口却只有6.8万,按中国的标准连一个镇也称不上。

走进欧克莱尔市区,就更感觉不到是一个"市"了。称得上"街"的街只有一条,市民们的住房却地地道道称得上是别墅,全部散落在森林当中。欧克莱尔在威斯康星州的森林城市评比中,自1980年起一直名列第一。在一个几乎被森林覆盖的州,也要像我们一样进行森林城市的评比,有必要吗?2009年,欧克莱尔市被《普罗米斯协会》杂志提名为全美最适合年轻人生活的100个社区之一,这点我信了。

美国是一个多元、包容的国家,在文化、人种、语言诸方面呈现出了多元化,但欧克莱尔由于远离"繁荣"的美国东西海岸,保留了美国"血统的纯正"。又由于这里不是旅游城市,城市的文化、娱乐、休闲、购物资源纯粹为了市民(威斯康星州产西洋参,在欧克莱尔居然看不到有西洋参出售),少了许多修饰、造势,保留了美国小城镇的"原生态"。在我看来,要想了解原汁原味的美国小城的风情,要想研究真实的美国小城百姓的生活,欧克莱尔配称"最佳样本"。

欧克莱尔街道两旁,既没有新潮的现代建筑,也难见典型欧洲风格的建筑。大多数建筑都很普通很平常,按照我们的城市建设理念,其中的不少当属拆迁之列。

第一编
边走边读

就是这样一些平平常常普普通通的店面房,商品摆设也好,橱窗陈列也好,都不乏艺术性。这种艺术性与一些有上百年历史建筑所具有的历史厚重感的融合,正是小城的街道让人着迷的所在,说不定这就是所谓的城市品位吧?

街道两侧的每一个灯杆上都悬挂着鲜花,鲜花下面都是永久性的城市艺术雕塑。与其说这是城市的商业街,倒不如说这是一条花街或者说是一条艺术长廊来得更确切。街上行驶的汽车不多,但仍比行走的人要多。车走得比较缓慢,全然没有加利福尼亚城市汽车给人的一种不安全感。咖啡店门口的几位休闲的人,我们来时坐着,我们走时仍然坐着,也不阅读,也不聊天,莫非他们只是在静静地感受夏日的阳光?

城市不大,却有大片的城市公园。主人很好客,一定要我们到公园走走。说实在的,这公园如果在我们国内应该说是算得上漂亮的,但在威斯康星这公园与别的任何一个地方相比并无两样,也就不能让我产生更大的兴趣。公园里唯一吸引眼球的就是躺在草坪上享受日光浴的一对对情侣和身着比基尼在阳光下阅读的女孩子。欧克莱尔的纬度很高,有着漫长的冬季,夏天以及阳光对他们来说就显得弥足珍贵。我们来的时候刚过夏至,正是一年中日照时间最长的时候,欧克莱尔的市民自然不会轻易放过这难得的阳光。

公园的尽头,是两条小河流的汇合处,汇合后河水将一直流入密西西比河。虽然是夏天,但还是有些凉爽,我们身着西装也没感到热,想必河水还是很凉的。也许是夏天对他们太难得了,也许是他们太热爱运动了,河水的温度已不是他们是否走进河流要考虑的首要因素。中午时分,身着泳装的年轻人开着车陆续来到公园旁的河流交汇处,纷纷跃入河中,或游泳或乘坐自带的皮筏漂流。当天是周一,如果是周末岂不更热闹?主人点点头,并指着不远处空无一人的建筑说,那是"周六集市"。周六上午要买卖的市民都会来此自由市场做交易,不仅是买卖,而且还会有舞会、演出等娱乐活动。周六的热闹,我没能感受到,但我也能想象出几分。

与我熟悉的加州城市相比,欧克莱尔有比较多的教堂,有的教堂的历史差不多快要200年了。是漫长的冬季需要更多的宗教活动,还是这里的人对上帝特别虔诚,这我就不得而知了。但是,耸立的教堂依稀可以告诉我,200年前的这里就有了今天的繁荣。

欧克莱尔没有曼哈顿的高楼大厦,没有洛杉矶的车水马龙,也没有华盛顿的政治纷争,有的是绿树、阳光和宁静的生活。置身欧克莱尔,你会想:人们的忙碌、奔波和争斗,图的又是什么呢?

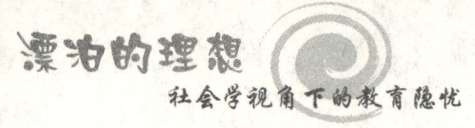

大学校园中的河

2012年7月5日

  大学边如果有一条河,那么这确实是妙不可言的。一些大学,没有可利用的现成的河流,就会人为挖一条。河流,为学校增色是一方面,在河边阅读、辩论、散步、谈情说爱是更为重要的一面。不知是凑巧还是美国的很多大学都建在河边,我们此次造访的位于明尼苏达州的圣托马斯大学和明尼苏达大学反正都建在河边。美丽的景色,让人流连忘返。

  学校边的一条河流已让人感到妙不可言了,如果有一条河流从校园穿越而过,则又会给人怎样的感受呢?我们重点访问的威斯康星州立大学欧克莱尔分校就是这样一所建在河流两旁的大学。一所大学被河流一分为二,两个校区的来往只能通过架桥来实现,看似有诸多不便,但却有别的任何一所大学所不具有的美丽风景。

  这条河,名叫齐佩瓦河,是密西西比河上游的一条主要支流,宽约50余米,河水湍急,两岸树木茂密,岸边的浅水处有鹅样大的水鸟在觅食,站在桥上看校园风景确实别有一番风味。但看风景的最佳点并不是在桥上,而是在两岸建筑的楼上。当我来到图书馆五楼的阅览室看到眼底下流淌的河水的时候,要保持外交场合庄重的我也不禁发出高声的赞叹。试想,当自己长时间静坐阅览室读书累的时候,向窗外看看河水和河两岸的景色,能有比这更好的休息吗?能有比这更让人兴奋的吗?能有比这更给人灵感的吗?美国不缺建大学的土地,威斯康星州更不缺建大学的土地,之所以把大学建在河两岸,说不定目的就在于此。

  当我问及是否会因河流产生两岸师生之间的隔阂的时候,主人笑而不答,只是轻轻问了句:中国大学本系开设的课程是不允许外系教师讲授的吗?当听到我说是有这种情况但不是全部的时候,主人说这在美国是不可能的。是的,我们的校园没有河,但却有许许多多心理上的"河"。正是这些"河"的存在,使得我们有限的资源不能共享,使得不同学科学术上的合作不能实现,使得系与系之间、学院与学院之间老死不相往来,使得大学这一有机的整体被肢解成许多个彼此独立的小团体。

  威斯康星州立大学欧克莱尔分校,因为有校园中的河而被誉为威斯康星州最美丽的校园。当我告别这一美丽的校园的时候,我的脑子中突然冒出一个念头:大学会因地理上的河流而变美,但却会因心理上的"河流"而变丑。

第一编 边走边读

美国百年老街

2012 年 7 月 7 日

在路过明尼苏达州州政府所在地圣保罗市时，美国朋友特意改变行走线路让我们去领略一下美国北方城市百年老街的风情。

美国经济发达历史短暂，多次来美国能看到现代城市的繁荣但却难以感受到古老的文明。我向来对老街及老宅情有独钟，听朋友说要经过百年老街，真是喜出望外，激动心情难以言表。

我经验中的老街是房子破旧、道路狭窄，只能在与现代街道的巨大反差中，让人去感受曾经的繁荣，让人去追寻历史的变迁，让人萌发思古之幽情。然而，当美国朋友驾车拐了个弯后说老街到了的时候，出现在我眼前的老街与我想象中的老街一点也不相像。道路比现代城市马路还要宽，街道两旁的房子不论是造型还是新旧程度都与当代的别墅没有两样。这哪里是百年老街，这不分明就是现代城市的街区吗？美国朋友看我一脸的疑惑，解释道：整个街区保持了上百年前的格局没有变，所有的房子都原汁原味地保留了建造时的外观和风格，房子的主人可能变了很多，房子本身却没有变也不准变，因为已受到了法律的保护。

我们快步在老街上走了一段，老街两旁的房子都是民居，房前屋后都有巨大的花园和草坪，没有两幢房子的外观是一样的。上百年前，欧洲不同国家的人来到圣保罗，看中了这方风水宝地始建私人住宅。每个国家的人都按自己国家的风格建造，因而也就有了今天看到的风格不一的房子。朋友的解说是相当的专业，能说出每一幢房子分别属于欧洲哪个国家的风格。以往我只知道建筑的欧洲风格，至于什么是英格兰风格、什么是德国风格、什么是法国风格、什么是西班牙风格，还真分不清。时间紧，房子多，我来不及消化和记忆，只是猛拍照片。回到车上，翻看照片，唯一记得清的就是悬挂着美国国旗的大宅是明尼苏达州州长的官邸，至于其他房子属于什么风格一概记不住了。

来到这百年老街，还有一点让我不解的是，来老街游览的人出奇的少，除了我们团的几位同事外，就再也没看到有人在拍照片了。美国没历史，但美国人爱历史、尊重历史，这我是知道的。那么美国人为什么只对老街进行保护而不来游览呢？我想来想去，只有一个答案，那就是"老街"与"新街"太相像了，人们没有必要再去寻找失落的世界，也没必要再去唤回丢失的文明。

之所以造成新老街的"相像"，原因就在于前人创造历史的"前瞻性"以及后人尊重历史的"保守性"的珠联璧合。百年前的人在规划设计时似乎已经考虑到了百年后的需要，而百年后的人在城市布局及房子建造上又秉承了百年前的风格和特

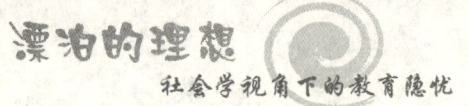

点。前后人的这种"默契",使得"老街"不再"老","新街"不再"新",这不正是我们千呼万唤的文化和历史的传承吗?

圣保罗的百年老街没有给我更多的视觉上的新奇感,但却给我心灵上很多的敲击。有机会,我还会再来。

大学要对得起学生的每一分学费

2012年7月10日

私立大学收费标准更高,就要提供更优质的教育和服务。让学生感到"物有所值",私立大学才有生存和发展的可能。美国的大学多数是公立的,但在顶级的大学中多数是私立的。美国的这些私立大学,学费高,口碑好,生源质量也是最好的,甚至连校园、校舍也是最漂亮的。斯坦福大学是私立的,曾给我留下非常深刻的印象。一言以蔽之:私立即精品,私立非精品不可。

此次来到明尼苏达州圣保罗市,我们访问了该州最大的私立大学——圣托马斯大学。该大学创办于1885年,有学生1万多名。该大学在美国大学排行榜上列110多位,属于研究型大学。我们的访问非常短暂,但还是让我们感受到了"精品"的无处不在。

由于时间特别紧迫,只能走马观花。我们难以直接了解到学校的"内涵",但就学校的"表面"我们也能感受到学校"以学生为本"的良苦用心和不懈努力。学校的所有建筑仿佛是一次规划一次建成的,全部的墙面贴着据说是明尼苏达州独有的米黄色的大理石,高雅庄重。从一些大楼的建造说明中我们了解到,许多建筑分别建造于不同的时期,但从设计、用料到装修可以说一脉相承,体现了统一的风格和传统。建筑不能说宏伟,但每一个细微处都精致无比,教室里一扇扇普普通通的窗户简直就是一件件艺术品。在修剪得特别整齐的草坪和长得特别高大的树木的衬托下,更显现出了大学作为知识殿堂的神圣和威严。学校实行真正的小班化教学,本科每班不超过21人。

学校的不远处是静静流淌的密西西比河,密西西比河两岸的森林与校园的树木草坪连成了一个整体。要是能在其中散散步,或与知心的朋友聊聊天,那该是多么惬意的事啊!偶尔也有汽车从树林中开出来,这也才使人意识到密林深处有马路。校园是够美丽的,安全是否得到保证?没有小偷也会有伤人的动物啊!"维稳"意识特别强烈的我们不禁替他们担忧起校园安全来了。原来他们比我们还注重"维稳",相距十米的两棵树之间都安装有报警器,一有情况,校园警察可以在最短时间内作出反应。

同样让我难忘的是充当学校解说员的学生志愿者。我们来的时候正是暑假,有许多中学生和家长也像中国的中学生和家长一样要到大学参观。负责对参观者介绍学校情况的,不是教师而是学生志愿者。不论在校园的哪个位置,志愿者始终面对参观者,边退边说边比划。从他们解说的样子可以感觉到他们对学校非常了解,从他们的精神状态可以感觉到他们十分钟情于自己的学校。谁都明白:没有学校对学生的关爱,就不会有学生对学校的感恩和报答。学生对学校介绍的投入反映出了平时教师对学生的投入。

圣托马斯大学的校园的所有一切给人的感觉都是恰到好处,走廊上没有一件多余的物品,墙上没有一张多余的纸片。暑假里各大学都要忙于维修,圣托马斯大学也不例外。让我惊讶的是,连维修工地也是一尘不染的。所有的细节都反映了学校管理的高标准和高效力。

当我要告辞的时候,圣托马斯大学仿佛在告诉我:学校的一切都要对得起学生的每一分学费。

国人在境外丢人现眼的新变种

2012 年 7 月 15 日

此次出访有幸结识了不少在美国、加拿大生活工作多年的中国人。他们有的从事贸易,有的从事旅游,有的从事新闻媒体,有的从事教育。不论从事怎样的职业,也不论在海外生活了多久,他们都有一颗拳拳的爱国之心。对于祖国的繁荣进步感到欣慰,对于有损于中华民族形象的,哪怕是点点滴滴的小事,他们也会感到有切肤之痛。

他们接待来自祖国大陆的访问团、旅游团是越来越多了,他们说为同为炎黄子孙的人们服务,尽管也是自己的工作业务,但由于这样的工作业务多了一份"他乡遇故知"的亲情,使得自己特别向往去做特别乐于去做。但有时候,也会让自己感到尴尬和痛苦。早些时候,这样尴尬和痛苦,是因为我们的国人素质太低。高声喧哗、车上嗑瓜子、向窗外扔杂物、在室内抽烟、自助餐厅浪费食物等现象和事实,被外国人所耻笑,也着实让在外国的中国人难堪。那么,当下的尴尬和痛苦又是什么呢?仍然是因为国人的素质太低,而且这种低素质是骨子里头的,与当年面上的低素质不一样。

一些国人把落后的当先进的,把愚昧的当文明的,这种认识观念上的错乱所产生的狂妄自大和口出狂言,往往让海外华人避之不及。一些国人刚出国时还表现得较为谦卑和谨慎,不出两天,似乎什么都看透了、看穿了,只要一张嘴就破口大骂,把在国外的所见所闻批得一无是处。什么楼没有国内高,什么汽车没有国内派头,什么宾馆没有国内豪华,什么城市没有国内繁荣,总之所有的一切都不如国内。

国外,包括美国、加拿大,也确实不是什么都好。国内的发展也确实很快,在许多方面正在迎头赶上。但不论怎么说,与他们相比,差距不仅存在而且还很大。更何况,在许多方面,他们追求的我们还没有意识到,我们在意的人家早已放弃了。例如,人家在上百年前汽车就进入家庭了,到今天已很少有人拿汽车来炫耀了,他们追求的是小排量省油环保,我们的一些国人还拿高能耗的汽车来炫耀。如果在半个世纪之前,那么这一招可能还管用,但在今天除了被人看轻、看扁外,还想得到他人的一丝一毫的尊重吗?我们的一些国人有了一点钱,刚过上几天好日子,就变得不可一世,目中无人了。老祖宗说的,富而好学,富而好礼,在他们身上得不到一丁点的体现。出国是来学习的,人家真的优点不多,或者真的不能发现人家的优点,对人家的一点尊重总不能没有吧!大凡口出狂言的人,从用的手机、戴的手表、提的电脑到穿的衣服、拎的包、服的补品全都是海外品牌。这种行动上彻头彻尾的崇洋媚外与口头上的歇斯底里的狂妄自大,让谁都看不懂,但却确确实实存在于我们的一些国人身上。

一个人有时候话说过头点,或者说得不够得体,是可以理解的。但拿自己的特权作为骄傲的资本,拿自己的腐败来炫耀,这是无论如何都不能让人接受的。现在出国的人群中一大部分是手中都握有或大或小权力的官员,其中的一部分官员已经蜕化变质,吃不起苦,受不得累。现在出国,生活待遇可以说是相当好的,住的是星级宾馆,吃的是中餐,行路有专车接送。我们的一些官员对于团餐,第一餐还能吃,第二餐就咽不下去了,然后就是没完没了的抱怨、牢骚,接着就是炫耀国内的鲍鱼鱼翅、花天酒地。动辄叫嚷:"国内上万一桌很普遍!"海外华人知道一些官员在国内万元一桌是常事,但海外华人更知道这些官员从来不会自己掏一分钱。他们习惯于白吃白拿,习惯于发号施令,这样的德性海外华人是知道的,但他们万万没有料到会如此赤裸裸,"不隐瞒自己的观点"。当听说只要自己愿意掏钱,国外也可以有万元一桌的时候,牛气冲天的这些官员又会假装没听见,默不作声一会儿后,从随身带的包中取出榨菜,吃起那不愿吃的团餐。贪婪、吝啬、无耻、虚荣的德性更是暴露无遗。每个团,出国前都会有对方文化、礼节方面的培训,出国的人对于国外的外事接待方式应该是知道的。但也许是权力欲望太过于膨胀了,太习惯于前呼后拥了,当对方接待单位的领导没有悉数出面,或者没有悬挂中国式的欢迎横幅的时候,就会有满脸的不悦和私底下的满腹牢骚。不论海外中国人怎么解释,都难以让这些官员开心起来。在国内习惯了为所欲为,在国外还想为所欲为,这不仅仅是自不量力,而且更是无知愚昧的表现,自然被人所耻笑。

海外华人说,我们的一些高级官员,比如说市长、市委书记,在待人接物上还是表现出了良好的素质,在物质待遇上也不会有过多的要求。让人感到恶心的是少数随从的行为。有位美籍华人说,这些随从在上司面前,点头哈腰,拍马溜须,真的是什么事都会做,什么话都会说。而对其他所有的人,根本不放在眼里,似乎根本不知道世上还有"尊重"两字。许多住宿、餐饮、交通、购物的要求，领导连想都没想过，都是这些随从以领导的名义提出来的。许多时候，事先的计划安排无法调整，这些随从往往蛮横无理，只有命令，没有商量。海外朋友认为，为领导服务，无可厚非，但是，做人要讲尊严，人与人之间要讲平等。从海外朋友的言谈举止中我感觉得出来，他们对这些随从不仅是蔑视，而且是到了憎恨的地步。

这些家丑本不能外扬，我"扬"了，目的还是为了能少一些"丑"。

大学校园中的专用高速

2012 年 7 月 22 日

大学校园中会有很多道路，尤其是国外大学没有围墙，一些城市道路从校园中穿过也是很正常的。但校园中有自己的专属高速路，这是我闻所未闻的。此次来美国，我们走访的明尼苏达大学居然就有专属自己的高速路。

明尼苏达大学，是世界顶级大学，在上海交通大学 2011 年世界大学排行榜中列全球第 20，陪同我们的美国朋友说世界上首例心脏移植手术就是在该校完成的。明尼苏达大学全称为明尼苏达大学双子城分校，位于明尼苏达州明尼阿波利斯市和圣保罗市。由于这两个城市紧挨在一起，被称为双子城，位于这里的明尼苏达大学分校也就称为双子城分校了。明尼苏达大学双子城分校在明尼苏达大学各分校中，处于绝对龙头老大的地位，历史最长，规模最大，水平最高，因此明尼苏达大学双子城分校通常也就简称为明尼苏达大学。

明尼苏达大学创办于 1851 年，早于明尼苏达州的诞生。现在是美国学科最齐全、学生数最多的大学之一。有两个校区，分别位于明尼阿波利斯和圣保罗，在两个校区共有本科生 2.9 万，研究生 1.6 万。两个校区之间的来往除了轻轨等城市公共交通外，就是由校园专属高速路来完成。这条高速路除了消防车和救护车外，其他社会车辆一概不得驶入，是校内教师和学生的专用道路。5～10 分钟就有一辆往返于两个校区的班车，只需要几分钟就可以到达对方校区。有了这条高速路，两个校区又变成了一个整体，校园的完整性和便捷性没有因为两个校区而受到影响。

学校总是要随着时代的发展而扩大的，再超前的规划也不可能考虑到未来的所有的需要，校园的变化是必然的。但是，校园不同的变化，反映了办学者对大学的不同理解和不同的态度，当然也反映出了办学者的素质。有人说，大学就是一种文化，就是一种氛围，而这种文化或者说氛围，是在长期的办学历程中积淀在校园的一草一木、一砖一瓦之中的。这些草木砖瓦尽管不会向人们述说校园曾经发生的故事，但却一定能让人浮想联翩，心潮澎湃，让人去感受到校园中曾经发生过的一切。当自己坐在大师曾经坐过的石凳上阅读的时候,当自己行走在大文豪曾经走过的林荫道上玩耍的时候,当自己抚摸着有过重大学术贡献的学长曾经抚摸过的门框沉思的时候,产生的绝对不仅仅是感动、自豪和荣耀,而且是压力、责任和志向。一个略懂教育的人,都会百倍珍惜和利用这些不会说话但却蕴涵着无穷教育力量的草木砖瓦。但不知何故,一些自称是教育行家的人,却会把这草木砖瓦弃之如敝屣。国内的多少大学,号称有悠久的历史,看上去却像开发区刚开张的工厂。这究竟是异地迁建毁掉了文化?还是另辟校区阻隔了文化?

优质资源总是稀缺资源,再强大的大学优质资源也是有限的。因此,如果无限制地扩大规模增加招生量,那么大学也就成了注了水的猪肉、稀释了的酒。怎么样充分利用和发挥优质资源的作用,这是每个办学者都必须认真对待和研究的问题。如果说教师资源、教学资源、实验资源、研究资源得不到有效的整合和利用,那么任何扩大规模另建校园的举措都是不明智的或者说是别有用心的。国内的许多高教园区,不要说像开发区,就是每天上下班长距离来回折腾让老师们不晕车不迟到就算谢天谢地了,还谈什么教书育人!

我来不及问明尼苏达大学的专属高速建于何时,但有一点可以肯定,校园专属高速的建设为的是校园文化不被阻隔,为的是校园资源能充分利用。如果真要把大学办好,那么我们也应该有像明尼苏达大学那样建专属高速路的意识、决心和行动。

把家乡英雄钉在耻辱柱上

2012 年 7 月 25 日

来到美国明尼苏达州,往往可以听到一个人的名字,那就是休伯特·汉弗莱。

休伯特·汉弗莱,毕业于明尼苏达大学。1965—1969 年为美国副总统,1968 年代表民主党角逐总统,败给共和党候选人尼克松。休伯特·汉弗莱在明尼苏达州历史上是知名度最高的人物,是明尼苏达州的杰出代表,自然也是明尼苏达州的骄傲。今天在明尼苏达大学仍有以休伯特·汉弗莱名字命名的学院和奖学金。

家乡人民在给休伯特·汉弗莱荣誉的同时,也将他钉在了历史的耻辱柱上。

明尼苏达州明尼阿波利斯市区有一瀑布,名叫明尼哈哈瀑布。瀑布落差 15 米,宽也没几米,这样的瀑布在大自然中算不上什么壮观和奇特。但由于位于市中心,这就成了游人必去的地方。当我来到瀑布前,吸引我的不是瀑布本身,而是观察瀑布最佳点所立的一块牌子。牌子上是一群观看明尼哈哈瀑布的人的黑白照片加文字说明,封上玻璃罩子。这可不是人们在景点通常可以看到的关于某一光荣历史或传奇事件的记载,而是记录了一段丑闻。而这一丑闻中的人物之一就是被明尼苏达州人引以为傲的休伯特·汉弗莱。

第一编
边走边读

那是1964年,休伯特·汉弗莱为明尼苏达州的联邦参议员,与州长一道陪同当时的美国总统林登·约翰逊观赏明尼哈哈瀑布。由于干旱,瀑布水量不大。为使瀑布显得更为壮观,明尼阿波利斯市决定打开消防龙头注水。这就是牌子上的文字的大概意思,上述几位人物也就是牌子上照片的主角。

就是这样一件在中国人看来再平常不过的事,美国人不仅在媒体上披露扬家丑,而且还要把照片和文字说明制作成牌子在丑闻发生地永久展示。林登·约翰逊总统也许根本不知道眼前瀑布的壮观是人为注水的结果,休伯特·汉弗莱参议员也许根本没有参与过造假的倡议和决定。美国人就是这样认真,美国人就是这样不能容忍造假,不论总统,也不论家乡的英雄,凡与造假事件相关的人一概都要钉在耻辱柱上。

职业教育　经验第一

2012年7月29日

大学教育给学生理论重要,还是给学生经验重要,这曾经不是一个问题,但在今天却是非回答不可的问题。

自亚里士多德时代开始,"对理论的沉思和探索"被看做是一个人在全部事业中最崇高、最自由也是最有尊严的一项活动。当现代意义上的大学出现后,这一传统始终得以继承和发扬。在人们的心目中,作为大学就是真诚地追求知识,作为学术就是真诚地献身于知识的追求。人们普遍认为,大学存在的意义和价值,就在于贡献知识和传承知识。因此,大学教师就是传授理论知识,大学生就是学习理论知识。在教室中由教师讲、学生听,便是上百年来一直延续下来的大学教学的基本教学组织形式。一旦出现与此种大学教育不相符的教育思想和教育实践,便会被看成是离经叛道而遭到打压排挤。这种大学教育的历史实在是太悠久了,其影响力也实在是太深远了,以至于社会上任何一个人都把上大学纯粹理解为"读书"、"学理论"。

我不是反对这种大学教育,相反,我认为专注于"理论沉思和探索"的传统在今天的研究型大学继承得不够。研究型大学以培养学术型人才为己任,就我的理解,学术型人才的培养无论学怎样多的理论都不为过。但是,在历史上不曾有的而在今天占据高等教育半壁江山的高职院校,如果仍然固守这种理念,坚持"理论至上"的做法,那么不仅是自寻烦恼,而且是自取灭亡。

当然,在今天人们已多多少少认识到职业教育的规律和特点,个人实践的价值和个人经验的意义已受到越来越多人的重视。但是,在高职院校,"理论重要"还是"实践重要"?"理论学习重要"还是"实践训练重要"?至今,仍然是云里雾里,莫衷一是。有一种观点认为,高等职业教育,首先是姓"高",其次才是"职业"。既然是属于高等教育范畴,理论学习天经地义是第一位的,知识基础训练自然而然是最重要的。大凡持这种观点的人,不是真的重视理论,而是过于矫情,无非是装出对"理论"情有独钟的样子来"卖萌"。还有一种观点,就是"理论"与"实践"都重要。职业教育要注重"理论联系实际",这是他们一贯的教育主张。这种观点看似辩证,不偏不倚,避免了职业教育走向极端。事实上,仍然没有挣脱传统高等教育的桎梏,这种观点指导下的职业教育的一个必然结果:讲到人才培养,想到的就是开哪些课;讲到开课,想到的就是怎样编写教材。还是没能走出传统教育以"教师、教室、教材"为中心的阴影,说是都重要,事实上还是没有把"实践"、"经验"摆在应有的位置。

我们培养的人才工资不如农民工,说白了我们培养的人才本事不如农民工。我们培养的人才本事不如农民工,说白了我们的教育在做着不让学生长本事的事。整天让学生去听那些永远听不懂的课,整天让学生去学那些永远不感兴趣的理论。一个必然的结果是,学生上课睡觉,下课游戏。久而久之,聪明变笨蛋,雄鹰变瘟鸡。这样的学生一技之长在哪里?看家本领在哪里?养家糊口领工资的本领在哪里?

职业教育,就是训练第一,动手第一,操作第一,经验第一。至于"理论",正像国外职业教育家老早说过的"够用为度"。当想到人才培养的时候:首先想到的不是开什么理论课,而是怎样创造实习实训条件;首先不是让学生学习怎样的理论,而是怎样让学生积累经验;首先想到的不是让学生在课堂怎样听课,而是让学生怎样在实习实训场所操作训练。这就是职业教育应有的思维和出发点。

此次来到位于加拿大奥沙瓦市的德恒学院交流访问,我看到他们的校训"学生的经验是第一位"的时候,真的有他乡遇故知的激动和兴奋。德恒学院属于三年制的社区学院,在培养职业技术人才的同时还担负着为本科院校输送后备人才的责任。在这样一个"就业"与"升学"双肩挑的高校,权且强调学生个人经验是第一位的,我们的职业院校何苦还要对"理论"自作多情呢?!

加拿大最美小镇的文化构建

2012年8月1日

位于加拿大安大略省南部的尼亚加拉滨湖小镇(Niagara-on-the-lake),在1996年加拿大"全国城市美化大赛"中荣获"加拿大最美丽的城镇"称号,因此该镇有加拿大第一镇之美誉。

来到小镇,历史的厚重感扑面而来。在1792年的时候,小镇曾是加拿大的首都,因与美国相邻,存在较大的军事风险,后将首都迁至约克(今即多伦多)。作为曾经的都城,小镇上自然有着太多的加拿大历史上的不同寻常。加拿大的第一座国会大厦、第一座图书馆、第一家报社、第一座砖房都在此诞生。当年的首都,今天的小镇,主要街道只有一条,叫做皇后大街。街道两旁的一些建筑都有上百年的历史,这些建筑能让人想象得出当年作为首都时的城市格局与今天的小镇没有太大的变化。小镇的居民换了一代又一代,说不定街道还是当年的街道,楼房还是当年的楼房。街头的一家药店,建于1869年,名副其实的百年老店了。推门进去,与其说走进了药店,倒不如说走进了一座医药博物馆。开店以来的药品、诊疗器械、标本器皿、图书杂志陈列在众多的柜子和橱窗中,这既是在述说着百年药店的历史,更是在述说着整个医药发展的历史。仅就陈列的各时期的药品包装盒子所传达的信息而言,仿佛就像时间隧道里的刻度,把近200年来的历史生动、形象、准确地呈现给了每一位到访的客人。与中国的悠久历史相比,加拿大实在是太年轻了。可是中国的许多百年老店,除了店名外,拿不出一件有百年历史的物品了。中国的任何一个小镇的历史都要比尼亚加拉小镇悠久,但中国绝大多数小镇看上去都要比尼亚加拉小镇年轻。当我正在纳闷当中,不知不觉走到了一座建于1823年的教堂前。突然让我产生一个奇怪的念头:是不是中国人欠缺一种宗教信仰般的执着和坚持?是不是因为少了这种执着和坚持而让自己变得短视和投机?是不是因为这种短视和投机而让自己变得不尊重历史?

尼亚加拉小镇是历史的,但又是现代的。置身其中,既能感受到历史的厚重,又能体会到现代生活的雅致。国内的许多老镇,给人历史的沧桑,但也同样给人不适合居住的感觉。尼亚加拉小镇是在"保留历史"中追求现代,是在"继承传统"中体现新潮。皇后大街的两旁可以说都是商店、酒吧、咖啡馆、宾馆,其外立面也许自建立起就不曾改变,但里面的设施、装潢,不论从艺术性而言,还是从实用性而言,都是最新潮、最现代的。镇上的威尔士王子酒店,建于1864年,因其古老和现代的完美结合,始终是世界众多政要及度蜜月新人入住的首选。看来,如果不能从历史与现代、古老与新潮中寻找平衡点,那么只能从"拆迁办"中去寻找答案了。

尼亚加拉小镇既是历史的、现代的,也是田园的。我没有时间去领略小镇周边的湖光山色,仅就皇后大街两旁所能看到的,就让我感觉到了这是一个花的世界、树的海洋。森林和草坪包围了小镇,鲜花又簇拥着房子。人是从森林中走出来的,当自己以能住上水泥搭建的空间为荣的时候,突然发现远离树木、花草、鸟虫终究是不完美的。在水泥块中待得越久,向往自然、回归田园的心情也会越迫切。尼亚加拉小镇的繁荣不失田园的清新,吸引了四方宾客也是情理之中的事。有人漫步街头,有人闲坐街角,有人端一杯咖啡倚窗而立,想必他们一定在感受着小镇中弥漫着的一种说不清道不明但又确确实实让自己陶醉的气息。这种气息,能让人唤起往昔,能让人放飞思绪,能让时空永恒,能让心情净化。这种气息,可能叫"历

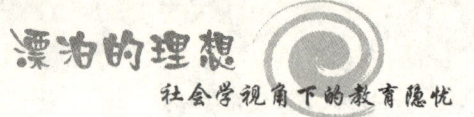

史"、可能叫"田园"。如果不是,那么也一定与"历史"和"田园"相关。

当我们以拆掉老房搭建起水泥房作为文明的标志的时候,殊不知我们已越来越远离文明。尼亚加拉小镇之所以美丽,是因为她有历史的厚重、现代的雅致和田园的迤逦。

圈养的大学长不大

2012年8月5日

多伦多大学是加拿大的第一高等学府,也是举世公认的世界顶级大学,在任何一个世界大学排行榜中都名列前茅。是什么原因让多伦多大学成为世界一流大学?要成为一流大学的决定因素是什么?我们那么重视一流大学建设为什么不能梦想成真?当穿行在多伦多大学古老建筑的时候,同事总是不断与我讨论起这样一些问题。

要成为一流的大学,人们肯定会说要有最好的教师,要有一流的学生,要有充裕的资金。此话没错,问题是怎么样才能笼络到这样的教师、学生并筹措到充裕的资金。讲到这里,人们接着就会说,这要靠政府,政府要加大对大学的投入。似乎政府重视了,政府给钱了,一流大学也就建成了。但是,事实并非如此。多伦多大学创建的时候,加拿大还没有建国。早几天前访问的美国明尼苏达大学,也是在州政府成立之前就创建了。人们更为熟悉的哈佛大学,其历史也是比美国的历史还悠久。政府都没有,怎么谈得上政府重视?看来,一所大学是不是一流与有没有政府没有直接关系,与政府重视不重视就更没有直接关系了。

那么,一所大学能不能成为一流大学,到底决定于什么呢?决定于办学体制。有好的体制,没有条件会变得有条件;相反,没有好的体制,有条件也会失去条件。那么什么是好的大学体制呢?那就是"大学自治、校长治校、教授治学"。我们总认为,没有政府就乱套了,没有政府重视什么都做不成了。是的,在国内目前这种大学管理体制之下,没有政府以及政府的重视,可以说是寸步难行。但凡事都寄希望于政府,凡事都依靠政府,那大学就会像一只永远被圈养的老虎,不要说不能成为百兽之王,就是抓一只鸡也会变得异常困难。

今天的大学,基建的钞票政府给,教师的工资奖金政府包,日常经费政府按学生数拨。如此大学,名副其实被圈养,衣食无忧,饱食终日,唯一表现出主动性的就是扩大招生以便得到政府更多的拨款。中国大学除了量的扩张速度外还有什么能称得上是世界一流的?世界上最好的大学之所以是私立的,就是因为弱肉强食的野生环境让自己有了一种生存的本领和让自己永远在竞争中处于不败之地的能力。人们也许会说,政府重视与大学自治也不矛盾啊,既能得到政府的重视和拨款,又坚持走大学自治的路,不更有益于大学的成长吗?是的,这可以是不矛盾的,西方国家许多公立大学之所以高水平,走的就是这样一条路。像今天的多伦多大学、明尼苏达大学都是公立大学,办学资金主要靠政府拨款,但大学自治传统从未改变。既给大学以支持,又让大学在放养中保持活力,这也就是西方国家公立大学也能保持高水平的原因。

我们的大学得到了政府的钱,自己的活动范围也被圈定了,大学校长政府派,招生标准政府定,学费标准政府批,专业设置、课程安排、教师晋升、成果认定等一切皆由政府说了算。没有了自由,没有了竞争,从而也就没有了承当责任锻炼成长的机会。长不大的大学,出不了科研成果,让国家没有竞争力;出不了人才,培养的人找不到工作,找到工作的工资不如农民工,造成社会的不安定。大学的无能和不作为,让政府更加不放心;政府不放心,又进一步加大对大学管理和控制的力度;加大管理和控制的力度,又让大学变得更无能和不作为。这就是圈养大学的宿命!

老虎要成为百兽之王,就要放虎归山;孩子要长大,就要给孩子独立自主的生活空间;大学真要一流,就要对大学变圈养为放养。

加拿大农民的住宅什么样

2012年8月9日

此次来美国加拿大访问学校的所在地区主要是美国的威斯康星州、明尼苏达州和加拿大的安大略省,这些地区的纬度与我国的黑龙江省相仿。

人们都说美国、加拿大很美,事实上我们的东北、黑龙江的北大荒同样很美。我在同样的季节,到了黑龙江,天也同样蓝,地也同样绿,山形地貌也与美国加拿大同纬度的地区十分相像,种植的玉米大豆长势也一点不比人家差。但我们东北的这种美只存在于没有人的地方,凡有人居住的地方就很难发现到美了。农民的房子是未经设计的,千篇一律的样子明白无误地告诉人们中国农村建房还只是停留在彼此模仿的水平。房前屋后堆满了柴草、农具和乱七八糟的杂物,与之相伴的是鸡群、慵懒的半醒半睡的狗和停留在拉不直的电线上打盹的小鸟,最为醒目的是一些悬挂着的或是刷在墙上的花花绿绿的广告。村庄里难见水泥路,偶尔的车辆通过卷起的尘土可以遮蔽大半个村庄。

我很想了解美国、加拿大农村以及农民的生活,但这是很不容易做到的事情,多次来美国都没机会让自己近距离接触到当地的农民。美国、加拿大的农民人口只占全国人口的2%左右,我们可以看到他们大片大片的土地、果园,要找到他们的居所还真不容易。说不准,他们只有农场,根本就没有我们所理解的农村。这一次能比较近地接触北美的农村,纯属偶然。在我们驱车前往访问的学校途中,加拿大朋友介绍说,在不远处可以看到难得一见的加拿大的农村。这让我产生了强烈的兴趣,在我的要求下,在此"村庄"作了短暂停留。

说是农村,给人的感觉是真正意义上的别墅区。如果不是加拿大朋友的说明,那么我们根本不可能会把眼前所看到的与"农村"两字联系在一起。美国、加拿大人都喜欢住在乡下,住在乡下的人绝大多数不是农民。出现在我眼前的"农村",让我找不出一件能与"农"相联系的东西。加拿大朋友进一步解释,从居住小区布局和房子造型上人们无法辨别在此居住的是农民或非农民,他也是凭借自己多年对该地区的了解才知道在这儿居住的是"纯农民"。在中国农村常见的鸡鸭、农具、柴草、麦秆、稻草一概没有,有的是房前屋后的草坪、鲜花、树林。与加拿大别的小区相比,这里的住宅仍然各具特色但体量更大,建筑物的间距也更宽。就居住条件、生活品质而言,在加拿大说不准也没有比农民更好的了。

来美国、加拿大之前,国内有一则消息,说中国农业的发展要落后美国100年。对此,我还将信将疑。在我的观念中,我们的农业是要落后一些,但不至于落后100年。看了加拿大的农村后,我觉得"落后100年"之说,还真不是危言耸听。加拿大农业劳动力只占总人口的1.23%,平均每个农业劳动力负担耕地面积为1800亩。试想,如果没有耕地、播种、灌溉、施肥、中耕、喷药、除草、收割、脱粒、运输、贮藏、饮水喂饲等作业的机械化和专业化,那么能有农村的别墅化吗?

农村的漂亮及农民生活的高品质是因为农业的真正现代化。

暑假反映大学的良心

2012年8月16日

来美国和加拿大正是放暑假的时候,我们走访的五所大学,有社区学院,有一般本科院校,有一流的研究型大学,有公立大学,有私立大学,这些大学给我的一个共同感觉就是他们的老师和学生依然忙碌。

我们的绝大多数大学,暑假期间,尽管树木茂密,道路宽敞,但往往冷冷清清,呈现出一片死寂。不仅办公室、实验室铁将军锁门,就连图书馆也门可罗雀。我们都说仪器设备不够,我们不断抱怨教学资源不足,然而,设备和资源应该怎样有效利用却从来没人操心、没人过问。我们仅有的一点仪器设备、教学资源也都在暑期高温的炙烤中老化变旧。更为可怕的是,一些血气方刚的大学生在无所事事中学会了虚度年华,变得没有目标、没有追求、没有感觉、没有活力。

美国、加拿大的大学不是说没有暑假,只是他们的暑假不像我们只有教师的公费旅游和学生回家的电脑游戏,仍然有许多老师和学生在学校上班、学习、做研究。他们大学的非教学人员没有寒假暑假的概念,一年中只有五周时间的年休假。何时安排休假,这可以由他们自己决定。暑假期间他们的各办公室为什么不会冷清到闹鬼的程度,这我们也就可以理解了。据说,他们的很多工作人员还会放弃年休假,主动加班加点而且不图额外报酬。非教学人员之所以暑假也照常上班,是因为学校的运转与平常也没有两样。学校仍有许多课程供学生选学,这就为那些想提前毕业的或想获得第二学位的或想修更多课的学生提供了方便,当然这也能最大限度地发挥学校的教学资源的作用。许多学生只有在修完暑假课程后才能离开学校,这也是校园热闹如常的原因。许多学生即使离开了学校,也完全可以继续在线修学分。每个学校都有网上课程,特别是一些全校学生都可以选学的课程,这些课程学生特别多,学校就把老师的讲课录像挂在网上,学生不论在何处都可在线学习,只要完成规定的作业、论文和考核,同样可以拿到学分。暑假期间,一些学生不在学校了,但又想读书了,照样可以申请在线修学分,不像我们的学生在无所事事的时候或者想学习的时候又没有机会去学习。学生没得闲,老师自然是忙的。当然暑假中并不是每位老师都像平时那样有教学任务,但科研的工作是不会因为暑假而停止的。暑假是最能集中注意力搞科研的时间,也是最容易出成果的时间,研究生特别是博士生也像他们的导师一样总是百倍珍惜暑假的时光。暑假里,老师、研究生、坐班的非教学人员一如往常带着便当上下班,这就是美国、加拿大的大学。

不同的暑假,反映出不同的质量、不同的理念、不同的智慧,更反映出不同的良心!

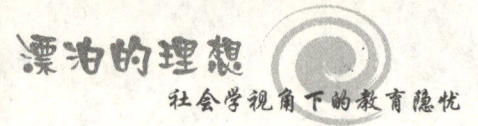

2012—2013 年访美日记

学不会的是文化

2012 年 12 月 13 日

美国大学的教育质量举世公认,那么美国的大学到底有哪些与众不同的地方,或者说有什么招数确保了教育的高品质?在我看来,美国的大学也没什么招数,也没有什么秘密可言。

以研究生教育为例,从招生到毕业论文答辩的各个环节,不仅为我们所熟悉,也被我们所仿效。从形式上讲,国内的研究生培养与美国的研究生培养已无两样。指导培养、经费保障的"老板制"、学术研讨的"组会制"、研究能力培养的"项目化",简直就是如出一辙。相同的培养,为什么不能出现相同的结果呢?

事实上,相同,也只是面上的相同,形式上的相同。不要说流程、模式、方法,甚至是规章制度,都是能够被拷贝和克隆的。但是,形式能够被复制,功能难以被模仿。就像美国的"三权分立"制度被有的国家搬用后,不仅没有带来美国式的繁荣,反而产生了更大的动荡一样。不是说形式不重要,过程不重要,关键是在不同的"土壤和气候"中,同样的形式和过程却可能产生完全不同的作用和结果。这种"土壤和气候",在高等教育人才培养领域也就是人们通常所说的"文化"。形式学会了,制度套用了,却没有相应的文化,貌似神非,结果自然天差地别。

这种"文化",就我的观察,就是一种"科学精神"。而此种精神主要表现为两点:一是"喜欢",二是"忠诚"。因为喜欢科学,也就没有了"争权夺利",也就没有了"官衔"、"级别"滋生的土壤,教授也好,学生也好,都将科学贡献看成了人生最大的追求和人生价值的最大体现。外人总认为美国教师很敬业,而他们自己往往会觉得是因为自己的工作"很好玩"。而科学研究,需要"知之为知之"、"不知为不知"的实事求是的精神和态度。"喜欢"科学,而科学又需要"诚实",因而,任何虚假,在美国老师看来简直就是对自己最心爱的人的亵渎。"欺骗"、"不诚实",在美国校园里理所当然被认为是最大的罪过和最坏的品质。由于有了这样一颗"诚实"的心,美国人在搞歪门邪道、弄虚作假、偷工减料方面显得异常弱智。他们似乎只知道凭实力说话、按规则行事。

反观中国的大学校园,似乎最能发挥人的主观能动性和最能体现人生价值的就是"追求做官"和"搞关系"。有些教师和学生,把能让规则转弯的人当成能人,把能弄虚作假的人当成人才,把能谋得一官半职的人当成英雄。如果都持有如此人生观、价值观、是非观、荣辱观的话,任何先进的人才培养的流程、规则、制度、模式、方法除了徒有摆设外还能有别的存在的意义和价值吗?

美国的大学异常开放,对于不论来自哪个国家、不论持何种政治立场、不论怀有何种动机目的的留学生和访问学者,总是抱着欢迎的态度。他们不怕被模仿,不怕被超越,也许他们比谁都清楚,强大的基础——文化是谁也学不会的。

美国大学的年度聚餐

2012年12月15日

快到放假的时候,国内高校的教室、阅览室可能门可罗雀,而校内外的餐馆一定是火爆异常。从学生组织到教师群众团体,从基层教研室到校级各部门,总会找出各种各样的理由饱餐一顿。接二连三、名目繁多的请客、招待让原本不像大学的大学变得更不像大学。当然,这对于拉动内需、促进GDP的增长还是功不可没的。

刚来美国,时差还没倒回来,就收到参加年度聚餐的邀请。美方的热情让我感动,但我也纳闷:中国大学请吃,美国大学也请吃?是中国学美国,还是美国学中国?为了探个究竟,也就欣然接受。

原来这是教授个人答谢全体博士生及实验室同仁的年度聚餐,费用承担也带有资本主义特色,由教授自掏腰包。聚餐安排在学校边的一家比萨饼店举行,两张长条桌子围坐20多号人。没有专门的布置,没有专门的仪式,没有相互敬酒劝吃,也根本没酒可劝没菜可吃,除了比萨饼就只有一盘鸡翅外加每人一杯饮料。说是聚餐,每人消费不超过5美元,在我看来就像国内大学同学们一起到学校餐厅用餐。让我感到新鲜的是,上了年纪的教授夫人,身着礼服也来参加,让简单随意的聚餐多了一分庄重。从聚餐的全过程来看,更像是一次学术沙龙。话题始终没有离开研究的课题,当然也有对来年的一些设想和计划。食物显得寒酸,思想却十分丰富。

还有一个细节,也让我好奇。教授夫妇自始至终没碰过比萨饼和鸡翅,只是吃一点自带的生的蔬菜。在场的同学看我好奇,解释说,教授夫妇极为自律,不论什么美味佳肴,只要他们认为不利健康的,他们碰都不会碰一下。我也顺便问,这样的答谢聚餐是不是每位老师都要举行。同学说,也不一定,但感恩节时每位导师都会在家里聚餐,一定会邀请自己的研究生参加。

国情不一样,聚餐的风格类型还真有太大的差异。由谁请、请谁、为何请、怎样请,崇尚节俭还是喜欢摆阔,是自掏腰包还是公款报销,还真有各自国家的特色。

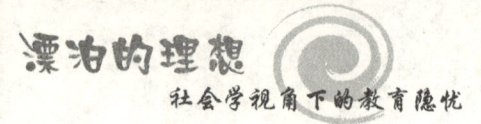

学术无假期

2012 年 12 月 17 日

  假期是读书做学问最好的时候,可以不受干扰静下心来读点书写点文章。自己没有多大的做学问的志向,但利用假期做点学问是自己的习惯和爱好。假期(包括双休日)来临,最怕人家问的一句话:放假了,可以休息了吧? 对此,我只能笑而不答。

  就做学问的人来说,做学问本身说不准就是最好的休息。来美国大学,我也不会问人家何时放假,我知道假期对他们意味着什么。去年暑假的大半时间我是在美国过的,美国教授、研究生在实验室忙碌的身影让我至今印象深刻。此次来美不久,美国各高校也就陆续放寒假了,过圣诞节的气氛已很浓了,家家户户张灯结彩,房前屋后摆放着圣诞树和圣诞老人。然而,大学校园里的教师和学生仍然行色匆匆,实验室里的灯光仍然要比附近圣诞树上的灯要亮。也许他们根本没有过节的准备,或者说坚持研究也就算是在过节了。在美读博的女儿就曾跟我说过,往往是实验室外的烟花让自己突然感到新的一年又开始了。对于美国高校教师、学生的这种度假方式,对我来说不能说是陌生的。

  但此次,仍然有一件事出乎我的意料。寒假开始了,有的学生也回家了,但研究生们每周一次的组会仍然照常进行。学生一本正经地发言,导师一本正经地听讲和发问。没有一丁点放假的轻松,有的是思想火花碰撞的光芒。我知道类似的研究生组会在平时是雷打不动的,但在寒假特别是圣诞节将要来临了仍不间断,这是我所没有想到的。事后我了解到,整个寒假期间只有圣诞节那一周的组会会暂停。

  这是因为研究任务紧迫,还是为了保持学术研究的领先? 得到的回答是习惯使然。也许正是这种习惯,美国的博士教育能使一名普通学生成功转化为一名优秀的学者;也许正是这种习惯,美国教授职位的终身制也不会让教授本身科研的步伐变得缓慢;也许正是这种习惯,使得美国的高等教育始终处于世界的前列。

  在他们这种高强度、系统化的学术行为面前,我突然感觉到自己的学术行为过于放松和随意。同时,一种曾经有过的感觉突然变得异常强烈:我们的学术活动如果也能做到像他们一样,那么我们的大学即使做不到世界最好,但也不会像今天这样广受诟病。

第一编 边走边读

美国大学为何少有"窝里斗"

2012年12月19日

职称晋升、课题申报、业绩考核、官员提拔所构成的大学内部的竞争,让绝大多数教师寝食难安。这些竞争一定意义上调动了教师工作的积极性,但也造成人际关系的紧张。美国的高校是否也有同样的竞争呢?他们的人际关系是否也像我们这样紧张呢?

这是我第五次来美国,这一次在美国也有十多天了。美国大学的教师给我的印象是心态平和、开心幽默,人与人之间互敬友善,感受不到国内校园里常有的那种因竞争而产生的相互猜疑防备、彼此攻击倾轧。美国大学内部难道就没有竞争?美国大学内部难道就没有利益分配之争?不是的,美国的竞争无处不在,大学教师面对的竞争一点也不比我们少,惨烈的程度一点也不会亚于我们。但他们的竞争很多都不是发生在校内,竞争对手往往来自校外,校内人员不仅可以和平共处,而且还可以一致对外。当然,有的事,如提拔当官,在我们这儿会斗得你死我活,在美国根本就构不成同事之间的竞争。应该说,美国大学人际关系比较温馨和谐,但这并不是美国人宽宏大量,而是有着更深层次的原因的。

职称晋升,美国教师不仅无法回避,而且看得与我们同样重。关键是大学教师职称晋升的制度设计与我们不一样。特定的职称有特定的数量规定,退一个补一个,前人未走后人上不来。后面一长串的人期盼着前面的人赶快退,前面的人一退后面一长串的人便会蜂拥而上使出浑身解数顾不得同事情面拼命争抢。这种犹如非洲草原上一群同胞狮子为争夺一猎物而相互厮杀的场景在国内大学申报职称中实在是司空见惯。美国大学的教授数也是退一个补一个,但不是在校内增补,而是向全世界招聘。竞争激烈程度非我们所能比,但不会出现校内厮杀争夺。而且,规定本校毕业生不可以留校,这也就使得本校毕业的博士、博士后不可能为留校而同室操戈。美国取得终身教职的教师,也有一个由助理教授晋升到教授的过程,但这基本上是一个与自己竞争的过程。美国高校一名助理教授在五年内不能晋升为教授就必须调离,如果出现这种情况,那么往往是因为自己条件不够而非学校名额有限。

课题申报,关系到一个教师的科研经费、学术发展,也关系到能否招到有足够数量并且优秀的研究生,竞争也像国内一样激烈。但美国的高校,不论是与企业合作的横向课题,还是与政府、军方合作的纵向课题,少有校内的层层筛选,从而也就省略了校内的血拼。竞争往往发生在学校与学校之间,为得到一个课题,很可能要与多家大学竞争。另外,容易引发本校教师矛盾的是对教师的考核。谁都知道,对教师的考核，稍有不慎即完全可能演变成"挑起群众斗群众"的战争。眼下，给教师按比例排上中下的做法以及种类繁多的先进评比，产生的"怨气"一定比"正义"多。美国的大学也有对教师的考核，但要简单许多，很少有对教师每学期的好坏优劣的排队，多采用一些客观、社会的评价。至于学生评价教师的做法，美国大学也是普遍采用的。一个得不到学生好评的教师，怨不得同事，只能怪自己。

在中国的大学比职称评审、课题申报、业绩考核更容易引发教师之间关系紧张的是官员的选拔和任命，而在美国大学这是最不容易产生矛盾的领域。在美国大学，什么系主任、学院院长，除了要牺牲自己专业发展等个人利益外就意味着要承担更多的责任和义务。一名大学教授在美国所享有的社会威望和受人尊重的程度是任何别的职业所无法比拟的，难怪加州大学伯克利分校朱棣文教授不愿出任国家能源部长一职，后由于奥巴马总统多次邀请才勉强走马上任。要是在中国，不要说是国家部长，就是学校内部一个科长，也非争得头破血流、鱼死网破不可。看来大学内部的人际关系的好坏与制度有关，与文化也有关系。"官本位"不除，中国大学永远不可能不"窝里斗"。

要让大学人际关系变得和谐温馨，光靠口号、标语是没用的，需要在制度调整和文化建设上下工夫。

人无社会服务不成长

2013年1月10日

中国大学录取凭考试分数，美国大学录取也要看分数，但还要看社会服务。不一样的录取标准，自然会有中美学生不一样的学习方式，也会有中美学生不一样的成长。

唯分数的录取，让学生除了懂得分数外还是分数。获取分数的最有效的方法就是练习，大量的练习，大量的重复练习，还有考试，大量的考试，大量的重复考试。不论什么素质教育，不论什么减轻学习负担，只要分数导向的招生录取方法不变，都不可能改变学生日复一日、年复一年、披星戴月、废寝忘食练习、考试的基本学习、生存状态。

美国的学生如果像中国学生这样埋头练习和考试，那么上大学可以，但要想上名牌大学就基本不可能了。在中国分数说了算，在美国分数说了不算。当中国的学生周末还在学校里参加考试的时候，美国的学生可能在孤儿院给孩子们辅导功课；当中国的学生放学回家在做永远做不完的练习的时候，美国的学生可能在餐馆、公司、博物馆打工或做义工；当中国的学生在暑假里还要到补习班、强化班、冲刺班继续学习功课的时候，美国的学生可能在非洲的某个贫困落后地区照顾艾滋病人。此次来美,当人们都在为过平安夜而忙碌的时候,在圣迭戈的一个商业区我还看到一群美国中学生设摊在推销自己设计制作的小工艺品,同时在尽义务为顾客包装圣诞小礼品。美国学生要想在上好大学的激烈竞争中取胜,除了要取得考试好分数外,还必须在这样的社会服务中取得"好分数"。大学招生对学生社会服务有硬要求,许多中学也就把社会服务当做学生毕业的必要条件。

美国的学生如果没能被自己想上的大学录取,用我们的话说就是"落榜了",那他们会怎么办?我们的学生遇到这种情况,可能会到高复班继续去复习那些不知道复习了多少遍的书本知识、继续去做那些不知做了多少遍的练习题。而美国的学生也可能会用一年甚至更多的时间去准备,但不是上高复班(当然也没高复班可上),而是继续"社会服务",积累更多的"实践分",以让自己申请上大学的材料更丰满、更有特色。美国人把专门用于实践训练社会服务的这一年叫做"空缺年",这样的"空缺年"现象越来越普遍。申请大学的时候一些高中毕业生会有"空缺年",申请研究生的时候一些大学毕业生也会有"空缺年"。我女儿有位美国的好朋友,毕业于美国名牌大学,成绩特别优秀,完全有资格申请到顶级大学全额奖学金攻读研究生学位。然而,她却要人为制造一个"空缺年",跑到一家医院去干最没人愿意干的一份护理危重病人的活。中国人可能觉得不可理解,美国人会觉得这是锻炼自己、提升自己的绝好机会。

当人人都要参与社会服务,当人人都想做好事,社会服务的岗位也就变成稀缺岗位了,做好事也要通过竞争才能如愿了。怎样才能得到服务社会、锻炼自己的实践机会?怎样的实践活动能让自己变得更有竞争力?在服务社会的实践活动中自己应注意什么、应该怎样做?有了诸如此类的需要,满足这些需要的产业就像我们中国为了满足高考会有高复班、教辅编写出版一样也就应运而生了。现在美国社会上有一大批专为中学生服务的营利性"暑假计划公司",为中学生社会服务提供咨询、帮助策划、介绍岗位。有的"暑假计划公司"不仅对学生暑假的社会实践提供服务,而且还对学生高中期间的社会实践提供全程、全方位服务。从高一开始的打工一直会延伸到后期海外的实践训练,都是这些"计划公司"的服务范围。我们的书店里充斥着为考试服务的习题集、练习册、教辅之类的书籍,美国的书店是另一类为"高考"服务的书籍,《青少年过暑假的500种最佳方式》就是其中的一种。

美国中学生的社会服务要体现自主性、公益性和创造性。不可以是父母或其他人代而服务,必须是学生本人独立自主完成。他们特别看重对弱势群体的帮助和服务,这种帮助和服务不仅不可能得到报酬,而且产生的费用通常还要自己负责。许多学生为了这样的服务从高一开始就打零工筹钱。服务还要体现自己的能力、素质、聪明才智以及与众不同的独特性、原创性。被名校录取的新生,除了有良好的学业成绩外,往往都还有自己独特的社会服务的经历。有的将自己创作的音乐歌曲制作成光盘然后把销售所得捐献给慈善机构,有的在长期照顾艾滋病人的基础上写出论文参加了青少年艾滋病大会,有的到发展中国家给山区孩子辅导英语同时帮助收割庄稼、修建房子,有的到非洲从事社会服务的同时还在当地红十字会和国际大赦组织当义工,有的社会服务看似平常,但至少有在海外,特别是在落后国家游学考察生活的经历。正是由于这样一系列的实践活动,才能让他们在大学名校招生录取中变得更有竞争力、更受招生录取老师青睐。

美国大学招生录取为什么除了看分数外还要看社会服务呢?这是因为分数有局限性,它只能反映一个学生书本知识掌握的一些情况。书本知识很重要,但还有一些对人的发展起同样重要甚至更重要作用的东西,例如,素养、能力、品德、情怀、眼界和书本之外的知识,学校没法教,教不了,教了也白教,也不能通过考试来检验认定。这些没法用分数来反映、学校也教不了的重要的东西,只能通过人的亲身实践才能获得。这些重要的东西,在心理学、教育学中给了一个区别于"书本知识"的名字,叫做"默会知识"。这名字陌生,但意思都能领会。谁都知道,没承担过责任的人难以有责任心,没吃过苦的人难以有吃苦耐劳的精神。没有这种责任心,没有这种精神,光有书本知识有用吗?我们现在只看分数,培养了太多的无用的人。美国人看分数,还要看社会服务,选拔的人、培养的人往往比我们出色管用。

我们的招生制度有欠缺,但我们的一些家长更愚昧,习惯对孩子说的一句话是,"只要考得好,什么都可以不要做",实践中他们也真的不让孩子做。孩子上大学了,学校要求大学生参加社会实践,我们的家长还会十分热心地为孩子开社会实践的假证明。殊不知,剥夺了孩子的实践事实上等于剥夺了孩子的未来。在培养人的问题上,毛主席的许多思想和主张是很正确的。例如,知识青年上山下乡,这不就是美国的"空缺年"吗?我一直在想:毛主席当年要求知识青年上山下乡是不是就为了自己百年之后能有人来管理国家?20世纪初,美国教育家杜威来中国巡回演讲,年轻的毛主席曾是现场记录人员,可以肯定对于杜威"教学做合一"、"生活即教育"等教育思想,毛主席一定比常人有更深入的了解。当然,"文革"中,毛主席的很多教育思想、观点被人理解歪曲了,产生了严重的教育危机,那是另外的事情。

当无力改变高考招生制度的时候,每个家长、家庭、学校不仅要倡导,而且要创造条件,让下一代多从事社会服务,还要让孩子们知道,这既在服务他人,更是在助长自己。

垃圾的文明

2013 年 1 月 18 日

一个人无论怎样讨厌垃圾,垃圾总不能与自己的生活远离。怎样减少垃圾?怎样减少垃圾的危害?怎样让垃圾变成可用之物?所有的这一切不仅变得越来越迫切,也反映出了社会的文明和进步。

　　垃圾分类,在中国还是老大难的问题,在西方老早已成为公民的自觉行动。来美国后,让我切身感觉到,在处理垃圾一事上,我们的落后绝不仅仅体现在垃圾分类上。

　　在美国,真正可以被丢弃的垃圾是越来越少了。许多通常被我们当成垃圾的东西,在美国都已成为可利用的物品。从用于包装的各式各样的箱子、盒子,到装东西的大小不一的桶、瓶、罐,再到超市购物时拎东西的看似与国内没什么两样的塑料袋子,全都可以用于回收再利用。生活中的许多用具,像衣架、拖把、米桶,都用可循环使用的材料加工而成。只要百姓做到分类,除了瓜皮果壳剩菜剩饭,其余的物品似乎都不再是传统意义上的垃圾,而是可以再利用的宝贵的原材料。现代技术与环保意识的结合,让原先是垃圾的东西变成不再是垃圾。难见国内的过度包装,也看不到国内随处可见的白色污染。

　　美国每个家庭都有三只颜色形状不一样的垃圾桶,黑色的装不可回收的垃圾,绿色的装可回收垃圾,圆形的装整理花园产生的草料。不可回收的垃圾,市政车辆每周上门清运一次,其余的每两周清运一次。早些时候,市政肯定是根据每个家庭产生垃圾的数量来作这样的清运安排的。现在的情况有变了,可回收的垃圾大大多于不可回收的垃圾,而市政清运垃圾的安排仍没变化,结果黑色的垃圾桶总是装不满,而绿色的可回收的垃圾桶总是不够装。放不进垃圾桶的可回收垃圾,如纸箱、牛奶桶等,还是很占地方的。我没见过哪个居民,把可回收的垃圾当成不可回收的垃圾浑水摸鱼地装入黑色的垃圾桶。他们总是想办法尽可能缩小可回收垃圾的体积,整整齐齐地摆放在自家车库,待两周后再放入垃圾桶。如果两周后仍然不可能把可回收垃圾全部放入绿色的垃圾桶,那么也只能继续叠放在车库。这就是美国人处理垃圾的态度和行动,在规则面前不懂得随机应变,不懂得打擦边球。中国人深谙的"上有政策,下有对策",他们似乎也完全陌生。

　　在平时,人们是看不到垃圾桶的,看到的只是房前屋后的草坪、鲜花、篱笆、古老的大树。他们都很自觉地把垃圾桶放在路上行人看不到的自家园子的过道上或者是被绿篱笆遮挡视线的隐蔽处,只有在星期天的下午才会把第二天要清运的垃圾桶移放置马路边。一旦清运完毕,家家户户又会把垃圾桶放回原处,整个街区又恢复到看不到一只垃圾桶的模样。

　　我在美国的社区,没有看到一个环卫工人,没有看到有谁在打扫卫生,也没有看到什么卫生检查或监督人员,更没看到有像我们不断举行的爱国主义卫生教育和卫生文明城市建设,看到的只是比宾馆还整洁的家家户户的庭院和仿佛被水冲洗过的马路。每个公民对待垃圾简直就像对待自家收藏品一样,还可能会随手扔垃圾、还可能会随地吐痰、还可能会突然向车窗外抛杂物吗?没有了垃圾的来源,自然也就不需要清扫垃圾的人。

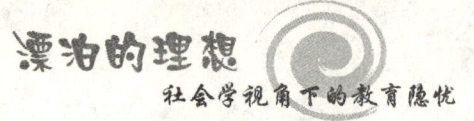

行走在美国社区的道路上,我时不时会有这样的一个念头:文明不在楼高、路宽,而是在垃圾面前人们的所作所为。

在美国生活的诸多不便

2013 年 1 月 20 日

美国城市化水平高,现代化程度高,治安好,环境好,是一个特别宜居的地方。但可能由于生活习惯,也可能是社会发展中所固有的"文明的缺陷",我感觉还是有一些不便。例如,没人通知你可以生病但看病却要提前预约,买点油盐酱醋也非得开个汽车,一停电,那便不再有商品流通,而是突然间回到哥伦布时代的新大陆。这些不便并不是每天遇到,我说说每天的不便,那就是陌生人之间打招呼和出门必须擦上防晒霜。

1. 逢人打招呼

出门散步逢人要笑脸相迎并且点头挥手问声好。问好还不止一句"你好",不同的时间还会有不同的表达,什么"圣诞快乐"、"新年好"、"节日快乐"、"周末快乐"、"早上好",害得我出门前还要备备课。散步原本是非常休闲轻松的事,却被弄得神经兮兮的。当然习惯了也就无所谓了,问题是散步尽管纯属散心但也会遇到新情况面临新考验。

路过他人门口,遇见主人在干活或在忙什么,该不该打招呼、该如何打招呼,还真是很伤脑筋的一件事。一次,我老远就看到前方有人在梯子上在给房子刷油漆,我立马在脑子里研究起打招呼的战略战术。如果不声不响悄悄溜过去,那么尽管不会影响我个人的光辉形象,却可能会影响堂堂中国这一礼仪之邦的形象;如果打招呼把对方吓一跳,那么即使人不摔下来把油漆桶打翻了也是罪该万死的事。就是这样一件在中国根本不可能成为事情的事情,却让我纠结不已。思考再三,最终决定采用"溜"的策略,还没到他家门口就低下头装成什么也没看见,放慢脚步,蹑手蹑脚努力做到不发出声响。当自己觉得快要成功过关的时候,突然听到了来自头顶方向的"哈喽"的问候声。人在调整战略战术时是需要时间的,当时没把我吓一跳也让我变得手足无措,我那来不及调整的五官表情一定给他留下终生难忘的印象。

美国人比较主动,往往先于我打招呼,渐渐地我也不甘落后,逢人也就主动出击,并且也尽可能做到庄重、得体、优雅。不知是美国人熟悉了我这个经常散步的人,还是美国人生来好客热情,对于我的招呼总是回以更热情的招呼,我也习惯并享受于人与人之间的这种客套。然而,有一次,我也是像往常一样主动示好,既是点头摆手,又是"哈喽"寒暄问候,谁知对方舍不得给一个笑容也懒得动一下嘴唇,快步从我对面走过,弄得我一脸的尴尬并像吃了虫子似的难受。也许是对方有急事,也许是对方也是一个内向的人,也许对方是个聋子或是哑巴。但心里还是嘀咕:国内多好,没这种"招呼",也可少了这么多"也许"的猜测。

有的美国人是异乎寻常地热情,这也会让"招呼"变得异乎寻常。有一次遇到牵了两条狗的老人,在我向他打招呼之后,他没有像其他人那样点头问候,而是打开了话匣子像是一个推销员。轻松的散步变成了英语听力考试,我听不懂他说什么,但他还是一个劲地滔滔不绝,好在他的表情和肢体动作让我感受到他的友善,让我没有当年在教室里英语听力考试的紧张。但他那两条狗表现出对我的兴趣,我实在不能确认是对我友善还是要向我发动攻击。两条狗也像主人一样特别亢奋,不断向我张牙舞爪的,主人也不阻拦,还是继续他的滔滔不绝。我是胆战心惊,但还要表现出对狗的亲近来表达对主人的尊重。一紧张更不知道他在说什么,急中生智提议给他拍个照片,他十分乐意,极为快活。感谢我的相机,让我从这样的热情中得以解脱。

好在美国人少,走上一小时也很可能碰不到一个人。如果像中国人这么多,那么光点头也要像鸡啄米,那是不干活也会让自己累倒的。

2. 出门擦防晒霜

美国加州的阳光实在是太厉害,不论是夏天,还是冬天,凡出门必须擦上防晒霜。尽管这是可以迅速完成的事,但每次出门都得往自己脸上擦还是让人觉得烦。

我是一个拒绝在脸上涂这个油、那个霜的人,对于防晒霜也不例外,即使是夏日的烈日下也不例外。我的坚守,是因为再毒的阳光也奈何不了我。来到美国,我被击垮了。

那是前年的夏天,说是夏天美国加州还要穿两用衫。出门前,女儿再三强调要擦上防晒霜。我口头答应,但没照着做。我有我的理由和自信,加州的夏天不过就像国内的春天,头顶的太阳中美共享,难道太阳也像人一样?也会有不公,也要把更多的能量给美国不成?

那天在室外时间是久了一些,但多数时间是在树阴底下活动,穿上夹克衫也不觉得热。到了晚上,白天阳光的威力才让我慢慢感觉到,脸上的皮肤发红、发痛。过了两天,由红变黑。再过两天,自己的脸仿佛戴上了薄薄的面具,被太阳晒黑、晒死的表皮分层了,既不脱离也不随脸部肌肉运动。我第一次领教到了自己的皮肤与自己离心离德的恐怖。一想到,再过两天,要去见30年前大学毕业的同学,心里不免有些忐忑。在去见同学前两天,我在自己的脸上做足了功课。既用手剥,又用毛巾搓。不做功课还好,做了功课更可怕,一张脸简直就像患上了轻微白化病。戴上帽子和墨镜,我才知道什么叫欲盖弥彰。

此次来美国,是最寒冷的冬季,穿上了御寒的厚衣服。要晒太阳取暖的时候还要擦防晒霜岂不笑话?我又自作聪明起来。但有了上次的教训,我也不敢掉以轻

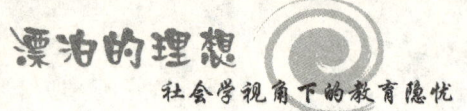

心。再看看美国的朋友,包括以晒黑为美的白人,出门也擦防晒霜。每次出门穿鞋、擦防晒霜、戴帽、戴墨镜成了我的规定动作。

有时外出,希望是多云或者是阴天。但是,加州的天简直是被防晒霜生产商收买了,总是万里无云,阳光猛烈。加州属于地中海式气候,冬季也是雨季。加州的雨季是有雨,但与中国江南的雨季完全不同,不可能阴雨连绵,而是一阵雨后马上转晴。这样的雨季,再加上没有中国北方的干中国南方的潮,确实是再宜居不过了,不过凡外出就得擦防晒霜,还是让人有些不爽。

国内的 PM2.5 把太阳给遮住了,人们不得不戴上了口罩。美国空气中没有了 PM2.5,人们不得不擦上防晒霜。有 PM2.5 也烦,没有 PM2.5 也烦。

假如中美高中能互换

2013 年 1 月 22 日

假如中国的高中像美国的高中那样办,美国的高中像中国的高中那样办,学生会接受吗?家长会认可吗?老师会同意吗?社会会包容吗?在我看来,中美教育最大的不一样,不是在小学,也不是在大学,而是在高中,所以我经常作这样的假设。

美国高中给我的第一个印象是像体校。整个学校的 2/3,甚至更多的地方是运动场体育馆,棒球场、橄榄球场、足球场、网球场、篮球场、排球场、壁球场、沙滩排球场、体育馆一应俱全而且数量众多,参与比赛、训练、活动的学生也特别多。

美国高中给我的第二个印象是像艺校。一到下午,除了活跃在运动场上的学生外,其他场所能看到的学生不是在跳街舞、草裙舞,就是在击打乐器、排练文艺节目。

美国高中给我的第三个印象是像半日制的非正规学校。美国高中实行的是学分制,早上一二节没课的同学可以姗姗来迟,学分修得差不多的同学中饭前就回家了甚至可以不来学校。中午吃饭休息时间居然有一个半小时,由于没有固定教室,同学们背着书包边吃边聊边逛,好不热闹。下午两点半就放学了,在校时间还不到中国学生的 1/3。

如果中国的高中也这样办,那么大多数学生会接受能认可,家长就急了,一定会认为校长精神错乱在瞎搞,让孩子转学会是他们的不二选择。而老师可能会变得茫然不知所措,这既有对新的教育工作、教学方式的不适应,又有对这种教育理念、教育模式不解的困惑。社会对这样的学校的看法就会比较复杂了,有的可能会说这是与国际接轨,有的可能会说这是误人子弟。

倒回来看,如果美国的高中像中国的高中那样办,又会是怎样的一种反应呢?

恐怕没有一个人会接受。美国的学生可能会发动学潮,他们一定会认为自己身心受到虐待,基本人权受到侵犯。家长也一定不会认同,他们会为孩子身心健康受到摧残而焦虑,更会为孩子个性、想象力、创造力受到压抑而寝食难安。美国老师自然会是反对的急先锋,他们会为自己延长几倍的工作时间感到不满,但他们的反对更会因为这种教育与自己对教育理解的冲突而变得毫不妥协。对于少有寒暑假并且时常剥夺双休日每天12个小时以上限制在教室的高中教育,美国社会舆论一定会认为这样的学校是当今社会的集中营,他们一定会把这样的校长与希特勒相提并论,会把这样的高中老师看成是虐待狂。

中国中小学的学制自民国起就学美国,我们的许多教育思想、观点都受美国的影响,然而在教育实践中却会有如此天壤之别,要想来个全盘移植互换已是完全不可能的了。实践中做不到,并不影响理论上"互换假设"的意义。两种高中教育模式,并不是一定要谁吃掉谁,都有各自的优点,当然也有各自的弱点,如果能取长补短,那么对各自的教育都有利。

美国高中生升大学的竞争,特别是想升入名牌大学的竞争,与我们一样激烈,不能把中美高中教育的差异简单归结为高考制度的不一样。造成中美高中教育差异的原因异常复杂,最简练的表述可以归结为两个方面:目标定位和实现目标的手段的不同。

在目标定位上,美国高中也是以升学作为最主要的目标,但他们比较理性,不像我们读高中的意义就定位在上名牌大学上。他们的目标定位相对多元,因此他们除了应对升学外,还会有别的体育、艺术等多方面的追求,不至于像我们千军万马挤的是同一座独木桥。当然,中美最大的差异还是在实现目标的手段上,他们强调通过尊重个性、启发自觉来实现目标,而我们主张通过统一引导、严格训练来圆梦。他们过多地强调学生的"学",我们过多地强调教师的"教"。所以在我们看来,美国的高中教育自由散漫、放任自流,没有中国式的班级编制,没有班主任,没有老师会来催交作业。实际上美国的这种教育由来已久,从大学到小学都是这个套路。1869年,哈佛大学校长艾略特认为一所大学必须给学生三样东西:选择学习的自由;在单一学科领先的机会;对自己的习惯、行为负责任的纪律。艾略特讲的是大学,实际上美国各级各类教育就是这样一种理念和做法。而我们的基调是"严师出高徒"、"玉不琢不成器",结果导致对学生的不信任、不放心甚至不尊重,只得严防死守、耳提面命。

我这样讲,并不是说美国的教育就好,我们的教育不行。美国的这种教育,为人的发展提供了机会、平台和时间,有的高中生自学完了大学五六门课程或是在某方面有很深的探索和钻研都是很正常的事。但美国的这种教育的成功是基于学生有高度的"对自己的习惯、行为负责任的纪律"。那些"不守纪律"的学生,享受到的是网游、飙车、恋爱的充分自由。美国的教育导致"两极分化",中国的教育是"平均

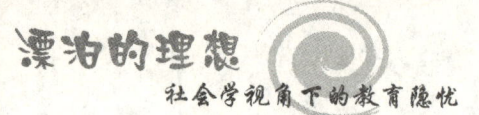

发展"。就数理化考试的平均成绩美国绝对不是我们的对手,但诺贝尔奖却往往"花"落美国人。

从中美高中"产出的结果"上看似乎分不出谁优谁劣,但我们是以美国人三倍的时间才与美国人打成平手的。美国的高中生开朗、活泼,也少有戴眼镜的,一副"少年壮志不言愁"的自信和洒脱。我们的高中生木讷、寡言,架着眼镜,一副未老先衰的学究样。高中的终点似是平手,未来的竞争我们胜算几何?每次穿越美国的高中校园我总是这样问我自己。

中国学生知识基础更扎实吗

2013年1月31日

从官方到民间,从学者到百姓,从教师到学生,有了一个前所未有的共识:中国学生知识基础比美国学生扎实。信誓旦旦,铁板钉钉,其正确性不容人们再怀疑。事实果真如此吗?我看未必。

此共识是怎样产生的?是比较研究的结果,还是仅仅是一种感觉?也确实有关于中美学生知识掌握情况的比较研究,但这些研究大多来自于研究者的主观感觉而非基于科学分析。坚持说中国学生知识基础更扎实,是因为他们有以下的理由:

美国教材没有我们难;

美国学生学习时间没有我们长;

美国学生作业量没有我们大;

美国高考(SAT)数理化题目难度只相当于中国高一的水平;

美国研究生入学考试(GRE)数学的难度还不及我们的高考;

美国学生考试成绩普遍不及在美的中国留学生。

上述情况不能说不是事实,但据此就能说中国学生知识基础更扎实吗?从知识基础的平均水平上看可以这样说,但这也仅仅是所学的书本知识,更没有论及这些知识是怎样来的。问题是"平均水平"绝对不能作为评价教育质量的指标。中国教育百病缠身,我们都可以从"追求平均成绩"上寻找到原因。是"平均水平"的魔咒,让我们的学生失去了个性、特长、兴趣,让我们的教育失去了多元化、特色化、丰富化。"平均水平",这样一个教育的罪魁祸首,本该赶尽杀绝,却被我们作为评价教育水平和质量的关键甚至是唯一的指标。连好坏都没搞清楚,甚至是在好坏颠倒的情况下,说自己更好,说自己的基础知识更扎实,这不滑稽可笑吗?

教育是要让学生掌握知识,但并不是要让每个学生掌握同样多的知识;学校是要让学生打下扎实的知识基础,但没必要让每个学生打下同样扎实的知识基础。

研究型人才知识基础务必扎实,对于绝大多数普通公民而言不在于基础有多扎实而在于有谋生的本事。以数学为例,初中以上的知识对大多数人来讲一生当中几乎用不到,而对研究人员来讲没有扎实的数学知识那简直就是卫星要上天却没有了火箭。美国的教育充分考虑到了不同的人才对知识的不同需要,让普通劳动者少学数理化,让少数走研究道路的人才多学数理化。而中国的教育,不论是水管工,还是科学家,都要学同样的基础知识。孰优孰劣,一清二楚!面对培养的科学家像"水管工"、培养的水管工像"科学家"的事实,还有什么脸面说我们学生的知识基础比美国好?

美国的教育鼓励脱颖而出,鼓励剑走偏锋。美国的中小学教材难度确实不如我们,但对于肯学、乐学、能学的学生来讲,他们的学习范围肯定不会局限于教材。如果对中美前20名大学录取新生的知识基础进行测试的话,那么我们恐怕就没有底气说我们一定比他们强了。至于研究生,特别是博士研究生的知识基础,可以百分之百地说,我们没有他们扎实。美国的一名博士生普遍要修十几门课程,我们的博士生基本上无课程可修。一定要说我们学生的知识基础比美国学生扎实,显然缺乏具体的科学分析。

中国教育的当务之急是分层教学、因材施教,"职业教育学术化,学术教育职业化"这样一套不伦不类的教育早应该抛弃了。不同学生有不同的知识基础要求,笼统地说"知识基础扎实"并不能表明我们的教育有多好,更何况"中国学生比美国学生知识基础更扎实"的结论也并不符合事实。

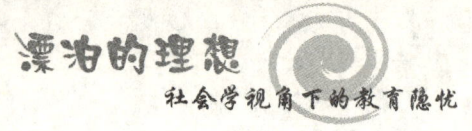

第二编　教育时评

大学文凭为什么这样贱

2009年7月2日

近日,有关组织发布了近十年培养的百名创业大学生富豪榜。引起我兴趣的不是因为我校毕业生中占有两位,而是因为排在榜首的是一位休学生(有媒体称是退学生)。这看似偶然,是个别现象,实乃现行高等教育的必然。

创业为什么一定要休学或退学呢?学生的创业行为与学校培养方式就这么水火不相容吗?学校就不能像培养科学家那样去培养创业者吗?难道就不能给创业者以因材施教吗?学校的文凭可以发给失业者、待业者,为什么就不能发给创业者?如果说,这是为保证学校的教学质量,那么得文凭者失业、失文凭者创业,这到底是怎样的一种质量观呢?大学的文凭为什么要这样贱?

思考之余,我想,如果无视时代特征和高等教育自身的变化,还一味地延续传统的观念和做法,那么高校必定会越来越没有尊严,大学文凭必定会越来越低贱。

大学要培养社会所需要的各行各业的人才,这自然也包括创业者。大学所设置的专业、课程以及一系列的教学安排都是为了这一目标的达成。当偏离目标的时候,就必须调整;当妨碍目标实现时,就必须改革。这是很自然的事。但是现实中,把手段当成目标的事太多太普遍了。专业、课程以及教学过程的设计等,都是手段,都是达到培养人才这一目的的手段,但事实上这一切都成了目的。为专业而专业,为课程而课程,为学分而学分。凡修完规定课程拿到相关学分,不论是否有真才实学皆可毕业,相反,即使再有本事也不能毕业。

创业人才的培养有其独特性,与现行高等教育的培养模式有些不相容。创业人才是在"练"的过程中成长的,而现行的教育主要体现在"教",适合培养工薪阶层。创业人才的培养既然是高校的目的之一,那么高校就有责任对自己的培养模式、教学手段作调整和改革,以利创业人才的成长,而不能让想创业的大学生去适应学校固有的教学。但是,高校把自己的传统做法太当回事了,似乎是神圣不可侵犯的。事实上,这是对学生的不尊重。我们多少优秀的创业人才就这样被扼杀了,顽强成长的创业学生有的被迫退学,有幸如期毕业的在校期间也很可能是学校的"眼中钉"。

当自己的学生创业成功之后,有的高校又会说这是自己培养的结果,而只字不提当年自己百般刁难给学生穿小鞋的事实。大学缺乏一份应有的真诚,自然就不可能有反思、检讨、忏悔和改革的行动。

高校"去行政化"——一个美丽的梦

2010 年 3 月 10 日

近些天,最热门的话题就是高校"去行政化"。似乎中国高等教育缺乏活力、创新力,不能培养出钱学森先生所期待的具有原创能力的人才的罪魁祸首就是高校的"行政化"。在有的人眼里,只要"去行政化",中国的大学进入世界一流的行列也就指日可待了。高校"行政化"是有许多弊端,但千万不要一听到"去行政化",就欢呼雀跃。"去行政化",是一个不可能实现的美丽的梦,更何况"去行政化"也不是医治中国大学疾病的灵丹妙药。

教育的发展和演变是受特定的社会历史阶段的物质生活条件和文化传统的制约的。脱离开具体的社会历史条件,避开特定的政治经济制度的抽象的、独立的高等教育是不可能存在的。许多教育规律人们没有认识清楚,而这条教育受制于社会的规律是路人皆知的。今天有那么多尊重规律并以探索规律为己任的学者居然也会无视这一教育规律的存在,整天做起美丽的白日梦。受压抑太久了,求变革的心情完全可以理解,但"激情"不能取代"理性","愿望"不能取代"规律"。大学是社会的一分子,大学的存在与发展自然受到社会的制约,这是不以人的意志为转移的。不论某个政府部门作怎样的自动放弃"行政裁量权"的承诺,也不论权威人士的"去行政化"的表态,都不可能从根本上改变社会制约大学的客观事实。梦的破碎是痛苦的,美丽的梦的破碎会是更痛苦的。尽早清醒,恢复理性,多做一个正常人的思考和探索,对自己、对社会、对学校都会更有利。

退一步说,真的做到了高校"去行政化",中国的大学就一流了?中国的大学就能产生创新人才了?我看也未必。什么是现代大学制度?大学应该具有怎样的治理结构?"大学自治"的物质和文化基础是什么?教授们应具备怎样的专业素质和管理能力才能胜任"教授治学"的重任?"学生自治"的制度基础、文化基础在哪里?没有了政府行政制约的大学治理权的行使就一定是高效的、廉洁的、科学的?对于这些问题,绝大多数人都不能作明确的回答,那么我们凭什么说没有了行政干预,我们就一定能把大学办好呢?一流的大学除了先进的管理制度和高效的运转机制外,还要有先进的文化、优良的传统以及教职人员对学术的忠诚和对事业的热爱。照搬照抄人家的制度规章并不难,形成人家的传统和文化几乎是不可能的。为什么国外好的东西到了国内就走样了呢?我们的大学人,包括绝大多数教师,都是在"行政化"的环境氛围中长大的,除了擅长于"官本位"、"重等级"外,"民主"、"法制"、"程序"、"监督"的意识是很淡漠的。如果真的"去行政化"了,那么说不定大学都成了一个个小小的"诸侯国"。挣脱了政府行政的桎梏,换来的肯定是学校内部更多的精神枷锁和等级更为森严的科层结构。从这一点上讲,幸亏高校"去行政化"是不可能的,否则灾难会更大。

有人会说,"去行政化"是一个漫长的过程,在眼前搞一两个试点是可行的。什么是"试点"?试点是变相的"行政化"。只有得到政府行政部门更强有力的"插手、指挥、调配",才可能成为"试点"。一旦失去了政府这只强有力的"手"的支撑,"试点"也就像前段时间上海根基不稳的楼会轰然倒塌。"试点",不是"去行政化"的榜样,而是"强化行政化"的产物。把"试点"的存在说成是高校"去行政化"的可能,那与把梦境当现实也没什么两样。

高校"去行政化",真的是不可能的吗?如果取消校长的行政级别就算是"去行政化"了,那是在比较短的时间里就能实现的。但要真正实现"大学自主、教授治学、学生自治"的"去行政化",那么只有等到"小政府,大社会"的目标的实现,或者说从中央到地方各级政府门前汽车、人流消失之日才能是高校"去行政化"实现之时。

大学创业教育的认识障碍

2010年12月3日

大学创业教育如火如荼,但大学创业教育成效微乎其微,在就业异常艰难的背景下走自主创业道路的学生仍然低得不成比例。原因何在?在我看来,认识错误是罪魁祸首。

第一个认识错误,就是要创业先要有创业能力。人们总是习惯于说,创业有风险,在不具备创业能力之前,大学生千万不可贸然付诸行动创业。此话似乎有道理,实际上是大错特错。就犹如在告诫人们:游泳有危险,在学会游泳前,千万不可下水。不入泳池,焉得泳技?不付诸创业实践何来创业能力?创业能力是在创业实践中逐渐形成的,没有创业活动一个人永远不可能有创业能力。教育是有很大的作用,在创业知识和理论的传授上可以发挥比较大的作用,但创业能力不是教出来的,主要靠学生的练才能形成。如果想创业,又不付诸行动,那么要想得到创业能力就像天上掉馅饼一样,是永远不可能的。

第二个认识错误,就是创业必须要以创新为前提。此话的欺骗性更大,几乎没人怀疑其正确性,因此对大学生创业的杀伤力也更强。实际上,对绝大多数人来讲,创业的前提是"模仿"而不是"创新"。创业是从模仿开始,是从可以说毫无含金量的点点滴滴小事开始做起的。俞敏洪从兼职代课开始,马云从开办翻译室、摆地摊开始,他们的创新在哪里?中国的创业大军中"曾经的雇员"和"老实巴交的农民"是最大的两个群体,他们创业的成功凭的是创新吗?当然,对机会型创业(如比尔·盖茨的微软、乔布斯的苹果)来讲,创新是必不可少的。但对绝大多数大学生来讲,只能从生存型创业开始,从自己雇用自己开始,从自己养活自己开始,随着经验、财富、人脉的一点点积累再寻求更大的发展。一味强调创业与创新的结合,除了让本来就犹豫不决的准备从事创业尝试的大学生变得更加胆战心惊外,还能起到什么作用?

第三个认识错误,创业只属于少数人。相当一部分老师包括一部分创业指导师,总是认为创业是一项很复杂的创造性活动,创业者需要具备较高的素质和能力,不是每个人都适合创业的。创业教科书中就创业人才的素质和能力是这样表述的:必须要有"T"字形的结构。"T"字的一横,是指创业者的知识面要很广;"T"字的一竖,是指创业者的专业知识要很精深。其实,这是一些知识分子在书斋中的杜撰。就生存型创业而言,最重要的是吃苦耐劳和永不言败的精神,而不是什么渊博而精深的知识。成千上万的农民之所以能创业成功,要归功于没有受到如此误人子弟的创业教育;成千上万的大学生之所以只能就业不能创业,很大程度上就是上了此种创业教育的当。

第四个认识错误,创业必须以专业为基础。能与专业相结合自然是好事,当不能与专业相结合时怎么办?一味强调专业,将导致作茧自缚或者错失良机。专业是为学生的成长而存在的,不是学生为专业的存在而存在的。现实生活中,搞专业的往往是给创业者打工的,而创业者往往是不搞专业的。成千上万创业成功的农民幸亏没有受过高等的专业教育,否则他们不也像大学生那样只能打工吗?当然不是说大学不需要专业教育,我只是说专业教育不能限制和规定人的发展。

第五个认识错误,要创业先学好知识,没有知识储备的创业是不可持续的。人上大学是为了获得知识,但知识分两类:一类是能由教师传授的书本知识,另一类是不能传授只能靠亲身实践才能获得的默会知识。中国的教育的确有传授书本知识的特长,但凡接受了此种教育的人往往不再能创业。原因之一就是忽视甚至打压了人的亲身实践,没有实践自然导致对人的工作、生活、创业起更大作用的默会知识的缺失。如果仍然坚持传统的教育理念和办学模式并不断标榜此种做法的正确性,那么培养的新一代大学生除了会考试还能会什么呢?至于人的可持续发展,并不是决定于一个人接受了怎样的教育,而是决定于一个人是不是为了实现一个又一个新的目标,能够不断去学习、不断去努力。

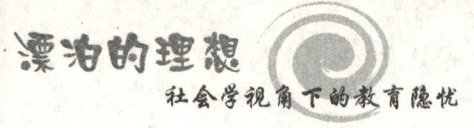

大学自发文凭,可行或不可行

2011 年 1 月 13 日

朱清时推动的南方科大"自发文凭、自授学位"的改革,引起了新闻媒体和普通民众的广泛关注。相当多的国人,不断质疑:未经教育部认可自发文凭,这与自印人民币有什么两样?外国人觉得,文凭天经地义要由学校发放,大学连文凭发放权都没有,大学的办学自主权何以体现?

中国人与外国人的认识为什么会有如此大的距离?孰对孰错?我原本不想就此事发表什么看法,但昨天又有朋友谈及此事并一定要我写点文字谈点看法。因此,这是一篇应朋友的要求而写的文章。

文凭是学生水平的凭证,文凭是学生质量的证明。一所大学能不能自发文凭,取决于这所大学的办学质量是不是能得到保证。一所大学的办学质量得到了保证,这所大学当然可以自发文凭。大家都知道,生源质量和办学条件是决定一所学校办学质量的众多因素中的最主要的因素。也就是说,如果一所大学的生源质量和办学条件能得到保证的话,那么这所大学也就有了自发文凭的质量基础。

现在来分析一下,中国大学的本身是否有办学质量的保障机制。如果有,那么完全可以让大学自发文凭;如果没,那么还只能由教育部统一掌管。大家首先要知道"自发文凭"的一个必然结果,那就是"自主招生"。文凭自发,招生自定,这是必然的逻辑。眼下,教育部统一管理文凭,各学校招生的数量及标准自然也由教育部决定,任何一所大学想突破教育部规定的指标哪怕只多招一名学生都是不可能的,多招的学生不可能得到额外的教育部认可的文凭,这就是现状。教育部就是通过这样的手段来确保大学的生源质量。如果允许各大学自发文凭,那么在目前的条件下,各大学的生源质量还能得到保证吗?大家一定能想象得出,在目前这种权力、金钱比法律更有威力的"关系社会",自发文凭带来的招生乱象:行贿受贿成风,以权谋私盛行;"贫下中农"倒霉,"地主富农"得志;分数不如关系,能力不如权力;指标不包含亲戚,程序不约束子女……所以,大学文凭只能由教育部掌管,这不仅保证了生源的质量,而且更保证了教育的公平、社会的正义。如果文凭任由大学自发,那么"农民起义"、"工人罢工"绝不会是偶发事件。

那么国外的大学为什么就可以自发文凭?而且办学水平反而更高呢?是什么原因导致中国大学和国外大学的不一样呢?这与学校的体制有关,也与国情有关。成熟的市场经济,看重的是水平不是文凭。要在市场经济条件下办学,乱发文凭对学校来讲只能是自掘坟墓。从学校自身来看,国外的好大学往往是"私立"的,相当于"私企";中国的大学都是公立的,相当于"国企"。"私企",要以"质量"取胜,走的是"品牌"之路,要选择最优秀的员工从事生产、管理、营销、研发,员工录用上的"开后门"只能是自断后路、自毁前途。私立大学与私企一样,要想求生存,求发展,只能走"质量、品牌"之路。只有有了质量、有了品牌,才能有生源,有了生源才有办学经费(学费),有了经费才有教师,有了教师才有质量、品牌,有了质量、品牌才会又有了学生……循环往复,恒者恒强,直至永久。"先有哈佛的存在后有美国的立国"的事实就证明了,有好的体制的大学根本不需要政府的领导。公立大学就不行了,就像"国企"一样既没有活力又擅长搞阴谋诡计。经费是不用愁的,生源是被分配的,质量是没标准的,评价是人为的,校长任命是内定的。没是非、没竞争的情况下,办学者对自身利益的关注自然要超过对学校发展的关注,当学校利益与个人利益发生冲突的时候,毫无疑问会以个人利益为重。那么有人又会问,外国,像美国,更多的大学是公立的,为什么这些大学也自发文凭而且仍然能保证文凭的含金量呢?大学的生存和发展,除了体制,还需要文化。国外的大学是有公立和私立之分的,但这些大学都在同样的文化中共生共荣。办学的理念、教学的模式、管理的机制、诚信的行为经过长时间的积淀就形成了文化,最先在私立大学所形成的这些文化随着时间的推移渐渐扩散、传播到其他所有的大学,并且深刻影响甚至规定了这些学校的发展。目前,国外的公、私立大学,特别是美国的公、私立大学,除了经费来源上有所不同外,在招生录取、教师录用、校长产生,直到办学理念、组织机构、管理模式等方面并没有根本的区别,私立大学的质量保障机制同样在公立大学存在,这也就使得公立大学自发文凭成为可能。

我给南方科大算一命

2011年5月3日

我尊敬朱清时先生,在讲真话即成新闻的时代,他敢于讲真话,而且不像有的人退居二线或退休后才讲真话。朱先生在中科大校长位置上退下来以后,南下深圳创办了南方科技大学,而且要办成一所与国际接轨的按现代大学制度来管理的一流大学。朱先生的真诚、抱负和勇气,产生了巨大的舆论反响。我也从心灵深处希望南科大改革成功,但理智告诉我,南科大只能是"南柯一梦"。

朱清时先生倡导:自主招生,自授文凭,校长治校,教授治学。从教育史上讲,这并没有什么特别之处,在国际上普遍流行,而且经过长期实践证明这些理念和举措是正确的。既然是普遍流行并已证明正确的东西,为什么就不能在中国生根开花呢?

大学是社会的一分子,不能脱离社会孤立存在。不同的政治经济制度就会有不同的大学治理结构,这是不以人的意志为转移的客观规律。朱清时先生以香港的大学为目标,但深圳不是香港。当年深圳大学的创办者也有今日朱清时先生的一腔热血和美好愿望,如今深圳大学从治理结构到办学水平与国际接轨了吗?深圳大学创办者们的理想和愿望的落空,不是他们"不为",而是"不能"。个人的力量在强大的社会政治经济制度面前,完全可以是忽略不计的,能表达一下自己的想法已属不易,要想付诸实施让想法变行动、变现实,那是比蚍蜉撼树还难。体制性的弊端,国家领导人也知道,也多次表达政治改革的决心,但是牵一发而动全身,并不是说改就能改。环境的力量是如此巨大,种橘如此,建城市如此,办大学同样也如此。当年,邓小平同志建深圳特区,也试图把深圳建成与国际接轨的现代化的城市。倾举国之力,深圳的经济是有了起色,但邓小平先生更热衷的"小政府,大社会"的城市治理构架却难觅踪影。朱清时先生的办学举措似乎得到了深圳市政府的大力支持,但一个自身改革并不成功的城市凭什么能保证这个城市大学改革的成功?最近的怪事出现了,深圳要给南科大配备新校级领导,定级为副厅,要从正处的人选中提拔。"行政化"与现代大学制度格格不入,为朱清时先生所深恶痛绝,南科大还未起步已陷入了"行政化"的泥沼。对南科大而言,真可谓"出师未捷身先死"。

当然,并不是高校没有行政级别就与国际接轨了,就成功了。实事求是讲,目前国内民办高校确实没有行政级别,但是,不论是办学水平还是治理结构,仍与国际相距十万八千里。民办高校有比较大的自主权,仍然不能脱离政治经济的制约。目前,各民办高校,除了没有行政级别外,内部机构设置、人员配备,还得按"红头文件"办理,否则,"一票否决"。民办的大学,身不由己,还得按国家意志办,公立的南科大凭什么就能成为世外桃源?目前,南科大只有45名学生,就规模而言,还不及一所乡村幼儿园,还不足以引起国家和政府的关注。随着南科大规模的扩大,"机构臃肿、人浮于事、权力至上、钩心斗角"等国内高校普遍存在的弊端在南科大将会悉数登场。

我不是在唱衰南科大,而是我实在找不出南科大兴旺的理由。

教室里走不出创业人才

2011年5月12日

创业人才是怎样成长的?创业人才来自哪里?

绝大多数创业人才的成长得益于自身的创业实践,他们的创业实践又是来自于对他人的模仿,这就是创业者的成长轨迹。现实中的许多创业者曾经是农民,是高考落榜者。没想到进不了大学反而成了他们成功的转折点。他们没有接受所谓的创业教育,更没有听过什么创业课程,甚至什么创业计划书也不知道,但他们成功了。创业成功者如果要感谢的话,那么一是要感谢邓小平的改革开放,二是要感谢自己没能考上大学。

创业能力不是教出来的,是练出来的。可以说,没有创业行动,就不可能有创业能力的获得,更不可能有创业的成功。要让大学生创业成功,当务之急就是让学生付诸创业实践。遗憾的是,当下的高校一讲创业,马上组织教材编写、系列教材开发和开设创业理论课。高校教师是真不知道创业人才的成长规律,还是为了谋利而这样做呢?这我就不知道了。但有一个事实谁都看到:创业教育轰轰烈烈,创业人才成长凤毛麟角;创业教材汗牛充栋,创业行动偃旗息鼓。有投入,没产出;有课时,没成效。怎么解释?怎么交代?这就迫切需要找到一块遮羞布,而"创业意识"、"创业精神"之类既好听又无法验证的托词就成了遮羞布的最好选项。什么"创业教育不是让学生急于付诸创业实践,而是重在创业意识和创业精神的培养"的说法也就甚嚣尘上,充斥学校领导的讲稿,创业教育大忽悠正席卷各高校。

成千上万的创业者就在我们的身边,他们的创业轨迹是如此简单,按照他们的成长规律实施大学的创业教育也可以很简单。我不明白,简单问题为什么要复杂化?明白的事为什么要搅和得云里雾里?为什么还没起步就要迫不及待编教材而且是系列教材?当然,不能轻易否定教学和教材的作用。但有一点可以肯定,不懂创业的人在编(实际上是抄)教材,不懂创业的人在赚创业课程的讲课费是目前大学创业教育的基本状态。大学的一些课程除了养活一批人外,可以说没有任何别的意义和价值。很不幸,创业课程又将可能成为这些课程中的新成员。

创业教育就是要让学生像成功创业者那样先从事创业实践,这不仅是创业人才成长之关键,而且也是创业教育改革、教师成长和课程建设之本源。

创业不需要专业

2011 年 5 月 26 日

"创业要与专业相结合。"书上这样写,教师这样说,许多大学生也都这样认为。事实上,创业根本不需要专业。

谬论的广泛而持久的流行,自古有之。"物体下落速度和重量成正比"的谬论不就流行了近 2000 年吗?在科学欠发达的时代,人们对自然或社会的认识很多时候习惯于主观臆测和凭空想象,谬论的流行情有可原。在科学昌明的今天,如果仍然延续古人的思维方式,那么就不得不让人感到遗憾了。特别是在以探索规律追求真理为己任的大学,如果仍然盛行人云亦云、以讹传讹的恶习,那么就不得不让人怀疑起这样的大学还有没有存在的必要了。只要稍微动点脑子,便能认识到"创业要与专业相结合"这一观点是极端荒谬的。如此荒谬的观点能在大学流行,这也

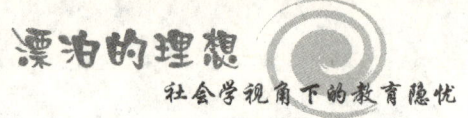

足见当今大学科学精神的欠缺。

现实中,是有创业与专业相结合的。但更为大量的创业者并不与专业相结合,或者说根本无专业可结合。有人也许会说,小规模的创业可以不结合专业,而大规模的创业非要以专业为基础不可。如果说,小规模的创业实践确实不需要什么专业知识和技术,那么我敢说,大规模的创业更不需要专业。一个人开一个裁缝店,裁剪、缝制都得靠自己,没有一定的专业知识和专业训练,还真做不成事。而一个服装厂,如果凡事都要创业者料理,那么这个厂充其量只能算是裁缝店。一个真正上规模的服装厂,专业性很强的创意、设计、裁剪、营销、技术保障、员工管理、品牌策划等工作都是由分工明确的专业技术人员完成的,不可能也不应该由创业者本人独自承担。有人以为"苹果"是乔布斯研发的,"windows 操作系统"是比尔·盖茨开发的,那就大错特错了。如果乔布斯、比尔·盖茨真有那么大的本事,那么苹果和微软还要那么多专业技术人员干什么?创业的成功不是决定于创业者的专业水平而在于怎样发挥专业技术人员的作用。

创业不是一个专业,创业需要多专业的知识;创业者可以不是一个专业技术人员,但对多个专业的知识要有所了解。创业才能是多种能力的结合,创业人才是"复合型"人才。创业人才的成长决定于自身创业经验的积累,是创业实践本身让创业者具备了多种能力,是企业的创办和经营过程让创业者变成了一名"复合型"人才。创业不需要专业,意味着任何一个专业的人甚至没有专业的人都可以从事创业,创业实践本身是一个人获得创业能力和素质的基本途径。不要怕自己没有专业,只要付诸创业实践并且坚持在实践中学习,不懂的可以变懂,没有的可以变有。相反,一个有专业的人,如果不付诸创业实践,那么他可能是一名优秀的专业技术人员,但永远不可能是一名创业者。是不是一名优秀的创业者,不是决定于他所学的专业,而是决定于这个人的创业实践以及创业实践中的学习。

无数的事实都说明了一点:是创业让人变得专业了,而不是有了专业才创业。

大学,拿什么来证明自己

2011 年 6 月 20 日

高考结束后,大学招生广告铺天盖地。我不知道有多少人会读这些广告,我也不知道有多少人能读懂这些广告,我更不知道有多少人会相信这些广告。

学校的占地面积、藏书量、生均仪器值、师资力量、教科研获奖是各院校自我炫耀的主要项目,自然也是广告的基本内容。我不是说这些广告造假,我要说的是广告中所罗列的这一切与学生的成长并无必然的联系,也不足以说明学校的办学水平和实力。藏书量再大,没人借阅等于零;仪器设备再多,关在房子里不用等于零;

教师职称再高,忙于干私活,对学生来讲等于零;教科研的项目、获奖是不是有益于大学的发展和学生的进步在当下更是说不清道不明。这样的广告,不要说家长考生不信,就是自己学校的教职工也不信。

一个大学要想反映自己的真实状况并要让社会和考生了解,在我看来,招生广告必须包含以下的内容:

1. 学生早餐的就餐率;
2. 学生课余时间的游戏率;
3. 学生上课的瞌睡率;
4. (自修室)图书馆上座率;
5. 生均年图书借阅量;
6. 每个学生每周学习几天,每天学习几个小时;
7. 学生每周的作业量相当于A4纸几页;
8. GRE、托福、雅思、GMAT、英语4级、英语6级的参考人数及平均分;
9. 每年出国留学并获全额奖学金的人数;
10. 研究生报考及录取人数;
11. 公务员(事业学位)报考及录取人数;
12. 外企录用人数;
13. 各专业毕业生平均月收入;
14. 毕业生的创业率;
15. 学生勤工俭学率;
16. 教师除课堂教学外每周用于与学生交流的时间。

上述条目也不一定能反映出高校的全貌,而且其中的一些内容似乎与大学精神还不大相符,但无论如何,总比大学自身王婆卖瓜自卖自夸的吆喝要好。

大学老师为什么遭自己学生鄙视

2011年6月27日

暑假开始,碰到一些陆续回家的大学生。问及大学与高中的区别,有一位本科大三学生的回答得到大家一致赞同。他说:大学教科书看不懂但考试题目能做,高中的教科书能看懂但考试题目做不了,这就是大学与高中的区别。他进一步解释说:大学老师尽挑容易的题目让学生考,而高中老师恰恰相反,什么题目难就做什么题目。在他们看来,高中老师让自己忙不胜忙,大学老师让自己闲不胜闲。在交谈中,我感受不到他们对高中老师的感激,但却真真切切地感受到了他们对大学老师的鄙视。

大学生们觉得,这样的老师从未把"教学"看成是自己的正业,从未把学生的成长看成是自己的职责。之所以让学生考试过关,目的就是让学生们给教师一个好的评价。这样的老师上课念念PPT,很少布置作业,布置的作业也不批改,下了课就如在人间蒸发了似的,再也难觅踪影,最为负责任的就是在期末考试前给学生们圈定考试范围。大学生们也知道老师们在忙课题、忙论文,有位学生说,老师不把"教"当正业,我们也就把"学"当副业。大学校园中睡懒觉成风,玩游戏成风,显然都与教师的不务正业不无关系。

一些大学教师不受学生的尊重,自然有自身的原因,但在我看来也有学校的原因。教学工作,对教师而言,多干少干一个样,干好干坏一个样。更何况,教师既是运动员又是裁判员,教学工作的量与质根本无从谈起。无任务、无标准、无规范、无检查,可以说是当前高校教学的基本状况。学校不能说不重视教学,但大多停留在口头上、口号中。大学有各种各样的制度,唯独没有真正意义上的教学质量标准;大学有众多的管理举措,但却始终形不成有效的教学质量保障机制。相反,各种引导教师偏离教学走入歧途的制度、规章、措施则是层出不穷。在这样的环境中,教师尽管不能公开说"重视教学等于毁了自己",但又有谁不把此话当做自己的行动指南呢?

大学生看不起自己的老师源自大学迷失了方向,在一个迷失了方向的大学中就读的大学生显然也难有良好的成长。一些大学教师不被尊重,是大学教师的不幸,也是学生和家长的不幸,但更是社会的不幸。

电子商务创业的春天

2011年9月6日

第一,介绍一下我们学校电子商务创业的情况。我们学校有8000多名学生,从事电子商务创业的学生最多的时候达全校学生的20%~25%。有人认为义乌工商学院就是做淘宝,其实,淘宝是起步是练手,淘宝到一定程度以后同学们自然而然就转型升级了,同学们转型升级的脚步往往要领先于老师的思维。以淘宝为例,今年5月底的统计:四皇冠1位,三皇冠4位,双皇冠7位,一个皇冠是30多位。做得最大的同学转到淘宝商城、阿里巴巴1688。

第二,我们学校每年毕业生2500~2600人,不少于15%的毕业生是以老板的身份毕业,其中绝大多数从事电子商务创业,不乏百万富翁。2009年毕业的杨甫刚,他当时以双皇冠身份毕业,开着凯迪拉克离开学校,当时他的员工14人,仓库300多平方米。毕业一年以后,他每天的成交量是27万元,也就是说经营的规模一年差不多是1个亿。我们学校第一代网商何洪伟,2005年起步做淘宝,去年评为全球十大网商,2009年成交量达到1.3亿。

第三,我们学校周边方圆几个平方公里电子商务产业带已经形成,2009年的时候B2C和C2C成交量,一个街道就超过40亿人民币,去年超过100亿人民币。我们学校起到引领和示范的作用,当时是以我们学校的在校生和毕业生为主体,现在我们的毕业生和在校生已经成为小头了。

第四,世界主流媒体都到我们学校来过,他们来的时候也是持怀疑态度:你们这样做是真还是假?能不能在别的地方复制?来了以后都给我们以很高的评价。

第五,现在我们学校建有创业淘宝班有七个,其中四个是大二的,三个是大一的。2009年2月,在北京一个论坛上,我向40多家媒体和7个部委官员宣布一个决定,要办电子商务创业班,向全社会承诺当学生毕业的时候人均月收入要超过1万。当时,我们学校没有电子商务专业。2009年10月,四个班办起来了,在大一新生自愿报名的基础上随机组班,到2011年10月才两周年。目前的经营状态如何呢?每个班30位同学,其中一个班春节前已经有5辆汽车。做得最好的同学,我向他们提出第二个目标,也就是2012年10月的时候,也即上学三周年的时候,10%的同学年成交额要超过千万,员工数要达到10人。

第六,我们学校的电子商务不仅仅是淘宝,可以说精彩纷呈,气象万千。先做淘宝,接着做淘宝商城、阿里巴巴1688、速卖通、敦煌。

创业能力是老师教出来的吗?是听课过程中自然而然就会生成的吗?创业能力主要是在实践过程中练出来的,不是教出来的。路透社记者问我,中国的大学注重创业教育,为什么创业人才寥寥无几?我当时讲了一句话,中国创业教育就像在教室里培养游泳运动员,培养的人看到水就发抖,下了水就淹死。你要学会游泳必须要下水。能力是什么?能力是自身经验的积累。知识是什么?知识是他人经验的积累。你没有自身经验的积累永远说不上有什么能力。全中国创业的成功者,如果他们要感谢的话,那么第一要感谢邓小平同志改革开放的政策,第二要感谢自己没有考上大学,是他们创业实践成就了事业,同时也成就了自己。不要空谈知识就是力量,重要的是要把知识转化为力量。现在很多大学生都讲要创业,要当老板,但从来不付诸行动,所以梦想永远不会成真。

我们学校要是说有经验的话,就是上大学以后就开始做淘宝。淘宝起步,不需要多少资金,也没什么风险。当然,整个办学模式都要改变,理念要调整,从更新知识观开始。传统教育注重的是书本知识,却忽略了实践中所积累的第一手知识,即隐性知识,这个知识是老师不能教的是自己在实践中逐渐积累起来的。还有专业观必须调整,创业不分专业。书上说创业要跟专业相结合,我跟你讲,不一定。能结合固然很好,不能结合也没关系。看看现实生活中,小规模创业一定意义上还要专业,越大规模创业越不需要专业。马云什么专业?英语专业的。郭广昌什么专业?哲学专业的。李书福是没专业的。所以不要以为不是电子商务专业就不能从事电子商务创业。又如,创业要以创新为基础?不,是从模仿开始的。99%的学生创业都是从模仿开始,人家怎么做我就怎么做,人家做什么我就做什么。还有人认为创业是属于少数人的事,并不是谁都能创业。这是误人子弟!义乌60%的家庭有营业执照,第三产业经营户超15万家(义乌本地人口70万),小商品市场摊位达7万个,义乌的经营者大多数没有接受过高等教育,都是最为平常的人。凭什么说创业只属于少数人?只要从能做的开始做起,从点点滴滴的小事开始做起,从自我雇佣开始,成功就不会离我们太遥远。

我讲这些,对大学生来讲很重要的一点:大家必须要付诸行动。在行动过程中去总结经验,建立人脉,积累资金,获得能力,只要行动我们总会成功。

谢谢大家!

(本人在2012年6月的一次对大学生演讲的内容)

大学,助人成长还是让人堕落

2011年9月8日

有一则笑话,讽刺大学生的蜕变和堕落。既然是笑话,自然有言过其实的成分。但是笑话也并非完全脱离实际,没有生活基础的笑话是不可能引起共鸣的。现我将这一则笑话转录如下,目的不是让大家笑而是让大家反思。

你是新生

小胡是大学新生,起床后到餐厅。厨工说:"你是新生。"小胡不解:"你怎么知道我是新生?"厨工说:"哪有老生起床用早餐的?"

小胡用完早餐,去缴费。工作人员说:"你是新生。"小胡不解:"你怎么知道我是新生?"工作人员说:"哪有老生及时缴费的?"

缴完费参加全系学生大会。老师说:"你是新生。"小胡不解:"你怎么知道我是新生?"老师说:"哪有老生参加会议带笔记本的?"

开完会,小胡把桌子上的废纸顺手捡起。打扫卫生的大妈说:"你是新生。"小胡不解:"你怎么知道我是新生?"大妈说:"哪有老生捡废纸整理桌子的?"

离开会场,到收发室寄信。大伯说:"你是新生。"小胡不解:"你怎么知道我是新生?"大伯说:"哪有老生会写信的?"

寄完信,到校园的树林中散步。玩耍的小孩子说:"你是新生。"小胡不解:"你怎么知道我是新生?"小孩子说:"哪有老生不牵着女孩子的手独自行走的?"

小胡来到电子阅览室。工友说:"你是新生。"小胡不解:"你怎么知道我是新生?"工友说:"哪有老生不玩游戏,来查资料的?"

晚饭前参加新老生共同参加的英语能力分班考试。离开考场时,负责音响的师傅说:"你是新生。"小胡不解:"你怎么知道我是新生?"音响师傅说:"哪有老生不作弊的?"

回到寝室,清洁工说:"你是新生。"小胡不解:"你怎么知道我是新生?"清洁工说:"哪有老生会整理床铺、摆放物品、自觉扫地的?"

晚饭后来到阅览室,工作人员说:"你是新生。"小胡不解:"你怎么知道我是新生?"工作人员说:"哪有老生不在寝室玩游戏来阅览室的?"

一天的感受,有太多的不解。刚走进心理咨询室,心理咨询师说:"你是新生。"小胡不解:"你怎么知道我是新生?"心理咨询师说:"哪有老生还面带疑惑不解的神色?"

走出心理咨询室,遇一盲人。盲人说:"你是新生。"小胡不解:"你怎么也知道我是新生?"盲人说:"哪有老生不酒气熏天的?"

大学无他　氛围而已

2011 年 9 月 13 日

前些天,老科学家叶笃正向前来拜访他的温家宝总理建议,要好好总结西南联大的教育思想。对于西南联大,我没有研究,但有一点可以肯定,西南联大要是在今天肯定不符合最基本的大学设置标准,应属亮红牌停办或限制招生之高校。

西南联大,资金不足,硬件匮乏,但却人才辈出、成绩斐然。反观今日之大学,大楼林立、资金充裕、设施齐全、教授云集,但却出不了人才,办不出成绩。原因何在?似乎很难理解,实际上非常简单明了。办学是需要条件,但与氛围相比,任何条件都显得无足轻重。当今的大学,要想恢复名誉,重振雄风,不在于投入多少,而在于重拾丢失已久的大学氛围。

格物致知是大学的使命。大学的存在在于追求真理、贡献知识,教师、学生基本的生存状态就是对未知世界的不知疲倦的探索。没有比发明、发现更受人尊重,没有比学术创新更令人向往,没有比知识贡献更能引起轰动,这本应是大学氛围的常态。然而,今天的大学,一些对官位的向往胜过对知识的向往,对级别的追求胜过对真理的追求。大学的使命似乎不再是格物致知、求知求是,而是争权夺利、卖官鬻爵。有了官职就有了学术职称,有了官衔就有了学术头衔,有了权力就有了学术资源,如此制度安排自然让学术本位的大学氛围荡然无存。官员占有学术资源,教师怎能不热衷于当官?教师热衷于当官,学生还能安心于学术?当大学偏离自己的使命的时候,投入越大、硬件越好,产生的罪孽也将会越加深重。

诚意正心是大学的本色。学术研究,知识创新,需要的是诚实加踏实。可以说没有大学人的"诚意正心"就不可能有"格物致知"目标的达成。今天的大学,一些学生作弊,一些教师抄袭。事实上,这绝不是当今大学缺乏"诚意"的全部。"诚意正心"的道德本色已逐渐远离大学,人们不仅习惯于口是心非、表里不一,更习惯于讲假话、听假话、做假事。更为奇怪的是,当"谎言"出现在主席台或讲台上的时候,就没有人再会认为是在撒谎;当"行骗"是以组织的面孔出现的时候,就没人再会认为是缺德。当大学充斥着谎言虚假的时候,你能指望真正学者的产生吗?当弄虚作假大行其道并屡屡得逞的时候,你能指望人们能潜心学问吗?

道义担当是大学的良心。大学的神圣和伟大,不仅在于贡献知识创新科技,也在于伸张正义、主持公道。大学是推动生产力进步的发动机,也是社会道德良知的聚集地。胸怀世界、心忧天下是大学人的基本素质;坚持原则、疾恶如仇是大学人的道德良心。要想让社会少一些三聚氰胺、瘦肉精、地沟油、假球、黑哨、24亿假古董、骗钱的红十字会,就需要有更多的讲原则、讲道义、讲社会责任的人。而这样的人的培养,不是靠金钱、仪器和高职称的教师,靠的是特定的氛围。

哲学是受到尊重还是在被糟蹋

2011年10月19日

哲学,像数学一样,是最伟大、最神圣的科学。在国外,不论学工科的,还是学理科的,凡获得的博士学位都称为"哲学博士"。之所以冠名为"哲学",一是因为科学是哲学的衍生物,二是因为非"哲学"一词不足以表达一个人学问之高深。这都足见"哲学"之伟大之崇高。但哲学在中国却受到空前的冷落,今年浙江大学哲学专业的本科毕业生只有三人。

人们为什么不喜欢哲学?为什么不报考哲学系?绝大多数人都认为,当今的人过于功利,都去学那些应用性强的专业了,为了有好的就业前景就不再选学哲学了。而我却不这样认为,哲学尽管是研究意识与存在、精神与物质等问题的高度抽象的科学,但在中国却有着别的学科不具有的"现世"用途和良好的就业前景。之所以有好的就业前景,是因为我们国家是全民学哲学的国家。一个读书人在不同阶段所学的课程是千差万别的,但在中国,有一门课是始终要学的,那就是哲学。有人做过统计,在中国完成博士后学习的人,在不同的阶段学习哲学课程累计不少于七次。也即一个人从上小学开始到走出博士后流动站,伴随自己并且始终不变的课程就是哲学。世界上不可能有别的国家、别的民族像我们这样对哲学如此"情有独钟"。一个人在学习生涯中要七次接受哲学课程的学习,这绝对是世界吉尼斯纪录。凭这一点,学哲学的人在中国会没有就业前景?不要说社会上各行各业对哲学人才的需求,就是从小学到大学所需要的哲学老师就是一个天文数字。所以说,把中国人不愿学哲学的原因归结为不容易找工作,这是不符合实际的。

那么,人们不愿选读哲学的真实原因是什么呢?这就是人们对哲学的厌倦,从而导致对哲学的鄙视。中国人不是生来不喜欢哲学,而是后天求学生涯中不断受到的"哲学刺激",让自己产生了对哲学的厌倦、反感和拒绝。教育始终存在着两种功能,一种是让人越学越想学的功能,另一种是让人越学越厌学的功能。有人总是盲目相信教育,盲目相信学校,似乎一个人只要上了学就会有长进,只要学了课程就会有收获。殊不知,反科学或者说违背科学规律的教育,其结果会适得其反,而且这种反科学或者说违背科学规律的教育越得到重视越得到强化,其危害也就越大,其结局也越可悲。对哲学随心所欲的图解和无视学生实际的连续不断的高强度的灌输,如此"反哲学"的做法能不让人产生对哲学的反感和排斥吗?哲学在中国落到遭人唾弃的境地,就是这种只讲重视不讲科学、只讲强制不讲艺术的哲学教育所惹的祸。哲学,在中国似乎受到了空前的重视和尊重,实际上受到的是空前的糟蹋和亵渎。当然,如此教育也不是完全没有意义,其意义就在于告诉人们:诸如哲学教育之类的教育,有还不如没有。

"哲学"是距今2500年前古希腊人创造的术语,其本意是"爱智慧"的意思。就是这样一门"爱智慧"的学问,在中国却让人爱不起来。这不仅是"哲学"的悲哀,而且更是"哲学教育"的悲哀。

课程开设是为了老师还是为了学生

2012年2月12日

课程开设为了谁?提出这样的问题也着实是愚不可及。学校是培养人的场所,学校开设的课程自然是为了学生,为了学生的成长。但现实当中,如此简单明了的问题却被搞糊涂了。特别是高智商人才云集的大学,在课程为谁开设问题上,不仅搞糊涂了,而且还被颠倒了,许多课程的开设不再是为了学生而是为了老师自己。

大学里的一些课程是用不着开的,老师自己也知道,但照样开着,这是为什么?这是为了老师自己的工作量,完成了工作量就有了工资、奖金和获得晋升的可能。在如此制度安排之下,教学计划的制订,课程的开设,首先考虑的不是学生的成长而是怎样确保教师的利益。为了老师有足够的工作量,用不着开的课也开了,原本只需要比较少的课时的课程也人为地增加了课时。有的课程内容陈旧过时,但却要全体学生长年累月陪着老师,以让老师赚到足够的工分;有的课程难度过大,学生只能酣然入睡,面对没人听讲的课堂教师为了工分也只能没尊严地坚持讲课。

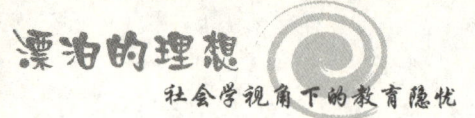

此种现象在大学,特别是在高职院校实在是太普遍了。

大学里还有一些多余的课是"因人设课"而产生的。有的老师只会教某门课,而该门课对眼前所教的学生是不适合的,但为了老师不至于"待岗待业"也就开设了。老师的利益是得到保证了,但这种利益的保证很可能是以牺牲学生眼前的时间和未来的机会为代价的。

当然,天底下完全没有用的课程是没有的。也正因为如此,大学老师就为自己赚工分开课程的所作所为找到了辩护的理由。对于开设的任何一门课程,大学老师都能说出一大堆让学生、家长、社会眼花缭乱的理由。但不论他们的理由怎么天花乱坠,如果他们开的课不受学生欢迎,他们讲课的时候多数学生在玩手机或在睡觉,那么这样的课多半不是为了学生而是为了自己的工分,应属取消之列。

开设那些一味为了完成自己的工作量而又让学生醒都醒不了的课程,这不仅是一个能力问题,更是一个道德问题。如此缺德行为的泛滥,不仅是学生发展的悲哀,同样也是教师自身进步的悲哀。当然,也不能一味地怪老师,罪魁祸首还是大学里诡异的对教师的评价考核制度。

"摆摊"是大学生最适合的创业方式

2012年2月21日

我鼓励大学生创业从"淘宝"开始,结果遭到许多人的尖锐批评,这其中也不乏大学生。在他们看来,网上开淘宝店与"摆摊"没什么两样,太缺乏技术含量了,"摆摊"这种过于小儿科的事只配未受过高等教育的人干。让大学生去"摆摊",他们觉得有辱大学的宗旨和使命。

我也是主张大学生创业要多元化,既要走"网上"创业之路,也要走"实体"创业之路;既要走生存型创业之路,也要走机会型创业之路。后来多数创业同学选择电子商务创业,在网上开网店、做淘宝。这并不是我改变了主张,而实在是不得已而为之。

大学生一无资金,二无人脉,三无经验,除了会考试耍嘴皮子还真没有别的什么了,连租个店面开个小店的条件都没有。许多大学生也想自主创业,也想当老板,苦于没有适合的创业方式,创业的梦想始终难以成真。淘宝网出现了,为每个想创业的大学生带来了机会。只要有一张身份证即可注册店铺,经营中接到订单后再去进货不需要多少流动资金,由于没有库存积压也就不存在经营风险。如此好的创业方式真可谓千载难逢,今天的大学生也真可谓是时代的幸运儿。这样的机会不利用,还要去讽刺成功利用这样机会的创业者,这种人如果不是智商有问题,那么也是脑子进水了。他们一味地想成大事业,似乎不再办个苹果、谷歌就绝不罢休。这些学生看似雄心勃勃,实际上做的都是不切实际的白日梦。说白了,绝大多数大学生除了开网店、做淘宝,还能做什么呢?

做淘宝,确实像摆摊,从针头线脑的小买卖做起,从一厘一毫开始赚起。但就是这样一件不起眼的事情,却能快速地让人积累起资金、人脉、经验,为做更大的事业奠定基础。30年前,义乌人摆地摊摆出了奇迹,谁又能说30年后,网上"摆摊"就不能摆出奇迹呢?

我敢肯定地说,那些自以为要成大事业的看不起"摆摊"的而又习惯于坐而论道的人,最终只能给摆摊的人打工甚至还不配给摆摊的人打工。

创业会导致大学生拜金吗

2012年2月23日

有一些人对大学生的创业实践横竖不顺眼,近来,又冒出一奇谈怪论,认为创业必将导致拜金主义的泛滥。在这些人看来,创业是以追求经济效益为目的的,追求经济效益的行为自然会让一个人变得唯利是图、金钱至上。此观点如果出自没受过教育的人之口,则还情有可原。没想到,有的大学教师也应声附和,这就不得不让人怀疑起这些教师是否手持的也是"克莱顿大学"之类的文凭,否则,应当不会有如此想法。

中国人的思维,对于事物之间、现象之间的联系往往是凭感觉的。他们不问事物之间、现象之间的本质的必然联系,他们关注的是事物之间、现象之间表面的相邻相近和相似性。人脑和猪脑完全是风马牛不相及的两回事,但因为都是"脑",中国人就会得出"猪脑"补人脑的结论,然后就不仅自己吃,而且还要动员他人拼命吃。如此荒谬绝伦的思维在日常生活中可谓司空见惯,什么牛鞭壮阳,什么腰子补肾,也就成了中国人的伟大发明。"创业"导致"拜金",如此结论的得出,与猪脑补脑、牛鞭壮阳、腰子补肾的结论的得出,在思维方式上是如出一辙的,其荒谬程度自然也是旗鼓相当的。

如果"创业"导致"拜金"的结论是成立的,那么比尔·盖茨应该是世界上最大的拜金主义者。但是为什么他恰恰又是世界上最大的慈善家呢?当然,我们也不能据此就认为"创业"能导致"行善"。事实上,"职业"与"品行"之间的关系是很复杂的,世界上不可能有一定让人变善的职业,同样,世界上也不可能有一定让人变恶的职业。日常生活中,每天清点钞票的银行职员可能会把金钱看得很淡很淡,每天以救死扶伤为己任的红十字会成员也可能会变成十恶不赦的吸血鬼,职业与拜金无任何必然联系可言。

历史上,"无商不奸"的说法,是来自对商人的偏见,根本不是科学的结论。今天说"创业"会导致"拜金"的人,如果不是别有用心,那么只能证明自己心智不全。

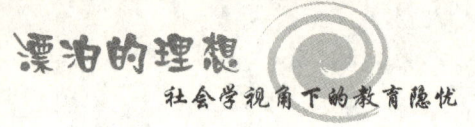

大学生在校期间不宜创业吗

2012年2月26日

"上大学是读书,怎么可以去做买卖办公司创业呢?真要创业,待毕业后也不迟嘛!"面对一些大学生在校时创业,有的人总要发出这样的质疑和呼声。

一个人难道读书时就不能创业,创业时就不能读书?一个人大学期间读书与创业难道只能选取其中之一?读书与创业真的是势不两立、不共戴天吗?

有的人之所以把读书与创业对立起来,是因为他们仍按照陈腐的老掉牙的观念来理解"读书"。他们仍把大学看成是"私塾",把大学生的学习生活仍然理解为是对"四书五经"的背诵。以他们的标准,大学生只能是"两耳不闻窗外事,一心只读圣贤书",搞创业就属大逆不道、不务正业了。

上大学是"读书",这没错。但"读书"的含义和方式早已发生了变化并仍在继续变化。大学生需要博览群书,还需要有大量的时间从事实验、实习、实训和社会调查等实践活动。对大学生而言,上图书馆是读书,上实验室同样是"读书";在教室里是读书,到车间实习同样是"读书";听教师讲解是读书,深入社会作调研同样是"读书"。创业是创办和经营企业的"实战",是真刀真枪的实践,是真金白银的产出。从能力训练、经验积累、社会资本获得、理论实践结合的角度和层面去理解,谁能否定创业是一种更高层次的实习实训?谁能否定创业是一种新的并且是同样有效的"读书"的方式?

尤其是在培养应用型人才的高校,"理论学习"和"实践训练"的时间安排原本就是五五开,也就是说在校大学生至少有一半时间要用于动手操作、实践训练。谁都知道职业技能、职业素养不是光读几本书就完事的,而是要有大量的动手操作和实践训练。可以说,实践是学习,甚至是更好的学习。目前,大学生就业能力不强或者说就业待遇不高,最主要的原因就是在校期间有效的实践训练不够。培养就业人才,可以花一半时间用来实践训练,凭什么说培养创业人才就只能学理论而不能付诸实践呢?创业,说白了,就是为自己创设一个工作岗位,并没有那么神秘。要在这"岗位"上立足、谋生、发展,光靠读几本书、听几门课、考几次试也是不够的,同样需要有大量的实战训练。巴菲特说过:"你真的能向一条鱼解释在陆地上行走是怎么一回事吗?在陆地上行走一天的经验胜过一千年的空谈。同样,实际管理一家企业一天的实践胜过一千年的空谈。"没有训练,就不可能有创业能力的获得;没有实战,就不可能有创业的成功。要实施真正的创业教育,就必须鼓励大学生在校期间从事不是模拟而是实战的创业实践。

遗憾的是,目前的大学创业教育,就是耍耍嘴皮子,动动笔杆子,纯粹的空谈。

但就是这样误人子弟的"空谈"却被许多人理解为是大学的"正道",是大学的应有状态,是值得肯定和倡导的"做学问"的方式。更让人遗憾的是,许多大学生连"空谈"都不会,上课"睡觉",下课"游戏",纯粹地瞎混鬼混、浪费青春。许多人对此不闻不问,视而不见,对忙于创业的大学生却横竖不顺眼,吹毛求疵,横加指责。大学允许什么,倡导什么,批评什么,已到了黑白颠倒、是非混淆的地步!

一个人只要充分利用时间,理论学习和创业实践是可以做到两全其美、彼此促进的。一个想成为企业家的学生,是有足够的时间既创业又读书的。一年中,不要说课余时间,就是节假日、寒暑假加起来就要超过半年时间了。把节假日寒暑假利用起来创业,坚持3~4年,即可让自己成为一名有成就的"老板"了。实践表明,创业的学生遇到的问题更多,困难更大,更渴望得到书本知识,更渴望得到理论上的指导,因而真正创业的学生总是更要学,更想学,也往往学得更好。创业和读书不是矛盾的关系,而是相得益彰的关系。同样可以说,创业是学习,甚至是更好的学习。

当然,鼓励在校大学生创业,并不是要每个大学生都去创业。人们没有要求玫瑰和紫罗兰散发出同样的芳香,人们也不应该要求每个大学生走同样的路。在大学校园中,只要每个人都在努力,不论是在创业,还是不在创业,都属正常。

创业找"货源"就像找女朋友

2012年3月1日

我在全国各大城市讲学,鼓励青年人电子商务创业,有的听众总是会认为我所在的义乌有全球最大的小商品市场,有充足的货源,而他们所在的地方没有"货",因而没法从事电子商务创业。来我院参观的高校领导、教师、学生不计其数,但其中也有相当一部分人同样会认为,我校的学生成功都是因为义乌有充足的货源。

就他们的理解,电子商务创业只属于义乌,是义乌的专利。但不知道他们是否看到这样的事实:按省份统计,电子商务成交量广东比浙江大;按城市统计,电子商务成交量上海、杭州等城市都比义乌大;在经济欠发达地区也不乏电子商务的大卖家。事实上,每个地方,不论城市还是农村,在今天都适合电子商务创业。

电子商务创业,"货源"确实是最重要的,无货即成了无米之炊。但是,一个人无"货"可卖,不能说自己的身边没有"货",就像一个小伙子没有女朋友而不能说自己身边没有女人一样。当今的国情是产能过剩,供大于求,中国可能缺的还很多,但唯独"货"像"人"一样不缺。找不到"货",不要去寻找客观原因,还要从自己主观上找根源。

电子商务创业就是"找货"与"销货"的过程。一个人开始找"货",意味着创业开始了；还没有找到"货"，意味着创业还在摸索中；已经掌握了"货"的信息，意味着创业即将成功；找到了"货"，意味着创业已初步成功；"货"销出去了，创业也就成功了。因此，人们能够理解了，一个还没有开始创业的人为什么最习惯说的话就是"没有货源"，一个创业失败者最习惯说的话为什么还是"没有货源"。电子商务创业最主要的问题就是寻找货源，一个成功的创业者之所以成功是因为找到了货源。

然而，有许多人看到别人电子商务创业有源源不断的"货"，没有意识到这是他人长期苦苦寻找的结果，而会错误地认为这些"货"是现成就有的，是他人所处的环境好，是他人的命比自己好。事实上，在义乌创业的大学生，在创业成功之前面对小商品市场170万种商品也会说没有"货"。生活中，如果有现成的"货"，那么这与地上铺满黄金供人捡有什么两样？一个人把创业的不成功归结为周围环境没有"货"而不是自己没有找"货"，那我可以肯定地说这个人永远不会成功。

不可能有适销对路的"货"送上门来，这就像天上不可能掉下馅饼一样。要想有"货"，就要像追求女朋友一样去追求。这是一个漫长的过程，也是一个痛苦的过程。要想成功，这一过程似乎都无法省略。首先必须经历的是"昨夜西风凋碧树，独上高楼，望尽天涯路"，然后要经历的是"衣带渐宽终不悔，为伊消得人憔悴"，最后才是"众里寻她千百度，蓦然回首，那人却在灯火阑珊处"。这就是创业的艰辛，但也是创业的幸福所在。

"货"，无处不在，只是自己没去找或者说还没找到。千万不要以周边没有"货"作为自己不付诸创业或者创业不成功的理由。

大学，不要让自己成为创业者的"杀手"

2012年3月4日

大学，应该是创业者的摇篮，但事实上差不多成了创业者的"杀手"。可怕的是，"杀手""杀"了人还没有意识到自己是杀手。把创业大学生折磨得不得好死，还说自己是在履行职责；把创业大学生逼迫得中途退学，还说自己是在按章办事。如此大学，让想创业的人不再想创业，让能创业的人不再能创业。

当今的大学生保守死板，上大学就是考公务员、找工作、当员工，把谋得一个铁饭碗当成人生的最高目标。好不容易有大学生经过长期的、尖锐的思想斗争，迈出了自主创业的第一步。对于这样处于犹豫徘徊中的创业学生来说，扶一扶、帮一帮，也许就能让他们创业的脚步变得更坚定更快捷；相反，如果是压一压、拦一拦，那么刚刚迈出的第一步也许就成了最后一步。更何况，创业过程中遇到的困难、挫折是常人难以想象的。许多学生在创业中也始终存在着"坚持"和"放弃"的矛盾斗争，在这个时候，学校的"态度"和"做法"就很可能会成为这些学生选择"坚持"或选择"放弃"的关键因素。要想让学生走上创业之路并始终不放弃,学校理所当然要给予一切能够给予的支持、关心和帮助。然而,现实中,许多高校的官员、教师,对大学生创业是叶公好龙、口是心非。嘴里会说支持,当学生真的付诸创业行动的时候,又会百般刁难。这也不允许,那也不允许,让创业学生左右为难、进退不得。大学生创业之所以还不如农民,主要原因就在于当今的大学管理制度不是在点燃而是在浇熄大学生的创业激情。大学不仅不是创业者的摇篮,而且简直成了创业者的杀手!

有人一定会说,国有国法,家有家规,校有校纪,创业学生是学生,既然是学生就不应该有特权,学校就不应该对他们网开一面。是的,没有规矩不成方圆,创业学生也不是就可以不受制度的约束,也不是就可以为所欲为的。但要知道,学校的一切,包括制度规章,都是历史的产物。既然是历史的产物,所有的一切只能适用于特定的历史阶段。时代变了,国情变了,使命变了,原本适用的变得部分适用,甚至完全不适用,都是非常正常的。有的规章制度、管理方法曾经是先进的、正确的,在今天则可能是腐朽的、荒谬的。为什么要改革?为什么要解放思想?为什么要观念更新?就是不要把习以为常的当做天经地义的,就是不要把腐朽的当成是先进的,就是不要把荒谬的当成是正确的。学校现行的许多制度、做法不能说都错,但实事求是讲只是适合培养就业人才。创业人才的成长规律与就业人才的成长规律是不尽相同的。创业人才的培养方式与就业人才的培养方式也应该不一样才是。但是,今天的高校管理者,只是习惯于按照培养就业人才的方式来培养创业人才,总是一成不变地按照管理就业人才的方式来管理创业人才。当大学官员说一不二的权力与顽固不化的脑袋结合在一起的时候,人们就不难想象创业大学生的命运会有多悲惨了。大学生的自主创业率为什么低得不成比例?成功创业的大学生为什么要中途退学?说白了,当今的大学,不是创业大学生的推手,而是创业大学生的"杀手"。

当下的大学如果要想在创业教育中有所作为,就需要改革现行规章制度。没有这样的态度、决心和行动,大学"杀人"的惯性力量将不可能得到遏制。

大学有太多的课程可以省略

2012 年 3 月 8 日

"只讲投入,不讲产出;只问花钱,不问回报。"天底下还有这样的荒诞事吗?大凡有幼儿园儿童智力的人都会认为这是不可能发生的事。但是,如此愚蠢的事不仅大量存在,而且是在"最充满智慧"的大学里普遍存在。

别的不说,就以开设的课程为例,有太多的课除了消耗财力、浪费人力外,还真说不出有何作用。像英语,这是在每个高校都开设的课程,而且要开设两个学年,投入的人力、物力不计其数。效果如何?产出如何?在许多高校,许多学生的英语水平在入学的时候是最高的,学了大学英语课程后,英语水平反而下降了。如果对我的这一判断有怀疑、有不满,那么可以让大学生在毕业前再用高考试卷考一次英语,前后两次成绩一比较,谁对谁错就一目了然了。我是多么希望有学校来做这样简单易行的测试,以证明我判断的错误。事实上,不做这样的测试,也是能找到大学生英语水平下滑的证据的,那就是四、六级英语考试如果在大学低年级时通不过,那么在高年级时就更通不过了。在我看来,不少高校英语课纯属劳民伤财,应属省略之列。当然,还是有一些学生的英语水平是在提升的,但那是他们为考研、出国留学准备的结果,与大学英语课程也无太多的关系。又如,大学生修养之类的课程所起的作用也是微乎其微,学生学的是一套,做的又是另外一套。人世间还有比言行不一、口是心非更让人恶心的吗?我也知道,一个人品行上的问题不是靠一门课就能解决的。但是,每当看到有那么多的"有道德、高素质"的大学生不如中学生勤奋、诚实、守纪、讲卫生的时候,我总觉得现行的思想道德修养课是该省略了,光讲不做的课程教学对人的道德思想修养不可能产生有效的影响。如果不同意我的观点,那么我建议这些人去看看:大学生寝室的卫生状况像不像贫民窟,大学生寝室的生活状况像不像网吧,大学生上课桌子的抽屉像不像垃圾箱。

大学还有太多的课程无助于学生的进步和提高,纯属教师的自娱自乐。这些课程的有效性似乎不能像英语、思想修养那样容易得到检测和评价,但是只要看看上课时学生们是否在听讲,课后是否在自学这门课程,就可以知道这门课应属保留或当省略。一门课如果多数同学不听,课后又不再去学习,那么我还真找不出要保留这门课的理由。这种导致学生"集体休眠"的课程在当今的高校是特例吗?

大学中可以省略的课程实在是太多了,但话得说回来,不是这些课程不重要,像英语、思想修养实在是太重要了,只是这些课程的重要性根本没有得到发挥。为什么会产生这样一种可怕的结局呢?从最表面最直接的原因看,每门课程都没有明确的教学质量标准。由于没有真正的标准,也就没有真正的评价;没有真正的评价,也就不可能有教师的工作责任心;没有教师的工作责任心,自然导致学生没有学习积极性。如此这般,大学的课程教学纯粹成了一场教师"赚工分"、学生"骗学分"的高代价高成本的人间闹剧。当然,也还是有有效的课程教学的,那是因为有的教师的道德良心还没有泯灭,有的学生求知欲望还没有消失。

大学的课程为什么没有真正的标准呢?这是因为谁也不用为大学的教学负责,谁也不要为大学生的未来负责。大学的官员,诚如诺贝尔经济奖获得者弗里德曼所言,是"花人家的钱,办人家的事","既可以不用讲节约,又可以不用讲效率"。2012年,我国教育经费将占国内生产总值的4%,这固然可喜。但是,更大的浪费是否从此拉开了序幕?

第二编 教育时评

匪夷所思：教师出错学生受罚

2012年3月13日

　　大学生创业成功，雇了员工，买了汽车，却被勒令退学。如此怪事，时有所闻。让人不解，让人愤怒。

　　谁该受罚？谁该出局？在我看来，不是学生，而应该是教师！

　　创业能力不是教出来的，是练出来的。没有创业实践，就不可能有创业能力的获得，就不可能有创业人才的诞生。一个人如果试图通过听听课、考考试就想走上创业之路，那么就像一个人不下水就想学会游泳一样是不可能的。如果学校真心诚意为了学生的创业，就要为这些学生创造付诸创业实践的条件，就要主动对现行的教育模式进行改造，就要对传统的办学思路进行彻底的反思。让大学教育适应创业学生，而不要让创业学生来适应大学的陈规陋习。遗憾的是，一些嘴里高喊"创业教育"的高校，不仅对自己陈腐的办学行为不做调整和改革，而且还要对勇于创业并已初步创业成功的学生以不遵守校纪校规未完成规定学业为由进行残酷无情的打击——或警告，或留级，直至退学。大学教育，已不知埋没了多少创业的人才，今天还要对"小荷才露尖尖角"的创业人才进行封杀和打击。受惩罚的，应该是学校，应该是教师。然而，残酷的现实是，教师生病，服药的是学生；教师犯错，受罚的也是学生。如此教育，我们的学生能对学校有感情吗？！学生家长能不鸣冤叫屈吗？！我们的高校能不广受诟病吗？！

　　有的教师也许会说自己是在执行学校的规章制度。此话也不能说全错，但我要说，这只是在执行培养就业人才的规章制度。对创业人才的管理怎么可以机械地套用就业人才培养的规章制度呢？就业人才与创业人才的成长规律是完全不同的，就业人才与创业人才的培养方式也应该完全不一样，自然，就业人才与创业人才的管理制度也应该完全不一样。传统教育培养不出"乔布斯"，然而，人们却硬要按照传统教育的理念、标准和方式来培养"乔布斯"。在认识上，大家会认为这样的做法是荒唐的，但在行动上，人们却非常热衷并擅长于做这样荒唐的事。

　　当今的高校仍有人僵化到连"学校是培养人的"这样简单的问题都搞不清楚。尽管嘴里会说，高校尤其是高职院校是以就业为导向的，学校要以学生为本。但是，当创业的学生不仅解决了自己就业的问题，而且还解决了他人的就业问题的时候，学校却不让他们毕业，要他们留级或退学。学校教育的目的是什么？学校意欲何为？连一个汽车轮子都买不起的人可以毕业，买得起汽车的人却不能毕业；找不到工作岗位的人可以毕业，为他人创设了工作岗位的人却不能毕业。

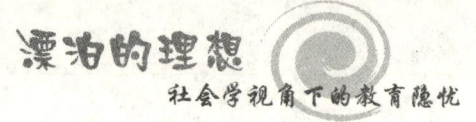

乌托邦想象，一把让人笑着死的刀

2012 年 3 月 18 日

  邻居读小学五年级的男孩子，在其作文中写道："科学家正在研究一种动物，这种动物能像鸟一样飞，能像鱼一样游，能像马一样驮，能像豹一样跑。"我说，这怎么可能呢？小男孩说，这是自己的想象，并不是说现实中就一定会有。小男孩的想象特丰富，也特美丽，但他不会把想象当现实。许多成年人的想象力没有孩子丰富，但却会把想象的当做是现实的。

  在我推进创业教育的过程中，受到非议最多的就是来自这种想象与现实分不清的人。他们用乌托邦想象来苛求教育改革，用乌托邦想象来攻击创业教育。在他们想象中，大学是培养思想家、科学家的，鼓励大学生开网店、做淘宝是不务正业、大材小用。有人曾用"大学应有大师之谓而非有网店之谓"来讽刺挖苦我所倡导的大学生电子商务创业。这种要让大学生成为大师的"想象"很美，但这可能吗？能成为现实吗？

  当然，每个人都可以对大学生创业提出批评，每个人都可以对大学教育提出自己的诉求。就改革者来讲，并不是所有的批评、所有的诉求都要听取、都要借鉴。只有那些正确的、合理的，要虚心听取并为自己所用。至于那些荒谬的错误的，改革者大可不必理睬。一种声音，一种诉求，是否合理，是否正确，有两个标准。一是看是否合乎目的性，也即是否能成为现实。比如，要让高职生成为大师，成为思想家，尽管如此"想法"与"亩产万斤"一样具有极大的诱惑力，但基本上是不可能的，所以培养"大师"的诉求是荒谬的、错误的。另一个标准是看是否合乎规律性。高职学生文化知识基础薄弱，在一些最基本的初等数学知识都不具备的情况下，让他们去学高等数学，这是合乎学生的认识规律还是合乎教学规律？因而让高职生成为科学家纯粹是弥天大谎。

  乌托邦想象的本质特征之一，就是无视客观事实和条件，想当然地提高标准抬高目标。这些人可以无视大学生找不到工作的事实，但也不会忘了高喊"提升学术水平"、"增强创新能力"，"为让学生成为一流学者打下坚实而宽厚的基础而努力"；这些人能够无视大学校园差不多已成为超级网吧的事实，但却会始终沉浸在"国际领先"、"国内一流"的虚无缥缈的幻觉当中。乌托邦想象的本质特征之二，就是无视客观事实的发展变化，固守旧理念、旧标准。高等教育已进入大众化向普及化过渡的阶段了，今天全国有 2000 多所高校，规模最小高校的在校学生数也差不多要超过当年的西南联大的在校生数了。然而今天仍有为数不少的人坚持用西南联大的理念来办各级各类大学，从而也就闹出了要"高职生"成为"学者"的笑话。按照乌托邦想象的标准,创业者除了能办公司赚到钱外,还要有教授的学识、科学家的研究能力。有如此乌托邦想象的人,看似很高尚,很有档次,很有责任感,很有自我加压的精神,实际上是最虚伪、最擅长哗众取宠、最不负责任的人,他们从来不考虑自己想法的可能性和现实性,他们从来不会为自己说过的话承担任何责任。

当今的社会仍然存在滋生乌托邦想象的土壤,不论从社会文化,还是人事制度设计来讲,都更有利于说大话、套话、空话、假话的人的生存和发展。说大话,得升迁;说套话,保安全;说空话,不出错;说假话,少责任。社会上那些不做实事整天唱高调的人就是深谙此道的人。社会上另外一种人也习惯于唱高调、说大话,倒是并无太多的野心和恶意,只是因为没有自己的见解和想法,意识不到"美丽的"也可能是"有毒的",只要谁说的话"漂亮"就会随声附和。这样的应声虫可能没有主观上的故意,但对大学改革的推进所起的破坏作用是同样存在的。

乌托邦想象还会长期存在,人们务必保持高度警惕,这是一把让人笑着死的刀!

创业比就业容易

2012年3月26日

有的人总是谈创业色变,觉得创业"深"不可测,"高"不可攀。有的学者在书斋里闭门造车、瞎起哄,也认为创业能力是社会稀缺资源,创业只属于极少数人。事实上,只要选择合适的项目,创业要比就业容易许多。

我国每年有数千万人要找工作,仅就大学毕业生而言,每年差不多就有700万。就业不易,工作难找。不解的是,人们明知山有虎偏向虎山行,硬是要在就业一棵树上吊死。成百上千的人争夺一个工作岗位可以说是当下就业市场的基本状况。不要说国家公务员、省公务员招考,就我所知的一个县的公务员招考,录用100来号人,参加招考的大学生竟有7000余人。天底下还有比这更艰难、更惨烈的竞争吗?绝大多数人在就业的道路上必定是四处碰壁、头破血流。相比较而言,创业就少了更多的竞争对手,也有了更大的选择空间。以电子商务创业为例,只要年满18岁有了一张身份证便可以注册经营。没有名额限制,没有准入门槛,轻轻松松开张,快快乐乐谋生。

有人一定会说,创业可不是人人都会的啊!事实上,创业远没有人们想象的那样神秘,无非是自己为自己创设一个就业岗位,是换一种形式的就业。一个能就业的人肯定能创业,甚至不能就业的人也能创业。想当年,浙商、粤商凭什么创业成功?凭的是他们"没有上过大学"!凭的是他们"走投无路"!正是创业实践本身让他们不论在能力上还是在资金上都实现了"从无到有"的转变。没有接受过良好教育的人能创业,接受过良好教育的人反而不能创业。显然,不是知识技术而是创业实践本身才是创业成功的关键。我敢肯定地说,一个人如果能像考公务员那样去准备、去拼搏,那么任何知识技术上的困难都不可能成为创业成功的障碍。

有人可能还会说,创业有风险。在他们看来,就业要稳定许多。事实恰恰相反,当今的就业现实是上岗难,下岗易,薪酬不稳还很低。创业有风险,但远没有人们想象的那么大。我曾做过调查,义乌小商品市场上经营户的破产率不到1.4%,远远低于就业职工的下岗率、辞退率。而且,收入与风险是成正比的,一个创业者如果只想有与就业者相当的收入,那么面临的风险完全可以忽略不计;创业者只有想做更大的事业的时候,面临的风险才可能更大一些。

当然,创业需要有资金,没有资金创业无从入手。幸运的是,互联网给了每一个人创业的机会,电子商务让没有资金的人也能从事创业。当今,成千上万电子商务创业的年轻人,就是凭借节省下来的生活费让自己创业成功的。

对于我的观点,谁都可以不同意,但是谁都不能无视当今社会这样一个事实:"能干的人"就业,"平常的人"创业。

有话语权者的话语之害

2012年3月31日

平常人的"话语"无足轻重,也即人微言轻,说错了也不会有什么太多的不良影响。有话语权者就不一样了,一言九鼎,说错的话就会像城市最高楼上的钟报错了时,上当受骗的就不止是一个家庭的成员而是整个城市的全体居民了。

有话语权者,应惜"话语"如金,不能在公众面前讲没把握的话,更不能讲没根据的话。在古玩字画界,一些有话语权的"专家"的信口雌黄已不是什么新鲜事了,让我惊讶的是,高校里的一些掌握话语权的官员、教授,也习惯于信口开河,随意发挥。以大学生创业为例,有的大学校长当然也是教授,不是以学术讨论的口吻,而是以权威的面貌发号施令:"创业要与专业相结合,创业要与创新相结合。"此话如果在校内讲,那么受害的还是本校的学生;如果出现在报纸杂志上,那么受害的就不仅仅是本校的学生也不仅仅是当前的学生了。

创业是有与专业相结合的,但更多的创业者是不与专业相结合的,甚至根本无专业可结合。全中国不计其数的中小企业的创办者,是什么专业?他们中多数人都没有专业,如果一定要说"专业"的话,那就是"农民"专业。眼下大学生电子商务创业风生水起,这些创业大学生难道都是电子商务专业吗?不是的,有的高校从事电子商务创业的学生很多,但连电子商务专业都没有。从统计学上讲,搞专业的"就业",不搞专业的"创业",搞专业的总是给不搞专业的打工。强调"创业要与专业相结合",一是不与事实相符,二是客观上会让更多的学生放弃创业选择就业。人们可以不知道创业与专业的关系,也可以不知道创业成功有比专业更重要的因素,但人们总不能不看到"创业通常不与专业相结合"这样一个基本事实吧!总不能无视事实闭着眼睛瞎倡导乱号召吧!

"创业要与创新相结合",此话很美但同样是与事实相违背的。创业是从模仿起步的,从改革开放之初的"服装村"、"五金县"是模仿的结果,到今天的手机、电脑、互联网、电子商务等所谓的高科技产业同样是模仿的结果。要说真的是创新的,除了三聚氰胺、瘦肉精、地沟油还真想不出来了。我敢肯定地说,"创业要与创新相结合"这一观点的提出,也是抄袭,也是拾人牙慧,根本不是自己的独立见解。校长自己说不出属于自己的一句话,却要学生创新;校长自己只能鹦鹉学舌,却要学生不能模仿。大学就是如此好高骛远!大学就是如此华而不实!对绝大多数创业者而言,起步时只能从模仿入手。强调"创业与创新相结合",除了吓得欲创业的学生胆战心惊望而却步外,还能起什么实质性的作用呢?

一个人,包括掌握话语权的人,说错话本不足为奇,但是说出违背"常识"的话,而且是出自有话语权的人之口,这就不得不让人感到悲凉了。这些"权威"以倡导创业为名,行的是反创业之实。要说误人子弟,莫过于此类有话语权者自以为是,居高临下地发号施令了。

炫了也白炫的"就业率"

2012年4月8日

大学招生在即,各高校拿出浑身解数,挖空心思,罗列出自身的优点和长处向全社会四处兜售。各高校在宣传自己推销自己的过程中,招数有别,手法有异,但有一点是相同的,那就是接近100%的"就业率"成为各高校招生广告中所不可或缺的。接近100%的"就业率",本是够有诱惑力的,但在今天会有多少人会为之而心动?又有多少人对此深信不疑?

老百姓不知道"就业率"是怎样算出来的,但他们不会怀疑大学老师的算术水平,他们相信大学老师在"就业率"统计数据的处理上不会有计算上的差错。让他们不解的是,找不到工作赋闲在家的大学生怎么都出现在自己的身边。一方面是各大学自我宣传的"高就业率",另一方面是现实中的活生生的"高待业率"。这自然而然要让人怀疑起大学"就业率"的真实性,尽管人们可能缺乏足够的证据来证明大学在"就业率"上是怎样造假的,但在他们的心里很清楚,大学在"就业率"上肯定动了手脚。

在"就业率"问题上,说每个大学都在造假,这不符合事实。但要说每个大学都没有造假,这也不符合事实。如果没有造假,那么何来"被就业"一词?糟糕的是,"假作真时真亦假",有了造假的学校,那些没有造假的学校也同样被人们认为在造假。在"就业率"普遍遭到怀疑的情况下,各高校还拿"就业率"说事,这也足见当今的大学已无能到连包装自己、炫耀自己都不会的地步了。

对大学生就业状况作真实的描述,本身是一件不容易的事。大学生就业,是动态的,是变化的。今天就业了,明天可能下岗了;今天赋闲在家,明天可能找到工作了。而"就业率"只是反映某一时间点的大学生的就业情况,这也就容易造成静态的"就业率"与动态的"就业状况"之间的偏差。当然,统计学就是专门用来对付这样的偏差的。问题是用于统计学计算分析的"样本"实在是难以采集,学校能采集到的"样本"往往是那些上岗就业喜形于色的学生,而那些处于"待业"状况的抬不起头来做人的学生的状况学校可能根本无法获取。"样本"出错了,能有"结果"的正确吗?对当今高校的"就业率"最不感兴趣的不是普通百姓而是大学里"就业率"的统计者。

有鉴于此,让毕业"实习率"来取代"就业率"可能更能说明大学生的就业状况,也能节省更多的人力财力。毕业实习是教学计划中的有机组成部分,是学生成长的阶梯,是学生职业素养和就业能力获得的基础。但是,许多高校对于学生的实习,采用的是"放养"的策略,既不知道有多少学生在实习,更不知道这些学生在哪里实习。但当今的一些高校却有这样的本事:不知道"实习率"但能知道"就业率";一些学生连实习岗位也找不到,学校也能让他们全部在统计表格中"就业"。让"实习率"取代"就业率",至少可以让学校在抓学生的实习工作培养学生的就业能力上下点工夫,而不至于把工夫都用在"就业率"的造假上。

"就业率"不再代表学生的"就业力",今天还有那么多的学校拿"就业率"来炫自己,让人看不懂。

家长患上"短信恐惧症"

2012年5月6日

教师让自己的孩子得以健康成长,自古以来家长对教师总是充满着感激。但不知从何时开始,有的家长对教师就像有的病人对医生一样,不仅不再有感激之情,而且是充满了蔑视和厌恶。当然,这种蔑视和厌恶,只能放在心里不能让外人所知,碰到教师还得强作欢颜、笑脸相迎,表现出对教师的无限尊敬。

有意见不能说,有牢骚不能发,有怨恨不能表现,当一名当代的家长也着实不容易。两年前,经常有家长在背地里说:"天不怕,地不怕,就怕老师打电话。"起初,我听不懂。老师打电话,一定是通报孩子在学校生活、学习的情况,这不是为了孩子好吗？家长应感谢才是，何来害怕？家长解释说，开始时对于教师的电话可以说是感激不尽。老师那么忙，要教那么多学生，要做那么多的事，还想到自己的孩子，还专门给自己打电话，通报孩子的情况。有的家长用"感激涕零"一词来表达最初接到老师电话的心情。每当接到这样的电话，一些家长，特别是文化程度不高而经济状况较好的家长总是会登门致谢。过了十天半月，电话铃又响，家长又登门致谢。事不过三，何须不断致谢？家长说，每个电话都会让人产生"不得不谢"的感觉。说孩子还有潜力可挖，得谢；说孩子有进步，得谢；说孩子排名后移了，得谢；说孩子学习松劲了，得谢；说孩子升学有困难了，还得谢。家长说，"谢"还真管用，不是说"谢了"孩子就进步、就提高了，而是可以保持十天半月的清静，否则那电话就会像传销者推销产品时的电话一般响个不停。

当下的家长相比两年前的家长就更可怜了，对电话铃声的恐惧还没完全消除，又患上了"短信恐惧症"。我多年前的一位学生，他的孩子上了初中。有一天学生打电话给我说要来看我，电话里有说有笑，甚是快乐开心。见面时却是一脸凝重，心情压抑。我问："发生了什么？"答曰："来时路上收到孩子班主任的短信。"我急忙问："是什么事？"学生闷闷不乐，语气低沉："真是烦不胜烦，连一个课堂小测验也要说我儿子成绩退步了。既告诉我全班最高分，又告诉我全班平均分，而且强调我儿子得分低于平均分 2 分。"原来是这样的小事，我就教训起我的学生来："当父母的何必把孩子的分数看得那么重？自己想开了不就解脱了吗？"学生满脸委屈和无奈："我也知道孩子的成绩会有起伏，但我实在受不了班主任没完没了的骚扰。屁点的事就短信，有一次说我儿子上课不举手也给我短信。许多时候就是这样一个短信，让我一整天没有好心情。"过了几天，我与我所在学校的同事谈及此事，同事说包括她自己在内的中小学家长差不多都患上了"短信恐惧症"。她说有一次自己上课前，突然收到女儿班主任"告状"短信，自己的神经差不多都要崩溃了，是咬紧牙关才勉强把课讲完。

老师发给家长的短信为何如此之多？在对省内外的一些家长进行访谈之后，我才知道，现在校校建有"校讯通"。此"校讯通"被称为家长与学校沟通的桥梁，是家长身边的教育专家，教师利用"校讯通"可以很便捷地以短信方式与家长取得联系，每个家长也都乐于掏出一笔钱以便享受此项服务。想不到的是花钱请来的"身边的教育专家"简直就是引入家门的"狼"。有的家长抱怨说，教师之所以热情高涨、不厌其烦地发短信，目的就是要让家长"登门致谢"。

中小学家长每天都会收到来自老师的短信，有的家长一天中收到的老师的短信甚至会超过十条。我不认为老师会弱智到连怎样利用短信与家长沟通都不会的地步；我也不认为老师的短信都是"告状"，都是"敲诈"，都是"诱饵"；我更不会认为老师会有意刁难家长折磨家长。之所以会有那么多的家长患上"短信恐惧症"，是因为一位教师就可以使一大片家长胆战心惊、寝食难安。一所学校如果有两三位

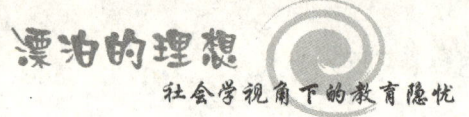

"虐待狂"或者是心术不正的老师,那么这所学校患上"短信恐惧症"的家长就会不下百人。

比"功利化"更可怕的是"无目的化"

2012 年 5 月 14 日

当今的大学过于功利,讲名利,讲金钱,讲物质,讲享受,讲娱乐,讲权力,讲关系。理想、精神、责任、奉献、气节、正义、学术在大学中不能说难觅踪影,但失去了应有的地位。"功利化"不除,大学不仅将成为高智商的势利鬼的集聚地,而且还将是有知识的投机分子的加工厂。

在对大学"功利化"群起而攻之的时候,人们却忽略了一个更可怕的事实,那就是大学的"无目的化"。大学是有目的、有计划、有系统的培养人才的场所,有经过充分认证的培养方案、教学计划和教学大纲,怎么能说无目的呢?当今的大学,是有表达极为繁复、看似科学严谨的有关教育目的、培养目标的纸质材料,但是这些纸质材料只是用来对付上级评估的,永远可以不在教学活动上体现,也永远不会有真正意义上的教育目的达成的考核和鉴定。大学,看似很忙碌,实际上是无目的地忙碌,就似马路上匆匆赶路的人群没有统一的目的地。大学老师要上很多课,但大学老师只知道上课而不知道自己上的课要让学生得到什么;学生要听很多课,学生也只知道要去听课但不知道自己听了课要获得什么。课程如此,专业也如此,一个接受了专业教育的人应具备怎样的专业知识、技能、素养,专业负责人不知道,事实上也可以不知道。如此大学,是有目的的吗?!

大学为什么会堕落到如此无目的的状态?这确实是大学的悲哀,但却是大学所希望看到的。无目的,即意味着无责任。只有权力而不需要承担责任,如此美差谁不向往?得到了谁愿放弃?当今的大学,学生找不到工作,教师照样可以涨工资;学生的工资不如农民工,教师照样可以拿奖金;学生上课不听讲,玩手机,教师照样可以晋升职称。为了让这种无责任承担的状况得以维持,大学老师、官员怎会不热衷于做"去目的化"的事?从课程目的到专业目的到学校教育目的,只要稍加分析,人们就可以发现,所有的表述都显现出外交辞令的风格,尽管没错,但却语焉不详、含糊不清。什么"好品质",什么"高素质",一概都是没有标准、无法考评的说了也白说的空话。无目的,导致大学没有责任落实机制,更没有责任追究机制。而没有了责任的落实和追究,大学也就是散沙一盘,效率、质量也就无从谈起了。

当人们批评大学生知识基础薄弱的时候,他们会说"大学教育为的是人的全面发展,道德品质才是最重要的";当人们对大学生的就业能力提出质疑的时候,他们会以"精神素质是无法衡量的"来辩护;当人们对大学的教学质量表示怀疑的时候,他们总是会理直气壮地以"立足可持续发展为目的"来反驳。在他们看来,只要有道德、精神、未来,其他的什么都可以不要。一个人如果真有道德、精神,那确实是无限美好的。问题是,他们自以为"有的东西"事实上纯粹就是子虚乌有!有人也许会认为,大学不是工厂,其目的不容易量化,不能因为不是量化的目的就说大学无目的。此话不能说全无道理,但面对上课普遍不在状态的"群体性厌学"现象总不能说这是有"道德"的表现吧?当面对下课时学生们普遍远离所学专业、学校已差不多成为"超级网吧"的时候总不能说这是有"精神"的表现吧?当毕业生就业状况还不如农民工的时候总不能说这是"可持续发展"的表现吧?

大凡习惯于大学"无目的化"的人,并不是真的"无目的"。他们只是在要承担责任的时候,才真的是"无目的",而在为维护个人利益上是比谁都更"有目的"的。可以说,大学的"无目的化"是彻头彻尾、变本加厉的"功利化"!为什么有那么多老师为了自己的课题、论文、晋升可以不讲人格?为什么有那么多的学校尽喜欢做升格之类的华而不实的事?这些人无非是通过"无目的化"让自己有充足的时间和精力来追求自己的"功利"。

可见,大学的"无目的化",是变相的"功利化",是更具隐蔽性、更容易迷惑人的"功利化",同样也是更可怕的"功利化"。而且,大学的"无目的化",让常规的教学活动处于一种半死不活的休眠状态,其必然的结果就是让上大学时的"活人"变成毕业时的"死人"。"功利化",多多少少还能调动起人的一点积极性,让人还有点人样。更何况,脱离功利的纯粹的精神追求也是不存在的。因此,相比较而言,大学的"无目的化"比"功利化"更可怕。

增强大学生的责任意识

2012 年 5 月 31 日

浙江省省长夏宝龙批评大学学生寝室像狗窝。省长日理万机,大学生寝室如果不乱到无以复加的程度当不至于引起省长如此关注。省长都已发现大学生寝室之乱,大学校长怎么没发现?教书育人的大学教师怎么没发现?入住寝室专职从事学生管理的辅导员怎么没发现?

当今的大学似乎缺失了应有的责任意识。不要说学生寝室不会有人管,就是大学的主业——教学也不会有人管。大学是培养人的,培养的人素质不高,培养的人没有出路,大学理所当然负有责任。但是今天的大学在人的培养上确实可以不承担责任。

学生找不到工作,教师照样心安理得上下班;

毕业生的工资不如农民工,教师照样领奖金;

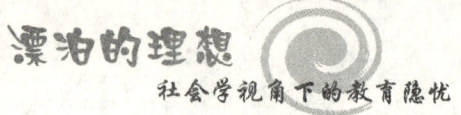

学生上课睡大觉,教师照样评职称;

学校简直是超级网吧,教师照样当先进。

一个对学生的成长可以不承担责任的大学会对学生的寝室环境卫生倾注心血吗?寝室之乱只是大学之乱的一个缩影。

大学到今天这一地步,是因为大学管理机构欠缺还是管理人员不够?不是的,当今大学的管理机构、管理人员之多不仅是史无前例的,也是举世无双的。一个没有责任落实和追究的组织,最习惯的管理举措,就是增加机构、扩大编制。如此做法的一个必然结果是更没有人承担责任。而没人承担责任,又扩大编制增加人员。如此循环往复,出现的结果是厅级干部一包厢,处级干部一礼堂,科级干部一操场,干活的人回家上厨房。

在一个不用承担责任的大学,最舒心的就是那些敷衍了事的,最有成就感的就是弄虚作假的,最顺风顺水的就是拍马溜须的,最难受的就是那些还有道德良心的,当然,深受其害的是将要开始独立人生的大学生。

大学可以不用承担责任,是因为管理体制出问题了。现行的人事任命、绩效考核、职称晋升都可以与学生的成长脱钩。如果不从管理体制上改革,那么整顿后的大学生寝室仍然会变成"狗窝"。我是多么希望,以寝室整顿为契机来推动大学管理体制的反思和改革,以使教书育人的责任得以落实,还大学以本来面目。

创业课程培养不出老板

2012 年 8 月 20 日

据媒体报道,教育部作出决定,新学期开始各本科院校都必须开设"创业基础"必修课。这既让我高兴,同时也让我感到担忧。

高兴的是,创业教育越来越得到重视。重视不再仅仅停留在嘴巴上,体现在口号中,而是在行动中落实,在教学计划中得以确保。让我忧的是,这种重视偏离了正确的方向,没能抓住本,到最后恐怕又是竹篮打水一场空。

创业能力不是教出来的,是练出来的。人的许多本事、能力,都不是来自课堂。要培养叶诗文,就要让她到泳池;要培养刘翔,就要让他到操场;要培养技术工,就要让他到车间。同样的道理,培养创业人才,就要提供创业训练平台,让他们在亲身实践中成长。没有创业实践,就不可能有创业人才的成长。现实生活中千千万万的创业者,是怎样成长起来的?他们主要来自哪里?接受了怎样的课程的教育?他们当中最主要的是雇员出身,其次是农民。雇员最能创业,是因为他们的创业实践比谁都多,他们在打工中学习,在操作中积累,在上班中懂得了创业。一句话,是"做"让雇员有了创业的本事和能力。创业大军中的第二支力量是农民,他们基本

第二编 教育时评

上没有接受过高等教育，没有专业，没有更多的知识，他们的创业能力来自哪里？同样来自自己的创业实践。他们确实没有知识、没有专业、没有资本、没有人脉，是无路可走才走上了创业的路，结果一不小心让自己成了百万富翁、千万富翁，成了有众多大学生雇员的老板。成千上万的浙商、粤商的成长，一要感谢邓小平同志改革开放的政策让自己有了创业的平台和机会；二要感谢自己没能考上大学，是不上大学才让自己有了创办企业、经营企业、赚钞票发财的本事。是创业实践本身成就了他们，成就了他们的事业。

我说这么多，不是否定书本知识的作用，不是说教育没有用，而是强调一点：创业能力不是教出来的，课程教学培养不出创业人才，习惯于在教室里听课的人是走不上创业之路的。即使是从事科技、专利、发明创业的人，他们除了自身的知识素养、专业背景外，还有一个显著特点，就是行动力特别强。比尔·盖茨可以放弃哈佛，乔布斯在仓库里起步，马云能够放弃大学教职，是他们这种说干就干的行动力让自己有了"练"的机会和"做"的平台。是"练"和"做"让他们的事业得到了发展，也是"练"和"做"让自己成为伟大的创业者。真要让我们的大学生走上创业的路，真要让大学生有创业谋生的本事，比开设创业课程更重要的是让他们有创业实践的机会。

学校教育不仅仅就是开设课程，课程也不是解决所有问题的灵丹妙药。然而，现实当中的许多人包括大学老师、教育官员，一讲到学校就想到教室，一讲到教育就联想到课程。似乎课堂教学就是学校教育的全部，学生成长中的所有问题都可以依靠课堂教学解决。"创业基础"必修课的开设，就是这种思维的产物。我的担忧不仅仅是这种创业课程的劳民伤财，还有这种落后的课程的思维方式对其他真正有效的教育方式的排斥和打压。这种思维，完全可能会把在校学生的创业活动看成是不务正业，是离经叛道；完全可能会把付诸创业实践的学生折磨得体无完肤，甚至赶出校门。如果创业教育被理解为是"创业基础"课程的开设或者"创业基础"课程就是创业教育的全部，那么当下的大学创业教育不是进步了，而是倒退了。

另外，让我担忧的是，没有好的创业教材和合格的创业教师。我不能一概否定创业课程的作用，如果有好的教材有懂创业的教师，那么创业课程还是能多多少少起一点作用的。但是，现在有太多的人不会教书却能写书，创业书籍汗牛充栋，实乃彼此抄袭，其中的错误观点、思想也是随处可见。我们的教师除了照本宣科和挥舞考试大棒之外还能做些什么呢？如此教材、如此教师，所能起到的作用就是阻碍创业扼杀创业！我已能想象得出"创业基础"课程的教学场景：教师手扶鼠标念念有词，学生不是趴在桌子上酣然入睡就是手拿手机眉飞色舞。最终，教师圈定复习题目，学生囫囵吞枣地瞎背一通，这就算创过业了。当然还会有一容易迷惑人的托词：重在创业精神培养嘛！

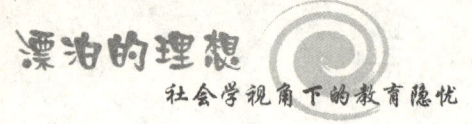

高等职业教育不姓"高"

2012 年 8 月 26 日

高等职业教育是一个有别于普通高等教育的自成体系的独立的类别,其本质就是"职业教育"。高等职业教育,来路清楚,血统纯正,就是姓"职",切莫不要给它一个莫名其妙的"高"姓。

为什么有那么多的人包括从事职业教育的人热衷于给"高等职业教育"改姓?说来也没什么好奇怪的,中国有太多的人可以讲虚荣不讲尊严,可以要面子不要父母。有的人为了掩盖出身的贫寒,会隐姓埋名;有的人为了炫耀自己虚假的高贵,会不认贫穷的亲爹亲娘;有的人在利益面前,有奶便是娘有钱便是爹。这样的事只发生在传说和故事中吗?一定要把"高等职业教育"冠以"高"姓,有的人是属于认识有误,多数人纯属这种虚荣心作崇。他们心底里看不起职业教育,扯上一"高"字似乎自己的脸上就贴了金,就高人一等了。他们对于教育部把高等职业教育管理部门从"高等教育司"调整为"职成教司"一直心存不满,似乎离"高"姓远了一步,是掉了身价。

高等职业教育,确属高等教育范畴,但属于高等教育范畴的职业教育。就像电子商务,其本质是"商务","电子"两字强调的是电子领域的商务。高等职业教育的"高"字,要体现职业教育的"高",是相对中等职业教育的"高",培养的学生要有"更高的职业技能"、要有"更高的职业技术"。而并不是让高职学生既要接受普通高等教育的理论学习,又要接受职业技能的训练。有人一定会问,既受理论学习又受技能训练不是更好吗?一个人既有理论的高素养又有技能的高水平,岂不是更完美吗?我们有太多的人总是喜欢以愿望来取代现实,习惯于把主观意志凌驾于客观规律之上。职业教育是有自身的规律的,如果按照普通高等教育的做法另搞一套,则必定会碰得头破血流。当下培养的许许多多的高职毕业生,要说理论不如高中生,要说技能不如农民工,重要原因之一就是高等职业教育连自己是姓"高"还是姓"职"还没搞清楚。张冠李戴、不伦不类的教育能够培养的就是成为社会累赘的不会读书、不会操作、不会思考、不会干活的"四不像"。

高职学生,擅长操作动手实践,理论学不会也不愿学。他们尽管通过高考让自己从高中生变成了高职生,但他们当中相当一部分同学真实的文化程度还不及初中毕业生,各省高职院校高考录取分数在 200 分左右即可证明这一点。200 分是什么个概念?就是瞎蒙加一篇流水账似的作文。要蒙到 200 分以下还真有些困难,一不小心就可能蒙到正确的答案总分就可能超过 200 分。山东省高校招生去年缺 4 万生源,今年缺 5 万生源,有人说降低分数线不就有生源了嘛。殊不知没人能考得起分数线以下的分数！高职院校面对的就是这样的学生,让他们学技术,让他们动手,他们乐于去学也学得会；让他们去学理论,学书本知识,他们反感排斥也学不会。根据学生的特点施教这是基本的教育规律,嘴里谁都懂,行动上谁都违背。无视高职生的特点,坚持高职姓"高",净开一些学生听不懂的课,净讲一些学生掌握不了的知识。学校、教师从"高职姓高"中得到了虚荣心的满足,学生交了学费却从"高职姓高"中一无所获。可以说,目前高职院校的理论课教学基本无效,学生课后也基本不学理论。如果说目前高职院校开设的高等数学实行考教分离,学生期末考试得分即使30分就算及格,那么我敢说基本上不及格。不要怪数学老师,所有的老师都是在做着既痛苦又无效的事。

职业教育,就是让学生获得经验；高等职业教育,就是让学生获得更多的经验。国外成功的高等职业教育始终强调理论"够用为度",哪有像我们这样矫揉造作、自作多情？如果仍然坚持高等职业教育姓"高",那么高职院校将更偏离正确的方向,也将更没尊严、更不受人欢迎,自然也更误人子弟。

人文精神不是嚷出来的

2012 年 8 月 29 日

大学欠缺人文精神有目共睹,浮躁、功利、虚伪、短视、自利之风愈演愈烈。人们呼唤人文精神的回归,盼望道义、责任、理想、信念、人性的光芒重新照耀大学的校园。不过,话又得说回来,对人文精神重要性的认识,这是稍有常识的人都能做得到的。关键是怎么样才能让人文精神真正重归大学校园,仅仅停留在嘴巴上的嚷嚷,不仅不能唤回人文精神,而且这种行为本身就是对人文精神的亵渎。

评价的标准。精神总是体现在行动上的存在,世界上不可能有脱离行动的精神。评价一个人是不是有特定的精神,就是要看这个人是不是有特定的行动。人文精神不是停留在嘴巴里的口号,不是停留在睡梦中的意境,而应该是看得见摸得着可测量可评估的具体行动,任何没有具体行动的人文精神都是虚假的,都是不存在的。一个人是不是具有人文精神,不是看他人文精神的口号喊得多响,调子唱得多高,而要看他的具体行动。有的大学生得过且过无所事事,对考级、考研、创业的同学心生嫉妒,突然冒出一个词:没人文精神。有的官员、有的教师自私透顶,对学校对集体对学生的事不闻不问,却装出一副清高状,把人文精神一词挂在嘴里喊得震山响。人文精神的丢失,让人痛心；更让人痛心的是,居然有那么多的学生教师举着人文精神的大旗反人文精神。如此擅长玩虚假一套的人不仅不会受到谴责,而且往往会得到更多的肯定、褒奖、晋升。正是如此造假的沃土造就了数不胜数的伪君子,也正是这些数不胜数的伪君子使得大学里仅有的一点人文精神丧失殆尽。

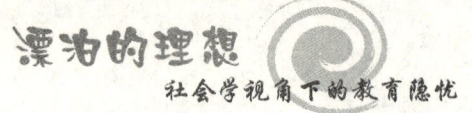

一个人是否有人文精神要看他的行动,一个学校是否有人文精神同样不是听这个学校的花言巧语而是看这个学校的行动结果。一个学校培养的学生连工作都找不到,找到工作的工资还没有农民工高,这样的大学肯定是不务正业的,连工作底线都守不住的学校能说是有人文精神的吗?

培养的载体。精神是存在于行动的,精神是由行为体现的,要培养特定的精神就要从培养特定的行为入手。整天在嘴里嚷嚷人文精神,无异于不种粮食建设共产主义。而行为培养,必须要有具体的目标,而且是可量化可测量可评价可比较的。这是管理学的常识,我们做的许多事情之所以低效无效,就是连这样的常识也不懂。要想培养人文精神,就要建立人才培养目标责任制,并把责任分解落实到每一个人。在有的人看来,这就是功利,这就是短视,这就是浮躁,这就是大学欠缺人文精神的最直接表现。这些人一定要把人文精神与目标考核对立起来,说白了,还是怕承担责任。为了达到不承担责任的目的又要有冠冕堂皇的理由,他们就把人文精神当成了挡箭牌。他们似乎是人文精神的捍卫者,实际上是人文精神的糟蹋者。当下大学人才培养"去目的化"行为的泛滥,让大学人文精神的回归变得遥遥无期。另外,人的精神、人的境界是有层次的,有了较低层次的精神、境界才可能产生更高层次的精神、境界。人文精神的培养必须遵循这样的规律,培养目标的设置必须要有由低到高渐次提升的安排。让学生先有一技之长,不能说就是让学生胸无大志;让学生先有谋生的本领,不能说就是让学生急功近利。可以说,处处失败的人难有人文情怀,时时不如人的人难有远大理想。让学生在教室里安心听课都做不到的人是没有资格谈人文精神的,同样自己培养的学生连基本的谋生本领都没有的大学也是没有资格谈人文精神的。现实中之所以有那么多的老师无视学生找不到工作的事实还整天嚷嚷人文精神,关键还是有太肥沃的"左"的土壤。

不过,我们对人文精神培养也不要太过自信。学校、教师所能起的作用都是很有限的,一个社会是否有公平正义、是否有健全的法制,才是一个人是否有真正的人文精神的关键。我们在脚踏实地做点有益于学生成长的事的时候,也希望全社会有一个有益于人文精神回归的氛围。当然,我们也不能把责任都推给社会,按照人文精神形成规律做好自己的每一件事,这是大学及大学的每一个人都必须努力的。人文精神是做出来的,不是嚷出来的。

百万富翁培养可以异常简单

2012 年 9 月 13 日

"你们的学生为什么能以百万富翁的身份毕业?为什么能开着名车离开学校?三年的大学生活为什么能让贫困生变成老板?是不是义乌有着别的地方没有的创业

第二编 教育时评

条件?如果没有得天独厚的条件,那么你们是不是有什么绝招?"近来,记者、同行、朋友、官员、家长、大学生不断问我这些问题,他们觉得我们的成功太不可思议了。

实际上,我们所做的是谁都能做的,就是让学生从"摆摊"开始,从做淘宝开始。这也不是我们的发明,义乌成千上万的老板在30年前不也是从摆摊开始的吗?我们只是模仿了他们的做法。如果有学校也让学生摆摊,那么可以肯定他们的学生也能走上创业的路,也能成为老板,也能成为百万富翁,也能开着汽车离开大学。

只是"摆摊"为大学所不屑,觉得太没技术含量了。在许多人眼里,"摆摊"根本不属于创业,根本不能上大学的台面。就他们的理解,让学生摆摊,不仅不务正业,而且有辱大学使命,有损大学形象。当今的大学人,看重的是形式,至于效果,似乎与他们没有关系。

有人教训我,大学要讲科学,要讲技术。然而,他们不想一想,他们"讲科学讲技术",培养的人为什么却只能给我这"不讲科学不讲技术"的人培养的学生打工?说句不客气的话,他们是讲科学反科学,讲技术反技术。不是科学没有用,也不是技术没有用,是他们背离科学、技术本质的行径让"科学"蒙羞,让"技术"背黑锅。

什么是科学?什么是技术?说白了,科学也好,技术也好,就是把不明白的搞明白,复杂的搞简单,费力的变省力。然而,当下大学里的一些人是怎样在搞科学做技术的呢?就是要想着法子把明白的搞得谁都不明白,把简单的问题变得异常复杂,把原本可以不费吹灰之力的事要说成是工程浩大且所需资金无限。就像爬树,谁都知道徒手不行架梯即可,可硬要发一火箭。我的比方可能有些夸张,但当下的大学类似现象只是个例吗?培养学生的教学教育工作也是如此,喜欢搞假大空的花架子,讲形式不讲实效,讲学校自身利益不讲学生发展。大学里难见科学创新,难见技术发明,难见真正教育改革,有的是毫无实际意义只是变了花样的"新名词"、"新概念"。在高职院校,什么"工学结合"、什么"行动导向",让人云里雾里不知所云。正像有的老教育工作者所说的"工学结合",不就是毛主席所说的"半工半读"吗?"行动导向"不就是长期以来的"师傅带徒弟"吗?为什么要故弄玄虚?!因为,只有这样把人搞晕了,才能显示自己学问的"高深";只有这样谁都听不懂,才能显示大学之"大";只有这样变换名词,才能把科研经费、教改项目骗到手。创业教育,"徒手"或者"架梯"就能达到目的了,却硬要发射"火箭"。如此体现技术含金量的做法,最终只能成为一场高成本的自娱自乐的闹剧,得益的是玩虚的教师,受损的是欲创业的学生。

创业教育可以是非常简单的,只要按照创业人才的成长规律来培养即可。那么,什么是创业人才的成长规律呢?要回答这个问题,只要看看全中国千千万万的创业者是怎样成长的就可以知道了。他们毕业于哪所大学?他们中的大多数没上过大学。他们学的是什么专业?他们中的大多数是农民,要说专业只能说是农民专业。那么,他们的创业本事来自哪里?来自他们自己的亲身创业实践,是创业实践本身让自己有了创业的能力和本事。可以说,没有创业实践就不可能有创业能力和本事,要想让学生有创业能力和本事就必须让学生付诸创业实践。我们学校没有创业经费投入,没有开设什么创业课程,没有什么创业教育基金,没有得到政府一分钱的专项创业经费,没有一项得到上级认可的创业教育科研或教改项目,没有一位接受过创业培训的老师,没有专门的创业管理机构,甚至连电子商务专业也没有。我们只是在教室里为学生准备了两根线,一根电线和一根网线,不要说电脑就是创业所需的,桌子椅子都是学生自己想办法解决的。我们学生创业成功,完全是因为学生有创业实践的机会以及学生自己利用机会的创业实践。

好心人劝我好好包装,套些新名词、新概念、新理论,让自己的创业教育要显得有技术含量,给人以神秘感,就容易获教学成果奖,也能得到更多的扶持经费。对于这一些,我不是不懂,也不是不会做。我之所以不玩这一套,是自己一直认为,当自己爬上树的时候,是徒手爬上的就告诉人家是徒手,是架梯爬上的就告诉人家是梯子,而不能胡编乱造说是坐火箭。我们真实的创业教育就是如此简单,我们百万富翁的成长就是校校可以复制。

高职学生依然可以非常伟大

2012 年 9 月 19 日

高考分数最低的学生被高职院校录取,在许多人看来,高职院校就是垃圾院校,高职的学生也是不会有多大出息的。许多高职学生也是自己看不起自己,觉得自己不是读书的料,对未来也不敢寄予多大的希望。

失败的经历让高职学生抬不起头来做人,不被人重视的感觉让高职学生失去了做人的尊严。高职学生是现行的教育制度特别是现行的学生评价和升学选拔制度的受害者。他们考试成绩不好,并不能表明他们不会读书,更不能表明他们不聪明。他们考试成绩不好,原因是很多的。有的家庭贫寒,让自己从小受不到良好教育;有的小时候调皮,对读书考试用心不够;有的可能因某一偶然事件,让自己失去了对读书的兴趣。人生不能重来,如果能够重来,我相信我们的很多高职学生也一定能读好书,也一定能考好试。在一个"唯考试"的社会,一个不会考试的学生就被贴上了"差生"的标签。我们的一些高职学生真的变"差"了,变"差"的原因不是别的,而正是这一看似合理但却具有无限杀伤力的"标签"。

社会的需要是多元的,社会的许许多多问题都不是"考试"所能解决的。社会需要会考试的人,但更多的不会考试的人同样为社会所需要。高职生只要认清自己,不为"差生"的标签而妄自菲薄,做到扬长避短,人生照样可以很精彩,同样可以成为社会不可或缺的人,同样可以让自己变得非常伟大。

第二编 教育时评

这些天我的心情特别好,我为自己作为一名高职院校的教师而感到无比骄傲和自豪。因为学生们做得太好了,三年的高职生活,有的学生让自己变成了有十几位员工的老板;有的学生上学时连生活费都没有着落,毕业时居然成了百万富翁;有的学生曾为买一辆自行车而发愁,告别母校时开的居然是奥迪车。我为学生创造财富的能力感到骄傲,我更为学生重新寻找回自信而感到骄傲。我去广东潮汕职业技术学院参观,又让我激动不已。半年时间的创业训练,大二创业班的同学月均收入超万元,大一创业班的同学月均超 6000 元。最突出的同学,是一位从未在淘宝上购过物却利用淘宝网创业的同学,月利润已达十几万。人们总是会说,我本人所在的义乌有得天独厚的适合大学生创业的条件,那么远离义乌的潮汕职业技术学院又怎么会成功的呢?这只能表明,高职学生不论在哪里都能创业,而且都能创大事业。

当然,高职学生要想成功,一是要有明确的适合自己发展的目标,二是要有追求目标的坚持不懈的行动。上课时玩手机,下课时玩游戏,那么自己只能是一个永远被人看不起的"差生"。我上面提及的创业的高职学生,曾经也是贪玩不爱学习的人,从事创业以后,就不再有双休日寒暑假,听课、接单、发货、跑市场、下企业、筹资金、谈项目、签合同,来不及吃饭顾不上恋爱,忙完所有的一切,往往已是凌晨一两点钟。不再有休闲,但获得了做人的尊严;不再有消遣,但感受到了成功的快乐。

一个人的伟大来自于自身潜能最大程度的挖掘,一个人的成功来自于自身主观能动性最大限度的发挥,一个人的智慧是在迎接并战胜一个个挑战中发展的。尽自己最大的能力,过挑战性的生活,高职学生一定可以非常伟大。

创业需要把油门踩到底

2012 年 9 月 22 日

汽车每小时 1 公里也是跑,每小时 120 公里也是跑。油门决定了汽车跑的速度,要想汽车跑得快,就要加大油门。创业也是如此,要想创业有业绩,就要加大油门让自己的潜能得以发挥;要想创业有大业绩,就要把油门踩到底让自己的潜能得以最大限度地发挥。

现实中,什么人容易创业成功,也即什么人愿意把油门踩到底?是打过工的人和农民。打过工的人知道谋生的艰辛,亲身感受过上班的不容易,他们会百倍珍惜创业的机会,也承受得了创业的苦,创业的行动也就会变得异常坚定。农民处于社会最底层,艰苦生活的磨炼和没有退路的处境,不仅容易激发起创业的热情,而且也最愿意把"油门踩到底"。打过工的人,出生于底层的农民,创业的资源是最短缺的,没有资金,没有人脉;自身的条件也是最寒酸的,没有高学历,没有高技术。他们的成功,唯一能依靠的就是自己不怕苦不怕累的品质。有了这种品质,自己的主观能动性就容易得到最大限度地调动,自己的潜能也就容易得到极限地发挥。从而,"没有"可以变"有","少"可以变"多"。是他们"能拼"才取得了"赢"!相反,那些有社会关系可依靠并且受过良好教育的人,由于不再会"拼",不愿意把"油门踩到底",自己的优势也就渐渐消失了,"有"变成了"没","多"变成了"少",最后只能给他们自己最看不起的人打工。可以说,在全部影响创业成功的因素中,没有比"拼"这一因素更重要的因素了。

上班就业,岗位是固定的,工作任务是预设好的,只要服从安排听从指挥不要出太大的乱子也就不至于砸了饭碗。而创业,即使是自己养活自己的创业,每天工作任务和工作内容都是变化的,每天活动范围和交往对象都是不同的。创业活动的这种不确定性和挑战性,就要求创业者要特别勤勉,特别爱拼,特别善于把"油门踩到底"。以"淘宝"创业为例,自己卖什么货?从哪里去进货?怎样才能进到货?进到的货怎样卖出去?怎样洽谈业务?怎样建立客户关系?业务量大了怎么办?招到了员工怎么管理?员工生活怎么安排?仓储怎么建?淘宝规则变了怎么适应?市场需要变了怎么调整?货物积压怎么办?想进的货进不到怎么办?怎样转型升级?怎样建立自己的品牌?怎样给厂家下单生产?诸如此类,所有的一切,都是不确定的,都是始终在变化当中的,没有现成的路可走,有答案但没有标准答案。这些问题的解决,最最重要的就是靠自己不停地忙碌,靠的就是比人家"加更大的油门"。淘宝创业,是人人都会的,但是为什么有人成功?有人失败?个中原因应该是不言自明了。

人们总是习惯于看到成功者的风光,也习惯于把他们的成功归结于他们的天赋。成功者,也许有一些独到的东西,但这些独到的东西远没有他们"爱拼"的品质给人印象深刻。我的那些毕业时开着汽车、办着公司、雇着员工的学生,拥有一个共同的特点就是"超勤快"。潮汕职业技术学院的黄业宏同学,他用半年的时间就让自己的月收入达到了十几万元,而且直接带动了三人就业、间接带动了几十号人就业,我敢肯定地说他一定会成为电子商务的超级卖家,用了不到一年的时间就可以成为百万富翁,买汽车就会像买自行车一样容易。我对他的认可,当然基于他的创业成绩,但更基于他主观能动性的极限发挥。他在介绍自己成功的经验时说:"每天早上七点开始工作,由于早上是生意的平淡时间,就装修店铺。接着就接单,中午不休息,还是不停地忙碌着。下午四点就去拿货,拿货回来五点开始打包,六点发货。晚上继续重复着白天的工作,一直到创业园关门。在创业园一待就是16个小时。每晚回到宿舍,洗个冷水澡,躺下就沉睡,很累但很充实。"我敢说,谁有黄业宏的创业付出谁就会有黄业宏的创业业绩。那些创业时想着就业、就业时想着创业的人,在摇摆不定、徘徊彷徨中获得的除了"失败"还会有什么呢?!

人的潜力是无限的,就像一辆汽车,可以原地不动也可以跑出每小时上百公里的速度。同时创业的人,一个漫不经心或犹豫不决处于"熄火"状态,一个全身心投入或破釜沉舟处于"油门踩到底"状态,不要用多少时间,业绩也就天壤之别了。一个人要想变得聪明变能干,要想抓住创业的机会,要想解决创业的困难,就必须最大限度地发挥自己的潜能。一辆车处于"熄火"状态,不论是奔驰、宝马,还是法拉利、保时捷,都失去了汽车的功能;一个人处于"熄火"的状态,不论是白富美、高富帅,还是大学生、研究生,都是中看不中用的废物一个。要想有出息,就把油门踩到底!

创业成功靠的是天赋吗

2012 年 9 月 30 日

包括大学老师在内的许多人都会认为创业只属于少数人,创业是需要天赋的。一些创业教材也认为"创业能力是社会的稀缺资源,不是每个人都具有的"。现实生活中,有的人莫名其妙地认为自己不是创业的料,缺乏创业天赋,也就莫名其妙地放弃创业;有的人走上了创业的路,但总是认为自己没有创业天赋,特别是创业不太顺利或创业业绩不够好的情况下,这种疑心病会更重,结果让自己的创业行动变得犹疑不坚定。

创业真的需要天赋吗?没有创业天赋就不可能创业成功吗?应该说天赋是一个客观存在,否定天赋在创业中的作用也不是实事求是的。但话说回来,一个人不论走怎样的路,不论从事怎样的职业,不论创业或非创业,天赋都能发挥作用。像就业,有的人业绩好,有的人晋升快,有的人薪水高,说不定也有天赋在起作用。但一个人总不能说,自己没天赋,自己不就业。同理,一个人不能认为自己没天赋就不创业。

更何况,什么是创业的天赋谁也说不清楚,自己有没有创业的天赋更是无从知晓。有人认为,创业成功者,要有敏锐的市场意识和捕捉商机的眼光,要有过人的气派和胆略,要有非同一般的交际能力,要有抵御风险和抗挫折的能力,要有领袖气质和管理才能,要有吃苦耐劳的精神和雷厉风行的行动力。我也认同这种说法,但我要问,这些创业成功者必备的"东西",哪一种是与生俱来的?在我看来这些所谓的"天赋",主要还是一个人在后天实践,特别是创业实践中逐渐形成的。我敢说,没有创业实践,绝不可能有这些所谓的创业"天赋"。当然,有的人的先天禀赋可能更有利于形成这些创业成功者必备的"东西",尽管这些先天禀赋还不为人所知,但我还是承认是有这种禀赋存在的。这就像刘翔,他跑得快,一定有他人不具备的禀赋在起作用。但人们切不可扩大这种天赋的作用,全中国只有一个刘翔,对绝大多数人而言,天赋还是基本相当的,跨栏的成绩也就难分高下。人们总不能认为自己不能成为刘翔就放弃运动吧？同样，人们也总不能认为自己不能成为比尔·盖茨就放弃创业吧？而且，我敢肯定地说，刘翔在跨栏前根本不敢说自己能成为后来的刘翔，比尔·盖茨在创业之前也一定没料想到自己能成为后来的比尔·盖茨。

中国绝大多数中小企业家、自谋出路的创业者，都是全社会最平常的人，人们看不到他们有什么与众不同的地方，他们自己也认为是天底下最没本事的人。他们往往连最基本的就业条件都不具备，无路可走的情况下被迫创业，结果不经意间成就了事业也成就了自己。看来，创业真不需要有什么天赋，如果需要，那么只能说差不多人人也都有创业的天赋。

自己可能没有过人的天赋，但自己的天赋也一定不会处处不如人。要想创业成功，就不要太计较天赋，有太多比天赋更重要的事需要自己去关注。

跑偏了的大学创业教育

2012 年 10 月 5 日

大学的创业教育受到了空前的重视，创业论坛、创业课程、创业基地、创业管理机构、创业教材、创业课题、创业专项经费、创业学院已不再为大学所陌生。但是，轰轰烈烈的创业教育，并没有改变冷冷清清的创业结局，在高投入的背后仍然是低得可怜的大学生自主创业率，甚至出现了投入越大产出越低的怪事。看似让人费解，其实原因非常简单，那就是没有按规律办事。违背了规律，偏离了轨道，使的劲越大，自然也就越偏离目标。

大学要想培养出创业人才，就必须遵循创业人才成长规律来实施创业教育。创业人才是练出来的，而不是教出来的。而我们的大学教师总是会无限制地扩大"教"的作用，似乎什么人才都可以通过"教"来培养，学生的什么能力都可以通过"课堂"来获得。结果，大学的创业教育就像在教室里培养游泳运动员，热闹非凡，但却始终难以见效。如果能按规律办事，给学生以"练"的机会，那么创业教育不仅可以迅速见效，而且投入可以最少、成本可以最低。

跑偏了的大学创业教育往往具有"三讲，三不讲"的特点：

讲意识，不讲行动。认为创业教育旨在培养学生的创业意识、创业精神，而并不是让学生付诸创业行动。意识也好，精神也好，都是没法评价、没法考评的。而行动，是看得见摸得着的，是能评价能考核的，是忽悠不了的。讲意识、讲精神，既好听又不用承担责任，这是高智商而又习惯于玩虚的大学老师十分热衷和擅长的。一味地讲意识，实际上让大学创业教育变成一项无目的的活动。无目的梦游似的创业教育，我们能指望有效率有效果吗？能指望培养出创业人才吗？创业成果能不只体现在文本中吗?

讲投入,不讲产出。可以说每个大学在讲自己创业教育的成就的时候,都会不厌其烦地拿自己的高投入来炫耀。投入了多少资金,开设了多少专用教室,配备了多少教师,成立了多少管理机构,所有的这一切总是为每个介绍创业经验的大学所津津乐道,至于这些高投入有怎样实质性的产出总是三缄其口。大学的创业教育似乎就是比投入、比挥霍、比浪费、比排场、比阔气,比谁能变着花样骗取国家的钱财。奇怪的是,有的大学也真的凭借自己的挥霍无度取得了一系列的创业教育的荣誉。

讲形式,不讲结果。举办了创业讲坛,似乎就完成了创业教育;设置了创业课程,似乎就取得了创业结果;成立了创业协会,似乎创业教育也就圆满成功了。形式主义泛滥,手段与目的颠倒、形式与内容混淆已到了无以复加的程度!创业教育原本可以异常简单,就是给学生"练",通过"练",更多的学生走上自主创业的路。过于繁复的形式不是在推动学生的"练"而是在剥夺学生的"练"。对学生"练"的剥夺,也就是对学生创业的剥夺!

创业教育要见效,就要让创业教育回归到正确的道路。正确的道路,就是要按创业人才成长规律来开展创业教育。否则,所谓的创业教育,实际上只是一场闹剧而已。遗憾的是,跑偏了的人绝对不会意识到自己跑偏了,他们往往会认为自己是"正统"、是"正道"。正是这种自以为是的良好感觉,使得中国大学的创业教育还要走上很长很长的弯路。中看不中用的创业教育闹剧不谢幕,得益的是那些擅长于"演戏"的人,受损的是想创业的大学生和真正的大学创业教育。

大学要有点自己的硬通货

2012 年 10 月 8 日

大学排行榜的发布,总会引起一场骚动。有人认为大学排行榜纯粹就是瞎扯,不值得去关注。我可以肯定地说,越是持这种观点的人对排行榜越是在意。我也认为大学排行榜有太多的不合理之处,硬要给大学排个队分个高低就像要给姚明和刘翔区分谁的运动能力更强一样,总是难以让人信服。但是,话又得说回来,如果没有排行榜,那又用什么来认定大学?大学又该用什么来证明自己?

对大学的评价,当然可以有许许多多的指标。但有多少指标是让人信服的?以教学效果为例,这是家长、考生、社会最为关心的。拿什么来让民众信服?有人一定会说,每四年都有一次由官方组织的教学成果奖评比,够权威了吧?是的,每四年都会产生一大批一二三等奖的教学成果。既要审阅文本又要答辩,既有专家参与又有领导把关,看上去是层层筛选,做到了好中选优。然而,有哪一项成果是有影响力的？有哪一项成果是让人信服的？有哪一项成果贡献了新思想？有哪一项成果载入了史册？不要说校级、省级成果，就是国家级成果，能让百姓认同、同行佩服吗？评奖中的论资排辈让广大教师"无心恋战"，评奖中的人际关系让人疏于"教育学"精于"关系学"。说不准奖项等级与教学水平成反比，而与搞关系水平成正比。对奖项"含金量"最不认同的，可能还不是百姓、同行，而是获奖者本人。靠一时一事的"公关"要想获得高等级的奖项几乎是不可能的了，获奖者最能体会到长年累月"铺垫"的筋疲力尽，也最明白一年四季"公关"导致教学的荒芜。又以示范性院校建设为例，评上了示范性院校本应是最优秀的，但是，哪所示范性院校又起到了"示范"、"标杆"的作用呢？哪一所示范性院校除了自己认为是"示范"外，还会得到谁的认可呢？有人说，示范性院校是"花钱示范"，是"形式主义示范"，是"弄虚作假示范"，是"搞关系示范"。这些话可能言过其实，但是示范性院校在教育理念、办学模式、教学质量上的"示范性"真让人不容易感觉到。相反，突击花钱，变着花样花钱，花不完钱发愁的样子，确实给人印象深刻。另外，示范性院校出的一些书、印发的资料、做的课题、开的会议，其本意一定是想尽一份"示范职责"，但老实说除了徒增二氧化碳排放外，还真找不出还有别的什么用途。

看来，官方也并不代表权威，官方的排队也不能让人信服。民间的大学"排行榜"不尽合理，但相比较官方的所作所为，还是显得更客观。对于"排行榜"有意见的人，最好的办法，还是拿出自己的硬成绩。没有自己的一点硬通货，任何对"排行榜"的反击，不仅自己心虚，也不可能得到他人的附和。

学生创业的最大阻力来自异化的教育

2012 年 10 月 10 日

"教育为人"还是"人为教育"？这样简单明了的问题普通老百姓都清楚，奇怪的是搞教育的人却普遍不清楚。

近来在高职院校推进创业教育实践过程中，有许多事让我感到啼笑皆非。创业的大学生热情高涨，夜以继日，废寝忘食，一边在创办和经营企业，一边在学习积累创办和经营企业的知识。真正做到了做中学、学中做，可以说没有比这更有效的教学做合一的教学模式，也可以说没有比这更能调动人的学习积极性的激励方式。与非创业的同学相比，创业同学学习更自觉、更主动，也更有责任感和吃苦耐劳的精神。创业学生在这样的学做过程中，不仅取得了创业的成功，而且获得了知识、锻炼了能力、增长了才干、寻找回了丢失已久的做人的尊严和责任感。然而，这样一种有效的促进人的进步的学习方式，却遭到了包括一些教育官员在内的教育工作者的指责和批评。说这样的培养方式，没能体现课程和专业的价值，教学的各环节不完整,有失教学的规范。有人甚至歇斯底里地质疑:都这样搞,大学老师不是可以下岗了吗?大学不是可以关门了吗?他们关心的不是人,不是人的进步,而是专业、课程、考试的完整以及从事这些工作的人员和机构的存在。尽管他们口口声声"以学生为本",但他们的骨子里头"教育不是为了学生"而是"学生为了教育"。在他们看来,课堂里学生在不在听讲不重要,重要的是有老师在讲台上讲课;是不是给学生圈定复习范围让学生死记硬背不重要,重要的是要有教室里的统一考试;学了专业能不能找到工作不重要,重要的是要有学生在学专业。在他们的心灵深处"教育不再为人"而是"人为了教育"。如此变态的灵魂,如果存在于普通的老师,那么受害的充其量还是一个班、两个班的学生;如果存在于手握大权的官员或是参与大学教学评估的专家,那么受害面及杀伤力绝对不会亚于当年 SARS 病毒的疯狂肆虐。

  教是为了人的成长,教是手段,人的成长是目的。如果人成长了,也即目的达到了,那么教这一手段也就完成了历史使命,可以不复存在了。耳熟能详的"教是为了用不着教"就反映了这样的教育本真。既然"教是为了用不着教",同理,"课程是为了不再要课程"、"考试是为了不再要考试"、"专业是为了不再需要专业",甚至"教师也是为了不再需要教师"、"大学也是为了不再需要大学"。让结果来决定手段,让目的来取舍手段,这不是什么高明的策略,无非是让教育回归真实、让教育回归有效、让教育回归常识。创业同学既然实现了成长,那么人们还有什么理由胡搅蛮缠一定要让创业学生像别的学生一样坐在教室里听老师讲课?一定要像别的同学一样在死记硬背后去参加考试?

  一个学校使出了浑身解数,用尽了各种手段还达不到目的,那么这是一个"草包"学校;一个学校借助各种手段达到了目的,那么这是一个平庸学校;一个学校用最简便的手段达到了最大的目标,那么这个学校理所当然是一个卓越学校。这是每个人都会认同的观点,但不知从何时开始,人们不再关注目的的达成,人们关注的只是投入、形式、花架子。草包学校成了示范学校,卓越学校成了受冷落学校,这在教育异化的时代是司空见惯的事。为了人的成长,人们发明了学校、课程、专业、考试这些手段。由于手段在达成目的时有着重要作用,有时候人们分不清何为教育手段何为教育目的。对于这种一时的目的与手段的颠倒、主体与对象的混淆,我也能表示理解。但对于创业已取得巨大成功的学生,还不断被要求去学习那些为就业做准备的课程,而且还经常以未修完规定的课程为由去恐吓、去逼迫他们放弃创业,这就死活都不能让我理解。找不到工作的可以毕业,为他人解决了就业问题的创业学生却要被退学、被留级,如此教育滑稽可笑,但这却是今天的大学教育。

  目的被手段绑架,结果屈服于过程,其必然的结果是教育的混乱和无效。学生在创业过程中的困难和阻力,不是没有好的创业机会,不是没有好的创业指导老师,也不是没有好的产业支撑,而正是当下异化的大学教育。

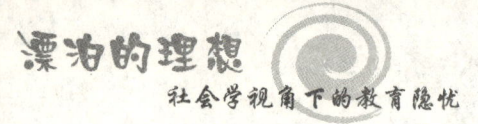

诺贝尔奖为什么与中国教育过不去

2012年10月14日

每年诺贝尔奖总是远离中国,与中国教育不发生任何关系,连给中国教育一丝悬念的机会都没有。中国人也习惯了当诺贝尔奖的看客,谁也不指望诺贝尔奖会光临中国。

但13亿人口的大国总是与诺贝尔奖无缘,国人心里也总不是一种滋味,也有太多的不解。有人也就安慰起国人来,要"淡定"。但今年的诺贝尔奖还没全颁完,国人似乎没法再"淡定"了,也不能再"淡定"了。一个小小的日本今年居然又获奖了,累计已有19人获得了诺贝尔奖。我们的国力、科研水平、教育质量逐年提高,高等教育规模、博士生数量世界第一,怎么诺贝尔奖还是零蛋呢?

正当国人不解、失望和牢骚不断的时候,诺贝尔文学奖开奖了,中国作家莫言获奖,实现了零的突破。这是我们自己培养的作家,是中国本土成长的作家,那些认为中国教育培养不出创造型创新型人才的人从此可以闭上嘴巴了。人们正准备为我们教育的成功庆祝的时候,突然发现莫言并没上过多少学,纯属自学成才。

诺贝尔奖不纯粹在与中国教育对着干吗?!不让中国获奖也就算了,中国人也已经习惯了,让中国人获奖也不能把奖给一个没接受过什么教育的人啊!这不让中国教育更没面子、更下不了台吗?这不是在暗示人们接受了教育不能获奖不接受教育反而能获奖吗?这不等于说中国教育在毁人而不是在育人吗?

这次获奖比往昔不获奖,给中国教育造成的打击还要大许多,中国的教育也将更被人看不起。我们的教育在搞关系上还是很有一套的,教育界还是有很多人精通关系学的,国内教育界大大小小的评奖哪一项都离不开关系。我不明白,我们在诺贝尔奖评选中为什么不能凭借我们的关系学把评委们搞定?要让他们给我们奖可能做不到,不给奖总应该做到吧?

看来,莫言的获奖,可以说明两点:我们的关系学出不了国门,纯粹是窝里斗;二是诺贝尔奖成心与我们的教育过不去,有意要让我们的教育难堪。如果都不是,那么又怎样会发生这样的事实呢?

创业教育既简单又复杂

2012年10月24日

创业教育就是为了培养创业人才。一讲到创业人才的培养,有人就会觉得这是异常困难的事。他们认为,大学在就业人才培养方面都显得力不从心了,创业人才培养谈何容易?

事实上,创业人才培养可以异常简单。只要按照创业人才成长规律来实施创业教育,那么这样的教育可以说比什么教育都省钱、省力、省事。创业人才是在亲身实践的锻炼中成长的,也即"练"是创业人才成长的前提和条件。学校只要给学生创造"练"的条件,创业教育也就基本成功了。以电子商务创业为例,在创业园中只要铺一根电线、一根网线也就完事了。学生自带电脑,不需要学校配备专门的设备。学生在"全真"的创业实践环境中学习、锻炼、体验、感受,不需要学校再建什么实训室、实验室。创业教育主要是让学生有充分的时间去"练",学校也就可以省略许多理论课程,从而也就可以节省更多的人力以及其他教学成本。创业的学生自觉、主动、自律、自我管理能力特别强,不需要学校操更多的心,从而学校也可以节省更多的"管理"、"维稳"的开支。试想,天底下有比这更简单的教育吗?

现实中大多数高校所实施的创业教育还是异常复杂的,不仅体现在高投入,更体现在具体运作的繁复。既要开设一系列的创业理论课程、建设众多的实习实训室,又要成立专门的管理机构和专门的管理人员。部门多了、人员多了、场所多了、课程多了,一个必然的结果是头绪多了、矛盾多了、攀比多了、成本多了。这样的创业教育,面上看,很重视,很愿意花钱,很注重教学基本条件建设,也很重视教学规范管理,但实质上是反规律的"伪创业教育"。如此"复杂"的创业教育,能起到的作用除了浪费钱财就是剥夺创业学生的"练"。没有了"练",学生的创业能力也就无从形成,创业机会也就无从捕捉,创业所不可或缺的社会资本也就无从获得。轰轰烈烈的"伪创业教育"费神、费力、费脑、费钱、费时,其结果是想创业的学生不再想创业,已在创业的学生被迫或主动放弃创业。可以说,复杂的创业教育基本上是反规律的,因此,也是基本无效的;而真正的能见效的创业教育却是很简单的,是不需要很多投入的。

创业教育可以如此简单,但真要让创业教育变简单又是一件不简单的事。就像电子商务创业,看似谁都会,每个学校都能做,但事实上绝大多数学校都没做到。简单的事情做不到,看来简单的背后还有不简单的一面。

要实施真正的创业教育,首先需要从领导到教职员工思想观念的转变。在老的观念中,学生真刀真枪的"练"会被认为是不务正业,学校鼓励学生"练"会被认为是削弱知识的学习。总之,允许、倡导在校学生创业实践,在包括官员、教师、家长在内的许多人看来,这是对学校教育功能、教师存在的否定,也是对课程价值、专业意义的蔑视。可以说,仍然延续旧的教育观念,就不可能有真正的创业教育。要想实施真正的创业教育,就必须对什么是知识、什么是学业、什么是教育质量、什么是好学生、什么是好教师、什么是教学、什么是课程、什么是专业等等教育过程中的所有的问题进行反思和再认识。要完成这项工作是既困难又漫长的,既涉及校内全体师生员工,又涉及校外教育主管部门社会公众。当下所有的人对一个找不到工作但修满了规定的学分的大学生的如期毕业绝对不会表示有任何的异议;相反,一个创业的大学生更够为他人提供就业岗位但如果因为有不及格科目而获得毕业,那么这样的做法必定会遭到人们的口诛笔伐。观念的形成是长期的,改变也是需要一个过程的。创业教育推进之所以困难,就是因为老观念根深蒂固。另外,观念即使转变了,构建起适合创业学生成长的培养模式、管理机制也是需要大量的改革、调整。新旧观念的冲突,新老做法的转变,前后制度的磨合,都不能一蹴而就,不是一朝一夕就能完成的。所以说,创业教育又是很复杂的。

当看到有的学校在实施简洁又高效的创业教育的时候,人们应该意识到这些学校的领导和老师在"删繁就简"的过程中所付出的艰巨而复杂的劳动。简单之所以是美的,这是因为简单蕴涵着极其复杂的思维和劳动。当创业教育以非常复杂的面貌出现的时候,人们有理由相信这些学校的创业教育还没有上层次,还没走上正道,还处于瞎折腾的阶段。

创业教育既是方法更是理念

2012年10月27日

谁都认为"淘宝创业"是一件可以无师自通的异常简单的事,我也认为这是一件不难做到的事。不可思议的是,就是这样看似谁都能做的事,在绝大多数大学却做不了。

越简单的事越做不了,除了证明自己愚笨之极外还能证明什么呢?大学总以为自己是最有知识、最有文化,是无所不能的,当面对连"淘宝创业"这样的事也做不了的时候,心里也是极端不好受的,但不是去反思去检讨,而是要找出种种理由为自己辩解。多数学校认为,"淘宝创业"是简单,但需要环境,需要产业支撑,不是每所大学都适合,都能开展。把自己的"无能"嫁祸于客观条件不具备,把自己的"愚笨"说成是因为没有天时地利。还有少数学校尽管同样"无所作为",但还不至于无能愚笨到连"淘宝可以超越地域之限"都不知道的程度。他们不会在"客观条件不具备"、"没有货源可提供"方面找借口,但他们会装出一副不屑一顾的傲慢样子,认为"淘宝"太小儿科了不值得大学去做。当自己的毕业生只能去给"淘宝卖家"打工的时候,这种傲慢折射出的是大学的虚伪、虚荣和无耻。

"淘宝创业"在方法层面并无太多深奥的东西,许多大学老师都能胜任对此项工作的指导。之所以无法在各大学推广,不是方法层面的问题,而是理念层面的问题。一条鱼只要有水就能存活,但广袤的沙漠为什么连一条鱼都没有?谁都知道,没有适合水存在的环境自然也就没有鱼的存在。如果说鱼是创业人才,创业教育方法是水,那么我要说当下的大学就是沙漠。大学里不乏有激情、有方法的创业指导老师,但他们在茫茫沙漠里瞬间就会被蒸发。就鱼而言,水很重要,但还有比水更重要的东西,那就是适合水存在的环境;就创业人才成长而言,创业教育方法很重要,但同样还有比创业教育方法更重要的东西,那就是适合创业教育方法存在的学校环境。没有创业教育的顶层设计,没有相关制度的配套,没有各职能部门的配合,具体的创业教育方法有何用?而所有的这些环境因素的改变,皆决定于理念的转变。"淘宝创业"不成,看似缺方法,实乃缺理念;创业教育无起色,看似缺有方法的教师群体,实乃缺有理念的领导班子。

创业能力是练出来的,创业人才是在创业实践中锻炼成长的。而当下的大学却要把学生关在教室里创业,要求创业教师通过口耳相授让学生成为"老板"、"企业家"。在这种理念禁锢下的学生自然被课堂、点名、考试捆绑得不能多走一步路、不能多说一句话。在寝室、教室、食堂三点一线的固定行动中能捕捉商机,还是能建立客户关系?如此背离创业人才成长规律做法的大行其道,再有本事的创业指导师也只能是死蟹一只,再有创业潜能的学生也只能死了创业的心。当看不到创业教育成效的时候,学校又会巧妙地放出烟幕弹,说创业教育不是直接让学生去创业,更不是让学生成为创业者,而是为学生未来创业播下一颗"种子",也即重在创业意识、创业精神的培养。当"种子"成了无法评定、无法考核的"意识、精神"的时候,"种子"也就成了子虚乌有的东西,大学创业教育自然也就成了一项"无目的"的活动。当创业教育成为"无目的的活动"的时候,教师不再有责任的承担,学校也不再有责任的承担,校长更没有责任的承担。在无责任承担的大学,能产生出创业教育的成效吗?当今的大学,既开设创业课程,又进行种类繁多的创业研究;既设立创业基金,又有专门的管理机构。大学已成了全社会最重视创业人才培养的机构,但这种重视所产生的成效只出现在汇报材料和学校领导的发言当中。就培养创业人才的实际作用而言,大学远不及家庭、农村和小商品市场。在创业教育中,大学之所以会变成只知投入不知产出的吞钱机器,原因就在于错误陈腐的理念在学校统治得太久太久了。大学如果还不以此为耻,那么不仅"淘宝创业"人才培养不出来,其他创业人才同样也培养不出来。

可见,创业教育不见效,缺的不仅仅是创业教育方法,而是创业教育理念。

创业人才在"规范"声中遭扼杀

2013 年 3 月 10 日

学校管理中"规范"一词,是官员或专家这些权威人士最喜欢说的。这些权威往往以"正确代表"自居,居高临下地发号施令容不得他人有丝毫商量的余地。当然，他们的"规范"如果是合乎"规律"的，对于提高教育成效所起的作用是不言而喻的。相反，如果他们倡导的"规范"是反"规律"的，那么所产生的误人子弟的广度和深度也同样是不言而喻的。

在创业人才培养中，有的高校遵循创业人才成长规律，打破传统规范，涌现出了不少成功创业的大学生，可谓初见成效。然而，怪事出来了。说改革之初可以摸着石头过河，可以先行先试，出了成果，该进行总结反思了，让创业教育纳入规范化管理的轨道。这一思路本身没错，问题是：什么是创业教育的规范？原先传统的培养就业人才的一套规范是不是就是创业教育的规范？创业教育的成功在于打破传统规范，传统规范自然不能成为创业教育的规范。就是这样简单的事，在高智商人士云集的高校却犯糊涂了。

创业人才是在"做"中成长的，为创业学生创造、提供"做"的时间和机会是创业教育的本质特征和基本形态。但是，这样合乎创业人才成长规律的做法，却被认为不合乎"规范"。在这些"权威"看来，唯有坐在教室里才是规范，唯有听老师讲才是规范，唯有手拿教材才是规范。传统规范全面复辟，创业教育奄奄一息。创业同学，在教室中坐失商机，在点名中废弃商业业务，在被动听讲中消磨创业决心，在按部就班中学会懒散不思进取。把创业学生绑在教室里还不够规范，还要让创业学生不再有自由支配的业余时间。唯有这样，在这些"权威"眼里才称得上是规范了。创业学生不可以推迟就寝，更不可以在校外租房子，不可以买汽车，买了汽车也不可以开进校园，放假必须离校也不得提前返校。如此这般的"规范"，创业学生的"做"被剥夺了个精光。没有"做"的创业就像没有水的鱼，死亡是必然的。

当然，有的强调规范的人，其出发点可能也是为了更好地开展创业教育，只是不了解创业教育，更不知道怎么样进行创业教育管理，结果做了一件没有主观上故意但在客观上害人不浅的事。这样的人，不是坏人，但如果不思考、不学习，习惯于按传统思维办事，那么也完全可能比坏人更坏。还有一种强调规范的人，那叫心术不正。明知所谓的"规范"将置创业教育于死地，但为了有一个可以不承担责任的理由变得特别钟情"规范"。这种人除了对自己负责不会对学生对事业负责，当然这种人的聪明之处在于深谙"讲规范便可不承担责任"的国情。

凡事都有规范，创业教育自然也要有规范。但要知道，要规范，是为了把事情做得更好；要创业教育的规范，是为了能培养更多的创业人才。如果有一种规范，限制了事业的发展，阻碍了创业人才的成长，那么这种规范是"紧箍咒"，必须砸烂才是。有人要是力推这种规范，如果不是无知所致，那么一定是别有用心。

第三编　灯下闲谈

大学教师要为学生的"票子"负责

2010年1月12日

大学教师的"票子"问题是由大学生解决的,也即大学生解决了大学教师的就业问题。大学教师又该为大学生做些什么呢?大学生的"票子"问题该不该由大学教师负责呢?

一方面,社会上众多的用人单位找不到合适的员工;另一方面,众多的大学生找不到工作。没有工作,自然没有"票子"。看来,大学生没有"票子",养不活自己,并不全是工作岗位稀缺之故,而是自己缺乏就业能力,缺乏拿"票子"的本事。

大学毕业找不到工作,没有"票子",这不仅是大学生没有尊严,也是大学教师没有尊严,自然也是大学没有尊严。学生没"票子",教师没能力;学生"票子"少,学校排名差。要唤回大学的尊严、大学教师的尊严,就要让学生具有拿"票子"的素质和能力。做到这一点,就要把学生毕业后"票子"的多少,也即薪水的高低,作为评价学校和教师好坏的标准。特别是以就业为导向的高职院校,就是要以学生的收入论高低,要以学生收入论成败。

目前的办学可以说是无是非、无好坏,已经到了"无责可问"的地步。每个学校都可以无视学生的前途把自己的办学成绩说得天花乱坠。什么"素质"、"能力"、"学术"、"品德",都是不能测量、无法评价的"软指标",这就为学校和教师的"弄虚作假"、"偷工减料"和"自我吹嘘"提供了充分的可能。大学教师在对学生的培养上,既是"运动员",又是"裁判员",工作是否尽责尽心尽力只有天知道。办学责任不清、教师任务不明,是大学没有尊严、教师没有尊严、学生没有尊严的根源。把大学生的年薪作为学校好坏高低排名的依据,有助于对学校、教师的考核和评价,能更有效调动学校和教师"育人"的积极性。

我的这一观点,肯定会遭到许多人的批评。他们会认为,"票子"可以量化,但这是"拜金主义"、"享乐主义",是目光短近的"实用主义",是资产阶级的"唯利是图、自私自利"。事实上,只要稍有脑子的人都可以看到这样一个基本事实:"票子"标准与社会用人标准是高度一致的;以"票子"为标准的办学目标与社会倡导的价值追求并不矛盾。表面上在追求"票子",实质上是知识、能力、素质、品行的较量。一个既无"才"又无"德"的人,即使是有"才"无"德"的人,能得到社会认可吗?得不到社会认可的人能有"票子"吗?"票子"体现了综合素质,综合素质可通过"票子"来体现。

让教师为学生的"票子"负责,就不仅要对学生的"真才实学"负责,而且同样要对学生的"道德品德"负责,并且要让教育变成一项不能"忽悠"社会、家长的行为。

世界一流大学何时在中国诞生

2010年4月19日

北大前校长许智宏认为,目前中国还没有世界一流大学。在世界上各权威大学排行榜中,中国内地最优秀的大学往往不能进入前100位。是中国人没有创造力吗?显然不是,中国人的聪明才智是世界公认的,中国人在世界各地取得的科学成就也是有目共睹的。是中国的历史文化不适合大学的成长吗?不是的,历史上的西南联大在战火纷飞的年代就创造了世界高等教育史上的辉煌。是中国高等教育历史太短的缘故吗?这更不能成为不能诞生一流大学的原因,世界上一些知名大学是有悠久的历史,但一些一流大学办学历史并不长,像斯坦福大学的创办时间与我国的天津大学、北京大学也大体相当,但人家早就一流了。是公立大学不能成为一流吗?也不是,世界上一些顶级大学真是私立的,但公立的照样可以成为一流,像美国的加利福尼亚大学就是公立的。可见,私立可以一流,公立照样可以一流。那么中国为什么没有一流的大学呢?我看主要是中国的大学注意力不集中。一个注意力不能集中的个人和组织,不要说创一流,就是能维持"称职"都可以称得上是奇迹了。

大学是一个从事教学、科研、服务的组织机构。但是今天的大学在做什么呢?特别是大学的领导和教师心理活动指向和集中于哪里呢?今天的大学校园当然没有了"文革"时期的"打砸抢",但是校园中有了太多的"工作重心",有了太多的偏离大学职能的活动。什么"校园稳定"、"学生安全"、"餐饮卫生"、"菜价控制"、"疾病防控"、"爱国卫生"、"贫困生认定"、"思政投入"、"民兵训练"、"违法处置"、"消防保障"、"反腐倡廉"、"计划生育"、"统战宣传"、"党团群活动"、"工会福利"、"送来迎往"、"请吃公关"、"先进推选"、"工作量确定"、"奖金发放"、"机构设置"、"级别认定"等工作,种类繁多,举不胜举。这其中的一些工作的重要性都上升到了"方针路线"的高度,学校各级领导都要在各种"责任书"上签名画押承诺,稍有闪失将会被

"一票否决"。面对来自众多"婆婆"如此"刚性"的要求,大学还怎么能保证"教学、科研"的中心地位呢?正如有的校长所言:中国的校长除了教学什么都要管,而国外的校长除了教学什么都不管。前面所罗列的诸多工作,不是说不重要,更不是说可以不做,关键是由谁做、何时做、怎样做。现在的高校该做的没做,不属于自己做的、不该做的去做了。中国的大学任务众多、责任重大、疲惫不堪,结果还落得个"不务正业、游情外务"的恶名。

工作任务要完成,自然要有机构保障、人员落实、责任分解。中国高校"婆婆"多、任务多,组织机构和相关人员的配备理所当然比国外高校多。机构臃肿、人浮于事也就成了中国高校的特色。"科级干部一操场,处级干部一礼堂",确实是中国高校的真实写照。各组织机构及相关人员为确保自身的利益,都会挖空心思找理由来彰显自己工作的重要。当一群高智商的人整天忙碌于钩心斗角、争权夺利的时候,任何人都能想象得出这些组织机构彼此诋毁的惨烈以及高校领导为了处理各种矛盾而疲于奔命的狼狈。机构增多了,矛盾会以几何基数增长。而且,这些机构工作积极性越高,学校工作往往越偏离正常的轨道。

机构设置了,还要有经费的配套。中国高校的办学经费原本捉襟见肘,但又不得不拿出相当一部分来维持这些机构的运转。"教学"和"科研"就似得不到食物的嗷嗷待哺的婴儿,除了哭闹挣扎再也不可能长得强壮结实。注意力远离教学、科研的最为可怕的后果,还是大学人价值观的改变。人们再也耐不住寂寞,再也不可能专心致志于教学和科研。"官本位"意识恶性膨胀,重点大学也会出现40名教授争夺一"处级"职位的闹剧。教师如此,学生就能心如止水、宁静致远?不可能了,成为一名公务员是大多数大学生最向往和最为崇高的目标。对知识、对研究没有了激情的大学,成为一流大学只能是白日做梦。

寒假期间在美国碰到一些世界一流大学的中国留学生,他们向我介绍说,美国的大学除了教学就是科研,除了科研就是教学。他们在美国多年,校方从未要他们去参加一个与教学、科研无关的会或活动。当有能力、有信心将自己的注意力集中于教学和科研的时候,世界一流大学才可能在中国诞生。

大学校长不如村长

2010 年 6 月 21 日

"大学校长不如村长",这是前些天一位孩子将要大学本科毕业的家长说的一句话,振聋发聩,发人深省。

这句话的意思不是说校长的文化知识不如村长,也不是说校长的工资收入不如村长,更不是说校长的官衔级别不如村长,而是说大学培养的学生的工资收入还

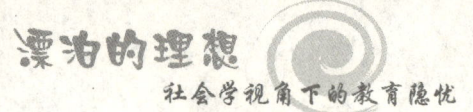

不如来自农村的民工。实事求是讲,并不是所有的大学毕业生都不如民工,但有的大学的毕业生不如民工也是客观事实。因此,不能说所有的大学校长不如村长,但有的大学校长真的不如村长。大学生不如民工,大学的尊严体现在哪里?大学教师的尊严体现在哪里?大学校长的尊严体现在哪里?

大学生怎么会沦落到不如民工的地步?大学校长怎么会被讥讽为不如村长?个中原因不难明白。大学不再以学生为本,大学的所作所为学生始终不能"得实惠"!教师热衷于论文、课题、经费,校长热衷于升格、硕士点、博士点,"教书育人"成了教师和大学的副业。大学生是否有看家本领?是否比民工更有竞争力?是否能有更好的前途?是否能得到有尊严的工作岗位?是否能得到更高的工资待遇?所有的一切都与教师的职称晋升、工资发放无关,与大学校长个人仕途发展、物质待遇无关,与大学是否能成为示范性院校、是否能专升本、是否能成为211大学无关。这样的制度安排和评价机制导致大学生不如民工,也就没什么大惊小怪了。

许多大学还会为自己的不负责和不称职寻找种种理由和借口。什么大学是为人的可持续发展奠基,不以一时的胜负成败论英雄;什么大学立足于人的综合素质的提升,而不是局限于眼前某项就业技能的培训。在他们看来就业能力与可持续发展能力是水火不相容的,就业本领与综合素质是风马牛不相及的。什么"可持续发展"、"综合素质"等言论,听起来似乎理直气壮,事实上,都是为了掩盖事实真相、推卸办学责任的"障眼术"。"障眼术"用在魔术表演,会很可爱,但有的人却用在了大学教育,除了让人恶心、愤怒外,还想得到什么?还想说明什么?

很多人已不再指望教育改变命运,很多家长也不再指望"教育致富",但大学教育总不能堕落到"教育致贫"的地步吧?人们总是认为对教育的投资是"最佳投资",但是当今不仅有的民众认为,而且甚至有的学者也认为对教育的投资是"最差投资"。"大学校长不如村长",这是社会对大学的否定!这是百姓愤怒的吼声!这是大学的耻辱!

"大学校长不如村长",这一评价也许带有一定的情绪。但是,真的要让大学具有尊严,要让大学恢复曾经具有的荣耀,要想让留学热潮有所减退,大学是到了把注意力转移到学生的培养上的时候了!

智商决定于文化

2010年6月28日

聪明不聪明,可用智商来表示。智商高,表明聪明;反之,则不够聪明。怎样才能让一个人、一个民族更聪明,智商更高?人们可能首先会想到遗传、营养、知识等因素对智力发展所产生的影响作用。但实际上能起更大作用的是社会文化,尤其是其中的制度文化。

　　智力的充分发展需要有宽松自由的社会文化作保障。一个人如果不能多说一句话,不能多走一步路,那么这个人的心灵是自由的吗?不自由的心灵能使自己的智慧充分发展吗?一个人如果只能说迎合老师、领导的套话,那么这个人会有思维的发散吗?不发散的思维能让自己超越别人吗?一个人不能做自己想做的、表达自己想表达的,这个人会成为有个性的人吗?没有个性的人会有思维的独立性、批判性和创造性吗?可见,没有尊重个性、倡导自由的民主的宽松的社会生活环境,一个人的智商就难以得到充分发展。生活中为什么会有那么多的家长作风、师道尊严、长官意志?都是民主不足、自由不够的表现,久而久之将会导致整个民族智力的减退。宽松自由的环境能生长出多种多样的思想、观点、意见和言论,这些精神财富对于人的智力发展具有无可替代的作用。一个人的智力发展需要多种多样的精神营养,就像一个人的身体健康需要多种多样的食物一样。不同思想的交锋、不同观点的碰撞,不同意见的争论,不同言论的启迪,将会使一个人更善于思考、探索、研究,从而也使得这个人的思维会更敏捷、思想会更丰富、办事会更能干。遗憾的是,我们的文化中,总是有太多的思想统一、意志统一、答案统一、形式统一,从而导致学生作文套话到底,教师讲话声色俱厉,领导发言空洞乏味,报纸文章千篇一律,经验交流陈词滥调,学术论文下载抄袭。长期在这种精神文化食粮极度匮乏的环境中长大的人,不仅思想麻木、思维迟钝,往往也是一个没有幽默感的无趣的人。这种人除了脑子真空、思想空白外,唯一适合的就是人云亦云、照本宣科,最擅长的就是阿谀奉承、溜须拍马。

　　智力的发展还需要有竞争的文化氛围。高智商是一个人的潜力不断得到挖掘的结果。潜力的挖掘自然需要主观上的努力,但也同样需要外部的推力。一个人没有竞争,必定饱食终日、无所事事,最终聪明变笨蛋;一个组织没有竞争,必然导致组织成员浑浑噩噩、得过且过,最终落得个"群体弱智";一个民族没有竞争,自然是万马齐喑,除了消耗地球资源外,不会也不可能对世界做出什么贡献。当然,竞争有效的前提条件是"公平"。当今不缺竞争,缺的是竞争的公平。小人得志,能人受气,超人出局,是个别现象吗?竞争不公平的客观结果是一类人放弃竞争,另一类人成为搞歪门邪道的"专业户"。

　　智商似乎是脑的机能,实乃"文化"使然。一个人的智商或一个民族的智商决定于一个民族的文化,要提高智商,先要从改善文化开始。

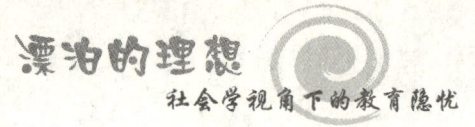

拯救男孩

2010年8月23日

在当今中国,从幼儿园到小学,从小学到中学,从中学到大学,从大学到硕士博士,直至找工作、公务员考试,与女孩子相比,男孩似乎都落后了。成绩没女孩好,奖励没女孩多,各级各类的选拔考试没女孩突出。莫非中国的男孩真的不行了?今天的男孩真的退化了?不是的。不是当今的男孩不行了、退化了,而是如今的社会环境不利于男孩的成长,是今天的文化打压了男孩的特长,特别是评价人的标准和选拔人的机制使得男孩的天性、优势得不到公正的对待和应有的尊重,是过多的否定性评价毁掉了男孩!男孩的落伍,是教育的落伍;拯救男孩,先要教育者自救。否则,将真的会导致男孩的退化,而男孩的退化也是家庭的退化,民族的退化,国家的退化。

男孩和女孩各有特点,各有优势,他们的特点和优势都应该得到尊重,这就要求要有多元的评价标准,特别是家长、老师要有一双善于发现孩子优点、特长的慧眼。孩子心理或行为上的某一种情况,从不同角度去看,就完全可能得出不同的结论。女孩与男孩身心发展的差异性,只能说各有特点,而并没有好坏、优劣之分。但在现实生活中,男孩的优点不仅容易被忽视,而且还很容易把男孩的优点当缺点。要拯救男孩,家长、教师,都必须学会全面、准确地看待和评价孩子。

(1)早熟与晚熟。女孩发育在先,在同一年龄或同一个班,女孩确实更懂事,接受能力也会显得更强。但是,男孩暂时的落后,并不意味着"途中跑"、"最后的冲刺"会落后。当男孩还显得幼稚、迟钝的时候,家长、教师要意识到他们正在积蓄冲刺的力量。

(2)细腻与豁达。女孩心细、敏感,容易设身处地为他人着想,能较快领会长辈的愿望和要求,因而也容易讨得长辈的欢心。男孩大大咧咧,冒冒失失,对于长辈的要求也会当作耳边风,更不会揣摸他人的心思。但是,男孩一旦明确了目标,当意识到自己要承担责任的时候,就更容易排除干扰,集中精力,做成大事。父母、教师切不可以孩子眼前的弱点来对他们的未来的发展下结论。

(3)贴心与讷言。女孩与长辈之间容易沟通,心理距离更近,彼此间更容易包容、接纳。女孩子的贴心也就容易获得更多的表扬和赞许。相比较而言,男孩在很多情况下不愿多说、多表达,并不是说他们"不懂"、"不知道"、"不听话"。在男孩看来,明明白白的事多说了没必要。成年人千万不要因为与男孩的"距离感"而认为他们在回避、在拒绝、在反抗。要知道,男孩的"讷言",容易让他们变得深刻、稳重、多思。

第三编 灯下闲谈

(4) 温顺与自主。女孩会表现得更尊重长辈,对于家长、教师的意见即使不同意也会用让对方能接受的较为温顺的方式予以拒绝。女孩的"听话"、"懂礼节"往往能让成年人产生更多的好感。男孩会表现出更多的"任性"、"倔强"、"叛逆"、"对抗",因而也会遭到长辈更多的批评、指斥、否定。其实,男孩的这些行为,恰恰是一个人有主见、有个性、有脑子、有思想的表现。对于男孩的"不听话"、"不顺从"、"不遵守"等更多的"不",如果,不想让他们变得"娘娘腔",不想让他们变得人云亦云,不想让他们变成逆来顺受的"小绵羊",那么家长、教师要特别善于保护他们的自尊心、自信心,要特别欣赏他们见解的独立性、独到性。

(5) 韧性与冲劲。女孩在做功课、完成练习、做事情上往往会有更好的坚持精神。男孩的这种"韧性"似乎稍有不足,作业没完成会去看电视,学习上会表现出虎头蛇尾。但也要看到,男孩在突击做某件事情上会表现出更强的冲击力和战斗力,家长、教师要善于利用这种冲劲和突击能力确立男孩在某方面的优势,进而确立他们学习上的兴趣和信心。男孩一旦进入"状态",坚持的"韧性"自然就回来了,再加上原有的"冲劲",说不准会更有竞争力。

(6) 安静与好动。女孩文雅、安静,在做事、学习上会表现出专注、专心,这些都是做好事情、学好功课的不可或缺的品质。男孩相对而言好动、好交往,会有更大的活动范围,会结交更多的伙伴,会有更多的电话、QQ的联系,因而也会有实实在在地对考分的影响。因此,有的家长、教师就把男孩的"好动"、"好交往"看成是不良的品质。事实上,孩子们在自己的"好动"中可以学到课堂上、书本中所学不到的东西,家长、教师对于男孩的"好动",不能限制,只能因势利导。

(7) 尽责与开拓。女孩会更守纪律、更懂规矩,对学校、长辈的要求更能不折不扣地执行,对于自己的职责会更用心去履行。违规、捣乱、不完成作业等现象似乎与男孩有更多的天然的联系。在这些差错的背后,我们也要看到男孩更擅长于别出心裁,更喜欢异想天开,更愿意探索探险、开拓创新和打破常规,在纠正男孩差错的时候千万不要把男孩的这些天性也给扼杀了。

(8) 精确与求异。女孩细致、细心,掌握的知识会比较扎实,练习的正确率也比较高,考试成绩也会好一些。男孩会表现出更多的"马大哈"的一面,由于粗心、马虎受到的指责总是会比女孩多。男孩确实在复习、考试中会表现出不够精确、容易失分,但是也要看到男孩在求异思维、大局观和统筹能力方面要略胜一筹,只是这种禀赋和能力难以在考试中体现。一个人会在某一方面表现不足,但也完全可能在另一方面蕴藏着巨大的优势,家长、教师切不可对一个人作简单的否定。

(9) 专注和视野。女孩关注点专一,做事一心一意。男孩兴趣广泛,他们心理活动不纯粹指向和集中于学业,与考试、分数无关的诸如世界杯、世博会、伊拉克战争、莫斯科森林大火等都会是他们关注的焦点。他们喜欢运动、游戏、交际以及上网了解学校外面的世界。男孩的这些品质会暂时导致他们学业上的落后,也容易

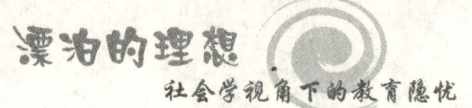

被家长、老师指责为不务正业、多管闲事。其实,男孩身上的这些被成年人批评的品质恰恰是值得女孩学习的。中国的学生发展缺乏后劲,很大的一个原因就是兴趣不广、视野不宽、知识面太窄。

(10)分数与能力。人的许多品质与能力并不能由考试来反映,高分低能、低分高能的现象比比皆是,分数不代表能力,更不代表未来。更何况一个人的考试能力也是存在很大的个别差异,有的人小学时是考试天才,到了中学说不定成绩平平,相反,有的人小学考试一般,到了中学、大学说不定变得异常突出。孩子的考试分数会在肯定、表扬中提升,当然也会在讽刺、批评中滑落。当男孩考试分数相对靠后的时候,家长、教师一定要正确看待分数。任何一个人都知道,对于人的进步和发展,自信比分数更重要。

清华北大沦落为二流是好事

2010 年 8 月 28 日

大量一流高中生出国留学,导致清华、北大只能招到二流生源,清华、北大具有全球最好生源的优势将不复存在。我的晚辈都毕业于清华,这是我最大的骄傲,我不愿看到清华、北大沦落为二流。但我也知道,中国学生出国留学的高潮远未到来,特别是优秀高中生出国的比例将日渐提高,清华、北大包揽一流高中生的时代将一去不复返。情感上我不愿接受这样的事实,但理智告诉我,这是天大的好事。

一流的学生总是要出国的,只是什么时候出国不同而已。原本在清华、北大获得学士、硕士后出国,现在无非提前到高中毕业就出国。这样一来,一流的学生不再占用国内有限的优质资源而是提前享受到了国际上一流的教育,而国内更多的学生享受到了原本无法享受到的清华、北大一流的教育,这不是两全其美、一举多得的好事吗?

有人会担忧,这会影响到中国大学的声誉、质量,会影响到清华、北大在世界上的地位、排名。从眼前来看,这种担忧不无道理。但稍作分析,这绝对有益于中国高等教育的进步和发展。中国的大学病得不轻,已不可能靠自身调养便能重新振作。民众对大学的批评由来已久,社会对大学的抱怨不绝于耳,政府对大学的投资也是与日俱增,大学本身重内涵、求质量、争一流的表态也老早让人的耳朵长出了老茧,但是,大学有进步的起色吗?培养出创新人才了吗?出一流的成果了吗?诞生跻身于世界前 100 名的大学了吗?延续目前这种状况,中国的大学与世界大学的距离只会越来越大,中国大学的名声只会越来越差,中国大学自身的病也只会越来越重。中国优秀高中生的集体"大逃亡"就是民众、社会对国内大学强烈不满的最直接证明。要想中国的大学改革见效,要想中国的大学重新崛起,靠几十年来的小打小闹、修修补补,已无济于事,必须伤筋动骨、釜底抽薪!不置中国大学于死地,中国大学已不可能重生。大学不倒闭、教师不失业已不足以激发起政府、官员、校长改革的决心和勇气。今年,30万的出国留学人数,对决策者和一些大学已有所触动,但还远没有达到让高校倒闭的程度。好在种种迹象表明,留学浪潮将一浪高过一浪,距中国大学生源危机的日子已为期不远了。

高中生出国浪潮的掀起,是中国高等教育的失败,但也是中国高等教育的希望。

教授成了自己不屑的人

2010年9月17日

大学教授,蔑视权贵,耻于谈论金钱,追求真理,向往公平,视人格尊严为生命。大学教授,不仅因为学识渊博、治学严谨,更是因为他们贫贱不移、威武不屈的品格而受到各个时期人们的尊重。然而,今天的教授已大为贬值,许多教授都成了自己曾经不屑的人。

请客、送礼、洗脚、唱歌、拍马屁、托关系,而且走后门,曾经是教授们最为不齿的行为,现在不仅为教授们所热衷,而且也为教授们所擅长。许多教授长年累月出入餐厅、歌厅、舞厅、棋牌室、洗脚屋,自然也就有了"三过实验室而不入"、"论文答辩导师不识学生"的让人笑不起来的笑话。有的教授不再是"学识学问"、"道德良知"的化身,而俨然成了搞歪门邪道的专家和"有奶便是娘"的势利小人。

教授的蜕变是痛苦的,教授的堕落是被迫的。要让知识分子低下高贵的头去拍马屁,要让追求真理、信奉公平的大学教师去找关系走后门行贿送礼,可以想象得出他们有多痛苦多难受、多不情愿。那么,他们又是怎样让自己成为自己曾经不屑的人呢?又是怎样让自己成为自己曾经最憎恨的人呢?有人说是当今高校对教师的评价制度,有人说是当今国家科研项目评审机制,使得好人变坏人,让"教授"变"野兽"。教师评价、项目申报不是不需要,在各个国家也都存在。关键是评价、审批的公共权力部门化、部门权力个人化,或者说国家资源分配的公共权力部门化、部门权力个人化,使得评价、审批的制度带来的是学术的假繁荣、科技的假进步、教授的市侩化。掌握着项目审批、基金发放的一小撮人就似挥舞着骨头的养狗场的饲养员,一个小小的举动、一声小小的吆喝,就会让成千上万的教授似狗一样口水直流并且蜂拥而上。当然,一部分教授讲尊严、讲人格,在物质利诱面前不改变自己做人做事的原则,他们获得的是内心上的一份坦然、自由,但他们在学术场上很可能是受冷落、被遗忘的边缘人。另一部分教授不讲道德,也许本身就没有道德,唯利是图、见钱眼开,就似一只永远处于饥饿状态的狗,为了取得食物可以跪地乞讨,可以狂吠呼救,可以与前辈争抢,可以让后生挨饿。这部分教授的学术精力在卑躬屈膝、攀高结贵中消失,他们不再有学术能力但却有投机钻营、耍阴谋搞诡计的高超本领,尽管他们获得的课题、资助的项目产生的是文化垃圾,但丝毫也不影响他们在学术场上的自鸣得意。绝大多数的教授,介于这两类人之间,痛恨腐败,但在物质、金钱诱惑面前又蠢蠢欲动。他们会因自己的随波逐流而不断受到自我谴责,他们也会因自己的自命清高而感到跟不上形势,他们始终在"该做"与"不该做"之间挣扎。

我不知道钱钟书先生的《管锥篇》是因什么基金而诞生,我更不知道陈景润的哥德巴赫猜想的研究是因什么资助而突破。当然,我知道,如果有更多的项目、基金的资助,那么肯定会有更多的钱钟书、陈景润的诞生。国家在科研、学术上的支出以翻番的速度增长,以国家社科基金项目为例,1985 年只有 500 万元,到了 2009 年已达 4 个亿。但我们怎么不见钱钟书、陈景润的诞生?莫非这些钱移做了他用或者是钱让人丧失了研究能力?记得几年前有位 985 院校的老教授说过一句话:"项目基金的 30% 要用在跑关系上。"当时我不敢相信,今天仍然劝自己不要相信,但又好像不得不相信。

我所说的这一些毫无新意可言,教授的集体堕落众人皆知。为什么没人去改变这种状况呢?我们只能说有权力改变这种状况的人不想改变。

教育需要召开"十一届三中全会"

2010 年 10 月 12 日

"文革"时期的教育罪大恶极,罄竹难书。"文革"结束,拨乱反正,恢复高考,人们欢欣鼓舞、奔走相告。眨眼间,30 多年过去了,这 30 多年来,除了恢复考试,"改革"确实未曾停止,新口号、新措施层出不穷,但教育受到的诟病越来越多,人们不满意的情绪越来越严重。教育确实没能回答钱学森之问,我们培养的有影响的不论是自然科学还是社会科学的人才,也确实不要说不能与欧美相抗衡,就是与兵荒马乱的民国时期相比也大为逊色。通常一个国家独立后 30 年便能培养出诺贝尔奖获得者,新中国成立已 60 多年,"文革"结束也有 30 多年,我们的诺贝尔奖获得者在哪里,不仅今天看不到,而且可怕的是明天仍然看不到。我们的教育工作者一直很苦很累,我们的教育改革一直持续,为什么不见效呢?说白了,我们从来就未曾有过真正的改革,都是一些表面上的、细节上的小打小闹,尽管热闹,尽管辛苦,但永远不可能见效。什么素质教育、什么新课改,应该说都没有错,但我从来就没寄予什么希望,事实上也没什么成效,无非是流于形式的一阵阵喧嚣。离开本质的形式上的大喊大叫的改革仍将会轮番粉墨登场,但其闹剧或悲剧的结局将永远不可能改变。因此,我盼望着教育界"十一届三中全会"的召开,解放思想,抓住本质,还教育"实事求是,民主自由"的本真。

千教万教教人求真,千学万学学做真人。"真"是教育的目的,同时也是教育的"手段"。要达到"教人求真,学做真人"的目的,教育本身必须是"真"的,即必须是实事求是的。"文革"时期的教育假大空泛滥,今天的教育就体现实事求是了吗?时代不一样了,但反实事求是的做法和现象仍然比比皆是:总结时,自吹自擂;评估时,弄虚作假;发言时,口是心非;执行时,阳奉阴违;统计时,拼凑涂改;定位时,贪大求全;建设时,华而不实;应酬时,虚荣摆阔;监督时,与狼共舞;用人时,唯上唯亲;施教时,言不由衷;求知时,不懂装懂;写作时,移花接木;研究时,投机取巧;汇报时,套话连篇……容得了沙子的眼睛肯定是失明的,容得了虚假的教育肯定是无效的。伟大的教育理念、先进的教学模式、科学的管理举措、正确的改革主张为什么不能落地生根、开花结果,皆因没有实事求是的生态环境。中国教育要想唤回尊严,承担起培养"真正"德智体全面发展的人,不仅需要教育家,更需要政治家。把中国的教育变得"实事求是"是改革的当务之急。

教育需要实事求是,也需要自由民主。学校是知识传播创新的场所,理应是思想最自由、师生最平等、管理最民主的地方。然而,今天的学校尽管高喊"以学生为本"、"民主管理"等口号,但实际上"看似热闹的课堂里却是一片苦闷的灵魂",看似活跃的校园到处弥漫着铁腕统治的恐怖。一言堂、官本位是当今学校管理的基本特征。没有宽松的学习环境和学术的自由,教育就不能激发人的潜能。当今的教育在让人变得"媚上欺下"、"攀官结贵"和"对官权的顶礼膜拜"方面却能发挥神奇的作用。当然,此种"目中无人"的教育,正如有的学者所言,是在撕裂具有生命整体性的人,是在摧残具有智慧生命的人,是在压抑求知创新的人,是在诋毁有求善意向的人,是在扼杀有生命活力的人。可以说,没有民主的管理、思想的自由,就不可能有人格的独立、思维的创新。

我所讲的是谁都懂的道理,但道理要变成行动、变成现实,在目前谁都做不到,所以需要召开一次教育界的"十一届三中全会"。

中国的大学没有真正的竞争

2010 年 11 月 13 日

中国的大学表面上看竞争激烈,什么民间的各种各样的大学排行轮番登场,什么官方的名目繁多的评估此起彼伏,似乎大学之间正进行着一场又一场没有硝烟的战争,似乎大学的官员、教师都在为增强学校的实力以便在激烈的竞争中处于不败之地而殚精竭虑、废寝忘食。实质上,中国的大学根本就没有真正意义上的竞

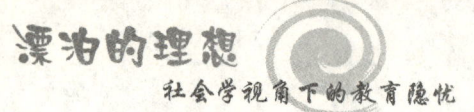

争。因为没有竞争,所以没有水平;因为没有竞争,所以没有品位;因为没有竞争,所以不可能让人民满意而且越来越不可能让人民满意。

中国的大学旱涝保收、衣食无忧。我们曾听说金融危机背景下美国一些高校面临财政危机,中国尽管不富有,尽管同样受到金融危机的冲击,但哪所大学不照样安然无恙?中国大学的经费主要由两部分构成,一是学费,二是财政拨款。非常滑稽的是,能收多少学费、政府财政拨多少款,与办学水平、特色、贡献没有关系。学费标准由国家统一制定,这就出现了全世界绝无仅有的怪现象:优质大学低收费,劣质大学高收费。清华、北大等985大学的学费标准普遍比高职院校低。一所大学要想收到更多的学费,就必须把自己的大学办得没水平、没档次,越垃圾越好。财政拨款更不是在鼓励大学办出品位、办出特色,而是沿袭了计划经济时代大锅饭平均主义的一套做法——按人头拨款。如此拨款方式,唯一让高校有兴趣的就是拼命扩大招生量。这也就是为什么有那么多的高校明知自己的学生数量已饱和但还要不遗余力地要求增加招生指标的原因所在。如果说中国大学这一计划经济的最后堡垒有什么变化的话,那么就是长大了,但变虚了。

经费拨款方式不能导致大学之间的竞争,招生政策同样不能让各高校变得有积极性。有人可能不同意我的观点,会说中国的高校招生是全世界竞争最激烈、最残酷、最不人道的。但你要知道,这种竞争只发生在高中,与大学几乎毫不相干。大学能录取到怎样的学生不是决定于自身的办学实力而是决定于社会民众的思维定势。什么高考分数进什么学校,与高校的努力几乎没有任何联系。这样一种社会背景,让每位校长有理由为自己开脱,他不会因为招不到好学生而感到耻辱,他更不会为了能招到好学生而卧薪尝胆、奋起直追。每年全国最好的学生都进了清华、北大,但是没有一位校长会从心底里钦佩清华、北大校长,相反谁都会说,如果自己出任清华、北大校长那么同样能招到全中国最好的学生。此话不假,能否招到好学生与校长的能力确实没有任何关系。当招生这样一项较有公信力的指标都难以证明校长的学识、能力、水平的时候,你就能想象得出大学校长有多悠闲、多惬意,你也就能明白了中国的大学为什么不思进取、不见成效。

当然,最能引发大学之间竞争的不是生源,而是项目申报、科研经费、论文数量、研究成果、教学评估、师资水平、品牌课程、特色专业、仪器设备、实验条件、就业率等。在中国大学,难道就不存在这些方面的竞争吗?中国大学这方面的竞争,在世界范围内来讲也恐怕是最惨烈、最不择手段的。但中国的大学在这方面的竞争都不是真正意义上的竞争,都不是促进大学真正发展的竞争,而是加速中国大学背离大学价值、本质的竞争,是加速中国大学走向死亡的竞争。竞争的有效决定于竞争规则的科学性和竞争规则执行的严肃性。中国的大学具备这样的竞争环境吗?中国的足坛很黑,中国的足球联赛毫无公信力可言,中国大学的竞争就很公平、很公正、没有黑哨吗?就比中国足球竞争的现场直播更阳光、更透明吗?谁能说中国大学的竞争比中国足球联赛更有公信力?在当今的众多大学所取得的众多成果、奖励、荣誉、项目,不要说人家不认可,甚至连自己都不认可。有多少人敢说,自己成绩取得完全是凭自己的实力?有多少学校敢说,自己荣誉的获得没有走过后门、没有行贿送礼?一定意义上讲,大学"竞争的胜利",不再反映一个学校的实力和进步,而是反映了一个学校搞歪门邪道、违法乱纪的能力和水平。没有真正的竞争,就没有真正的学术。难怪李泽厚先生要大发感慨:"现在大学教授一个项目好几万几十万,甚至几百万,就搞那个去了,我对学术界不寄予希望。"

中国大学没有真正的竞争还表现在中国大学领导的产生没有竞争性。谁都知道,大学无竞争,大学也就无好坏。大学无好坏,谁都可以出任大学的决策者、管理者。既然谁都可以出任大学的决策者、管理者,那么大学官员的产生不具有竞争性也就顺理成章了。只要不出现中毒、死人、群体事件,不思进取的大学的官员们完全可以始终沉浸在一片大好形势的喜悦之中。当然,大学领导产生机制中竞争性的缺失又让中国的大学变得更加没有竞争。

因为没有竞争,所以谁都可以说形势大好,而且越来越好。自我陶醉是没有真正竞争的大学的特征,不过,自取灭亡是没有真正竞争的大学的必然。

"科研"之罪

2010年12月1日

"眼睛一闭一睁,一堂课过去了;眼睛一闭不睁,一上午就过去了。人生最痛苦的事知道是什么吗?是下课了,但人没醒。人生最最痛苦的事你知道是什么吗?是人醒了,但没下课。人生最最最痛苦的事你知道是什么吗?是上课了,但睡不着。"这是网上出现的大学生模仿小品演员小沈阳创作的大学版《不差钱》。这当然有艺术夸张的成分,但大学的课堂教学状况着实令人担忧。

不是说大学老师的工作都很紧张,怎么连一堂课也上不好?大学老师是很忙,但都不是忙在教学上。就许多大学教师而言,课堂教学、批改作业、辅导学生只是副业,或者说是业余活动。那么到底在忙什么呢?都在忙"课题",都在忙"论文"。目前全国2000多所高校就像20世纪"大跃进"时期每个乡镇大炼钢铁一样在大搞"科学研究"。老师们实在是没有时间、没有精力、没有心思去从事教书育人的工作。教师不再教书,大学还能称之为大学吗?

如果以牺牲教学为代价,换取科技的繁荣,那么也是值得的。问题是"全民科研",并没有带来多少科技的进步,就像当年全民炼钢炼出的都是废渣一样有害无益。《文汇报》披露,"过去十年间,我国在科研经费上的投入持续增长:从2000年至2005年政府的研发投入年增长率达17%,2005年至2008年的投入增长率达

23%,2009年又增加了30%。但是,除了论文数量增加以外,其他的成果却很少——核心技术掌握在国外同行手里的现象,没有发生根本改变"。大学教学的病重了,大学"科研"的病更重。抄袭剽窃、伪造数据、买卖版面、雇用写手、代笔论文,可以说层出不穷;凭关系立项、靠人情结题、送人民币买成果,更是司空见惯。2010年9月,北大的饶毅和、清华的施一公两位大科学家在《科学》杂志上撰文揭露,"在中国,为了获得重大项目,一个公开的秘密就是做好研究还不如与官员和他们赏识的专家拉关系重要"。在顶级的科研立项上尚且如此,在低层的立项上有多肮脏也就可想而知了。众多的"科研",实际上是在做反"科研"的事。如此科研,成就了一批又一批善于弄虚作假、投机钻营的教师,对教学自然只有危害不可能有促进。教学的病是可怕的,将会导致学生质量下降;科研的病是更可怕的,将会导致大学的存在价值丧失。

当务之急,乃取消非研究型大学特别是高职院校的科研考核。有人一定会以"教学、科研和社会服务"是大学的三大职能为由来反对我的这一观点。但我认为,这是研究型大学而非所有大学的职能。关键不是要不要"科研"的问题,而是需要怎样的"科研"的问题。当大量的反科研的"科研行为"存在的情况下,对科研的扶持力度越大罪孽就会越深重。我的观点也许有错,但一个不争的事实是,这些非研究型大学的绝大多数"科研",除了增加碳排放和垃圾填埋场的负担外,就是让教师们越来越不喜欢教书。当然,废除科研考核后的科研,可能就是真科研了。

国之殇:反季节教育

2011年1月24日

"办人民满意的教育"是政府及教育界官员不断向社会作出的承诺,但百姓对教育似乎越来越不满意。教育的问题也确实很多,中小学生负担过重,受教育机会不均等,大学生就业能力不强,学生创新创造能力过弱等,可以说不胜枚举。那么,是什么最让老百姓不满意?能否用一句话来描述当今中国教育存在的问题呢?思考再三,我觉得如果一定要用一句话来描述,那么我会说中国教育的主要问题体现在"教育的反季节性"。

不要说种庄稼要讲季节,就是食品加工也要讲季节。我们当地的"金华火腿"名扬天下,通常是在冬天制作而成。前些年一些财迷心窍的人居然制造出了"反季节火腿",一年四季都用来加工生产。由于夏季苍蝇多,为防止苍蝇在腌制中的火腿上产卵长虫,就将火腿放入农药水中浸泡。如此创造性的反季节行为,也就诞生了"甲胺磷火腿"。这样的"反季节火腿"知其底细的人是绝对不敢食用的。做事的季节性,看似简单,实际上蕴涵了深刻的道理。就其本质而言,是对客观规律的尊重和遵循。那么,很显然,"反季节"就是反科学、反规律。

种庄稼、加工食品要讲季节,教育人、培养人就更要讲季节了。只是这个"季节"不是指一年四季,而是指人的年龄阶段。一个人不同的年龄阶段就是不同的季节,不同的年龄阶段就像不同的季节有着不同的特点。教育要遵循客观规律,最大的规律就是学生的年龄特征,也就是说学校、教师要根据学生的"季节特征"来组织实施教育。但是,现实的情况是无视学生的年龄特征,导致人的一生都在接受着反规律的教育。婴儿教育幼儿化,幼儿教育小学化,小学教育中学化,中学教育大学化,大学教育婴幼儿化,这就是当今中国的"反季节教育"。

婴幼儿时期,需要的是自由自在的环境,让幼小的心灵在欢快愉悦的日常生活中去感知认识周边的世界。与之相应的婴幼儿教育方法应该是提供宽松的环境和丰富的材料,鼓励孩子无拘无束地探索和发现事物之间的联系,并帮助孩子有意识地强化感受到经验,从那些看似非常简单的经验中产生丰富的认识。然而,现实中,婴幼儿过早地接受了"正规的学校教育"。由于婴幼儿的模仿能力很强,这让"小学化"的婴幼儿教育的效果看上去似乎很美丽、很神奇。但婴幼儿发展好比一盘围棋,通过对某一领域的强化,或许能够占据大脑的一席之地。然而,圈地的同时,却可能迷失了天下大势——大脑在定向教育下沦为复读机,一个人从蹒跚学步起就不知道自己为什么这么做这么想,更不知道接下来该做什么、该想什么。上了中小学,学习的难度、强度都超越了身心所能承受的程度,学生们获得的不仅仅是眼睛的高度近视,还有对知识的厌恶和对学习的极度痛恨。上了大学,就一个人而言,是一生中精力最充沛、接受能力最强的时候,理应可以接受学习内容更多、学习时间更长、学习强度更大的教育。但是,当今的大学仿佛是早教中心、是幼儿园,大学生仿佛又回到了婴幼儿时期:接受的教育是文明礼仪,课堂教学玩手机,下课不再做练习,回到寝室玩游戏,最为生龙活虎的是下军旗,消磨时光看连续剧,床铺不用整理,一日三餐有外卖肯德基,何时开学遥遥无期,实习有父母找关系,考试会有教师给题送分,一切都能化险为夷……"反季节教育"的最大特点:不需要教的时候乱教,不需要学的时候乱学;需要教的时候不教,需要学的时候不学。

是中国人不懂得遵循"教育必须适应学生年龄特征"这一规律吗?如果懂,那么中国的教育为什么要与学生的身心特点对着干呢?确实不是中国人不懂,是现行的教育制度安排使得当今中国的绝大多数人走上了反规律的道路。从学前教育到高等教育,高考是分水岭。高考,让大学前教育竞争过度;高考后,尽管还存在竞争,但是,对各大学的校长、教师而言,在学生培养上不再有真正的竞争。高考前的过度竞争,使得中国的孩子接受的是违背人性的非人道的教育;高考后的竞争的缺失,使得中国的大学生接受的是"无责任承担的教育"。

竞争不可以过度,也不可以没有。竞争制度的解除或构建都需要有一个过程,因此,可以肯定,"反季节教育"还不会在短时间内消失。但可以肯定,如果任其存

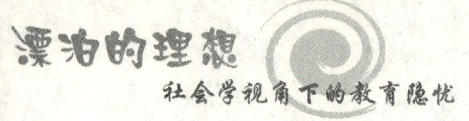

在,那么就不仅仅是教育能不能让人民满意的问题,而是关系到中华民族生死存亡的大问题了。

一想到未来就忐忑不安

2011年2月17日

龚琳娜演唱的《忐忑》,歌词是由"无意义音节"构成的,不知道他人能否听明白,反正我是一个字也没听懂。这些摸不着头脑的歌词再加上歇斯底里的曲调和近乎疯狂的表演,成了这个冬天乐坛里的一把火,烧遍大江南北,大红大紫。在我看来,《忐忑》与精神病院狂躁病人的大喊大叫也没多大差异,就是这样的一首歌,不仅被有的权威称为"神曲",而且也深受百姓的喜爱。我不懂音乐,我没法从音乐角度去理解其中蕴涵的吸引人打动人的奥秘。我只是觉得,《忐忑》的流行,是与民众特别是年轻人忐忑不安的精神状态密切相关的。有太多的人郁积了太久太多的道不明说不清的忧愁烦恼和苦闷,又找不到一吐为快的发泄的方式和渠道,没有具体思想表达只有强烈情感爆发的龚琳娜的《忐忑》正好满足了自己排遣精神压力消除胸中不快的需要,一听到《忐忑》就似乎遇到了知音。问题是一曲《忐忑》真的就能让人变得踏实和淡定吗?

寒假期间遇到了许多在不同学校就读返乡过年的大学生,低年级的还是无忧无虑的乐天派,高年级的就不一样了,年级越高心事越重,用他们自己的话来说,就是"一想到未来就忐忑不安"。我也能理解,他们面临着人生道路的选择,是考公务员还是考研究生,是就业还是创业,是国内发展还是出国留学……这样的选择长期困扰着他们,即使作出了选择,结果也不是自己完全能控制的。面对着测不准、不确定的未来,每个人都难免忐忑不安。如果再想远一点,买房、置车、成家、生儿育女……那么更会让自己变得焦虑和无助。不要埋怨生不逢时,不要埋怨投错了胎。任何一个时代的任何一个人都会有同样的对前程的担忧和由此引发的一系列的心理上的忐忑不安。

有人也许会说,一个人如果能事先知道未来会从事怎样的职业、会在哪里工作,那该多好。实事求是讲,这样的愿望幸亏不会变成现实。未来的不确定性,确实会让人不安,但也正是这种不确定性才让人的一生变得有意义。在收看体育节目时,为什么要看现场直播而不愿看录像?体育比赛结果的不确定性才是体育比赛的魅力所在。知道人生的未来就犹如看知道结果的体育比赛录像,没有紧张,没有不安,没有忧虑,但同样也就没有了激情,没有了惊奇,没有了期待。人最怕的莫过于自己的死。每个人都会死,可以说每个人都生活在死的倒计时中。人们为什么没有被"死"吓倒,是因为"死期"是不确定的,是这种"模糊的"死亡的倒计时让人们对未来仍然充满希望。我不能想象,假如一个人的死期是确定的,即使这个死期还是比较遥远,那么这个人在"准确的"死亡倒计时中会是怎样的惶恐和忐忑。

好在"不确定性"是"未来"的属性,只要是未来的,总是不确定的。也正是因为这种不确定性,在让人们忐忑的同时,也让人们充满了希望。任何一个人,面对未来的不确定时,要善于看到这种不确定所可能给人带来的机会和成功,而不要只看到挑战和危机。当然,未来的不确定性中所存在的机会和成功,是属于那些有准备并时刻都在努力的人的。因此,拥抱未来的不确定并做好让不确定变确定的每一个细节,当是当代大学生应有的态度和行为。

当自己忐忑不安的时候,可以跟随龚琳娜吼一吼《忐忑》,但是最最重要的是靠行动来建立对未来的信心。

贬值的时代什么不贬值

2011 年 2 月 20 日

这是一个贬值的时代,什么都在迅速贬值,保险、银行、养老基金都不再是一只只密不透风的聚宝盆而更像是一个个用来装篮球的网袋,里面装的不论有多少钱都会在不长时间内散落丢失。

我的一位朋友自以为有投资理财的意识和本事,在 1998 年就给自己买了一份保险。这份保险到 2020 年,也即当他满 60 周岁的时候,可以领到每月 70 元的养老保险金。在买保险的 1998 年,每月 70 元,相当于一个人半个月的生活费。但到 2020 年,70 元钱还够支付到保险公司领取保险费的打的费吗?

"保险"不保险,银行也不再有信用。有学者说,当今的时代,人民币每 10 年贬 80%,也即 100 万元人民币存到银行,10 年后只值 20 万元,再过 10 年只值 4 万元了。在这样一个什么都贬值的时代,谁也不要以百万富翁的身份自居,当自己不再有创造财富的本领的时候,即使有金山银山也会坐吃山空。许多人信奉知足常乐,也不指望有多少钱财,有个养老金就知足了。但是这样一个看似最低的要求在贬值的时代恐怕也要成为泡影了。发达的希腊、西班牙出现了养老危机,更发达的法国、英国也出现了养老危机。中国凭什么能确保有足够的养老钞票?上海去年的养老基金亏损就超 100 亿。当"未富先老"的中国有更多的地方也像上海那样有那么多老年人需要领退休金的时候,恐怕等待老人的除了西北风还是西北风。

有人说,投资黄金不会贬值。事实上,黄金也在贬值,只是贬值的速度不如纸币。有人说,投资房产,包赚不亏。近些年房价飙升,谁投资谁发财是一个事实。但谁敢担保日本经济泡沫破灭后房价持续走低的状况不会在中国出现?谁敢保证 20 世纪末亚洲金融危机造成每个香港家庭资产缩水 50% 的悲剧不会在内地重现?

无房人怕房价涨,有房人怕房价跌,谁都处于忐忑不安之中,当下的中国人自然也就没有高幸福指数了。

金钱会贬值,物质财富会贬值,有人说,知识就不会贬值了。不是的,知识同样会贬值。在新知识不断更新的时代,一个停止学习的人、观念不更新的人,学历再高、职称再高的人,都会迅速成为废人。寒假后回单位上班,翻阅寒假期间的过时报纸。发现一个有趣但又很可悲的事实:一些文章对当时一些重大事件走势的预测与后来发生的事实完全不一致。独裁统治埃及30余年的穆巴拉克在人民要求民主的浪潮中苦苦支撑了18天便倒台了,但是我们的报纸,不论是国家级的还是地方上的,事先居然没有一家能够预料到穆巴拉克会倒台。世事难料,更何况谁也不是诸葛亮,但整体性判断失误,这就不能不说我国当下的观察家、分析家在整体退化、在整体贬值,他们还是沿袭了传统的思维方式,高估了独裁的力量,低估了人民的力量。

那么还有什么是不会贬值的呢?那就是一个人的精神,特别是创新创业的精神。有了这种精神,无可以变有,弱可以变强。相对于金钱、房子、黄金、学历、职称,最为宝贵也是最为恒久的财富就是人的精神。

讲桌上需要牌桌上的文化

2011年4月21日

人们总是会说,中国人欠缺民主意识、民主精神和民主习惯。我看未必,只是这些好的品质在不同的场合有所差异罢了。讲桌上难以寻觅,牌桌上蔚然成风。

我不打牌,不懂得红五、双扣、炒地皮的游戏规则。但牌桌上的热闹偶尔也会吸引我的眼球。输赢看不懂,牌技高低欣赏不了,让我感兴趣的是牌桌上的文化——民主的氛围。而这种文化正是校园讲桌上需要却又欠缺的。

平等民主是牌桌文化的第一个特征。搭档的牌友可能是领导与下属,可能是父与子。不论是何种关系构成的搭档,彼此平等。只要出现在牌桌成为牌友,就不再有职位高低之分,也不再有长幼之别。领导可以骂下属,下属可以骂领导;老子可以训斥儿子,儿子可以教训老子。牌桌上的牌友人格上完全平等,没有校园讲桌上的至高无上和绝对权威。假如说,牌桌也像讲桌,还会有身心愉悦吗?没有身心愉悦还会有智力活跃吗?

批评与自我批评是牌桌文化的第二个特征。只要出了错,随之而来的就是批评与自我批评。下属可以当着众人的面毫不留情地指出上司的错误并声色俱厉地予以指导帮助,上司面对自己的错误不仅耷拉着脑袋心悦诚服地接受批评和教育,还会主动作自我检讨反思并当即表态不再重犯。即使没有出现明显的差错,牌友之间也总是会有不断地批评与自我批评,以力求不断提高牌技。讲桌上的批评与自我批评不是没有,但只是教师的批评和学生的自我批评。

监督与被监督是牌桌文化的第三个特征。牌桌上有"搭档",也有"对手"。对"搭档"的批评和对"对手"的监督,便是牌桌上的民主生态。牌桌上昔日一言九鼎、不可一世的官员在公众监督下,一个个变得不敢越雷池半步。正是因为每个人时刻都在监督着别人,同时又在接受着别人的监督,使得在没有"法院"、"纪委"、"裁判"的情况下仍然能确保游戏规则不折不扣的执行。讲桌上也有严厉的监督,但那只是教师对学生一举一动的监督,而不可能有学生对教师的监督。

制度治理是牌桌文化的第四个特征。人们常常可以发现,玩牌的人在开局之前往往要进行"制度建设",统一规则,明确奖罚。其间也会有争议、有不同的理解,但一旦确定,即无条件遵守和服从。有了制度的治理,打牌过程中不再有"以权谋私",也不再有"拉关系、走后门",一切都在"法制"的轨道上运行。"赢",理直气壮;"输",口服心服。没有"上访告状",更没有"集会抗议"。讲桌上,也有制度,但更多的是一言堂,长官意志。

中国人擅长打牌,让我不解的是,牌桌上的文化为什么不能推而广之呢?

清华给我的幸福

2011 年 4 月 25 日

昨天是清华百年校庆的大喜日子,我也像过节一样沉浸在喜悦之中。女婿、女儿毕业于清华,长期以来,自己对清华的关注甚至不亚于对自己学校的关注。北京的朋友知道我的这种情结,春节前专程来看我,送给我两份清华百年校庆的精美礼品,让我欣喜不已。后来,我又将这两份礼品转送给远在大洋彼岸读书的女婿和女儿,让他们终身珍藏。

女婿、女儿清华毕业后到了美国继续攻读博士学位,相隔太平洋,好在通信发达,一点鼠标即可联系。但他们的学业和科研的任务很重,面对鼠标,我总是欲点又止。双休日对他们来说也是工作日,我已有一个多月没跟他们联系了。昨天,我们两家人不约而同地给我们自己放假,在不同的地点同时收看清华建校百年庆典的电视转播。然后在网上一起交流、畅谈,共享节日的快乐。亲家比我还激动,他说是清华将我们相隔千里的两个家庭联系在了一起。

女婿、女儿毕业于清华,是我最大的幸福。但是,让我的这种幸福一直得以持续,是因为女婿、女儿对科学孜孜不倦的探索和对知识永不满足的追求。我知道,一个人是不是可持续发展,并不决定于这个人接受了怎样的教育、毕业于怎样的学校,而是取决于这个人是否能为实现一个又一个新的目标而持续不断地努力和奋斗。是清华让女婿、女儿拿到了世界名校攻读博士学位的全额奖学金,同样是清华让女婿和女儿懂得了怎样担当、怎样做事、怎样为人。他们夜以继日的学习和研究,作为长辈,说不心疼是假,但我很清楚,这是幸福的基础,是成功的条件。每每看到清华人"行胜于言"的作风在女婿、女儿身上得以传承,我总是感到特别地踏实和欣慰。

昨天晚上,我一直在观看清华百年校庆文娱晚会的网络直播,我这位清华学子的家长也像每一位清华人一样心中充满了激动和感恩。特别是看到来自目前在读的加州大学伯克利分校的八位小伙子的欢快演出,更让我感到了与清华的缘分和亲近。

以下的文章是我在2009年8月待女婿、女儿赴美一周年时写的,转录如下,也算是一名家长对清华百年校庆的纪念。

我所感受到的清华大学

清华,受到每个人的关注,也被每个人所了解。党和国家领导人中毕业自清华是最多的,清华拥有的两院院士是全国最多的,清华发表的论文被引用的次数名列全国第一,科研成果在国家级获奖的次数为全国高校之最,美国每年获得博士学位的学生中本科毕业自清华的为全球高校之最,每年获得美国高校全额奖学金的留学名额要占全中国的一半,更多的有关清华的数据和事实,我们的国人都能如数家珍般一一道来。

我有幸成为清华学生的家长,同时我这家长还比较特殊,我自己是一名高校的领导,还是一名学教育管理学的高校领导。除了作为一名家长对清华的特殊感情和关注外,我还利用家长的便利条件对清华的方方面面作全方位的研究和学习。女儿在清华完成了学业,我在女儿完成学业过程中更进一步地了解了清华。清华培养了我女儿,清华也让我对大学有了更多的感受和思考。

清华的老师都很忙,手头都有大量的科研项目,但能让我这家长感受到的是他们对学生身心健康和学业进步的关心。我出差或出国在外,出于职业本能,总要到当地的大学看看,也都能获得一些新感受。清华一直是我最想去看的大学之一,借女儿上学之机,实现了我的这一愿望。新生报到的当晚,召开班级学生会议。凭我的经验,这是一个很简短的会。会前与女儿约定,会后来我住地取行李然后到学生寝室。我等了近三个小时,也不见女儿的踪影。清华园占地6000余亩,莫非迷失了方向走错了路?快到十点钟了,女儿一脸笑容出现在我面前,还未等我张嘴,她就一个劲地说着我所关心的所有的问题。班会上,班主任从学校、专业的情况说起,到生活、学习的指导,直至人生规划。女儿说,班主任的讲话让她体会到了什么叫语重心长,什么叫谆谆教导。会后女儿询问班主任,我住的宾馆的方位。由于有较长的一段路,班主任就坚持踩自行车把我女儿送到我的住地。这就是我对清华老师的第一个印象。

第三编
灯下闲谈

女儿总说,清华的校园是最美的,清华的生活设施是最齐全的,但最让她感到幸运和骄傲的是清华老师的学识水平和敬业精神。为了让我有切身感受,她在我出差到北京时,居然抢占位置让我和我的同事去听她的选修课——"文物精品与文化中国"。下了火车,到了清华就听了近三小时的课。没想到老师的旁征博引和风趣幽默,成了我们消除旅途疲劳的最好的办法。我们作为高校的同行,感到自己与清华存在的最大差距,在于研究的功底不够和敬业精神的不足。清华老师的PPT内容之丰富、制作之精美让我们惊叹不已,课中呈现的史料(有各时期的书籍、报纸、杂志)和实物绝不是一只拉杆箱能装得下的。凭我们的经验,如果没有一个星期的精心准备,那么即使有长期的研究作基础,也不可能上出这样的课。老师讲解妙趣横生,但也会因学生发言站姿不正而提出严厉批评。女儿说清华的老师都是这样的,他们对教学工作的负责精神有时也出乎她的意料。有一次,女儿在校园的马路上看到远处的一位任课老师。这是一位公共基础课老师,该门课程选学的同学很多,而且来自不同的系和专业,女儿心想该老师一定不认识自己。没想到该老师叫住了我女儿,更让我女儿惊讶的是该老师对我女儿上交作业中的差错全记在脑子里,在马路边给我女儿一一作了提醒。每门课程的作业都得到老师严格的检查和详细的批阅,使得学生们养成了不折不扣完成作业的习惯和一丝不苟的学习态度。清华的老师在关心学生学业进步的同时,同样关心学生的生活和身心健康。女儿的辅导员居然了解全年级每个学生饭卡中每个月的消费情况,特别是贫困生的生活保障和健康状况时刻牵挂着辅导员的心。女儿毕业离开清华已两年了,女儿与我说的或我自己经历的,仍让我记忆深刻。今天写这些文字,除了表达对清华的感激外,也是想让自己知道该怎样为师育人。

清华是一个让人懂得做人、获得知识的地方,也是一个让人学会研究的地方。大二开始,学生就在老师指导下开展课题研究训练,毕业设计时往往参与导师高规格的课题研究。有国内外领先的研究课题、有相应的研究条件再加上权威老师的严格要求和精心指导,学生在掌握研究方法、懂得研究规范、获得研究能力、了解学术前沿的同时,也能出研究成果。女儿发表的论文分别被收入SCI和EI,完全是清华特定学术环境的产物。

清华还是一个催人奋进、追求人生价值实现的地方。不需要职业生涯规划的课程,也不需要专人的更多指导。清华的文化,清华的氛围,自然而然地让每一位清华学生懂得何时考托福,何时准备GRE,何时申请读国内外研究生。他们的目标明确,准备扎实,时刻都在为完成挑战性任务而忙碌着。在追求目标的过程中,英语学好了,专业长进了,学业完成了,方方面面都得到了提升。

以上就是我作为一名家长、老师和高校的管理者对清华的一点感受。

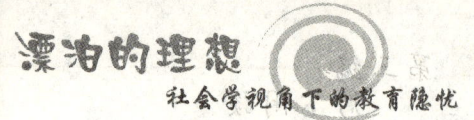

上了大学失去了什么

2011年4月27日

不上大学当老板,上了大学成雇员;不上大学打工谋生自食其力,上了大学待业蜗居家中成为寄生虫。谁敢说这只是个别现象?看来,对有的人而言,上大学实在不如不上大学。这些人,上了大学不是没有获得,但失去的更多,具体表现如下:

获得了知识,失去了发挥知识作用的开拓进取的行动。上了大学,获得了一些书本知识。知识可以成为改变人生命运的力量,但也可以成为一个人前进的绊脚石。一个没有更多知识的人,在人生道路选择时没有更多的可依靠的资本,很可能会更果断,更大胆,也更富有冒险的精神。这种果断、大胆、冒险的选择,让其中的一部分人抓住了机会,发挥了潜能,取得了异乎寻常的成功。在中国,99%以上的企业是中小企业,这些中小企业的创办者大多没有上过大学,而上了大学的人只能是这些企业的员工。我不是说,大学毕业就不能当员工。我关注的是,为什么上大学"有知识"的打工,没上大学"缺知识"的当老板。许多大学毕业生,如果上不了大学,那么也许成了老板;而上了大学,只能是一名雇员,甚至是一名雇员都不是的待业者。大学生不是不想当老板,也不是不知道当老板的好处。是上大学的经历以及大学中所获得的"知识和技能",让自己变得保守、求稳,从而不再敢"创业",只能选择"就业"。一个上了大学的人,如果仍然保留上不了大学的人的开拓进取的精神,那么理应更容易成功。但是一个失去了"创"、"闯"勇气和精神的人,大学中获得的"知识"即使再多也难以转变为改变人生命运的"力量"。

懂得了品味,失去了获得品味的吃苦耐劳的精神。上了大学,开阔了眼界,知道了世界的精彩,更知道了"什么是生活的品位,什么是人生的格调,什么是时代的档次"。他们羡慕奔驰、宝马、豪宅、别墅,向往美酒咖啡、劲歌劲舞的酒吧,渴望成为一台电脑、一张报纸、一杯清茶的白领。有梦想,不是坏事,但要梦想成真却要有扎实的行动。这是谁都知道的道理,但在当今大学生中,有的人却只做梦不行动,他们所追求的理所当然只能是一个永远无法圆的梦。许多上不了大学的人,他们不知道品味、格调、档次,能填饱肚皮,能有一处遮风避雨的住所就是自己人生最大的目标了。然而,他们有吃苦耐劳的精神,"不因事小而不为",日复一日,年复一年,在聚集经验能力人脉的同时也聚集了财富,他们不懂得"品味",却过上了"有品位"的生活。

大学给人的比知识、眼界更重要的是行动。如果因为获得了知识、眼界而失去了行动,那么是得不偿失,或者说是拾了芝麻,丢了西瓜的。

第三编 灯下闲谈

人才不是口渴时的水

2011年4月29日

各级官员最喜欢说的一句话是,尊重知识,尊重人才;各级政府热衷去做的一件事是,编制"人才规划",确立"人才战略",推出"人才工程"。这不能说纯粹是作秀,也确有对人才的需要;官员及政府对人才的重视不能说仅仅停留在口号中或在文本中,也确有一些资金、住房等物质待遇上的配套。但天天讲尊重人才,年年讲人才引进,人才状况又如何呢?可以说人才短缺的状况基本没有改变:引不进人才,留不住人才,培养的人才又成为人家的人才。

是没有足够的资金去引进人才吗?是物质条件欠缺还不足以吸引人才吗?曾经可能有这方面的原因,今天经济总量已是世界二把手了,财力上的问题不再可能是引进人才的主要困难了。那么,又是什么原因,让我们这样一个人力资源大国始终不能摆脱人才短缺的窘状呢?关键是没有在制度上把人才当做人才,而是根据长官的意志、感受来确定一个人是不是人才,人才仅仅是解渴的"水"。在中国悠久的历史文化中,始终把"求贤若渴"看成是官员治国安邦的美德。时至今日,许多官员无求贤之心,却会演求贤之戏,都与此种文化不无关系。"求贤若渴"固然值得称颂,那么为何不"让位于贤"呢?这是中国传统文化的欠缺,同样也是当今社会的痼疾。

人才是口渴时的水,没有比这更可怕的制度设计了。在口渴时,你是水,是人才;在不渴时,不需要水,你不是人才;在水过剩时,你就是祸水了,不仅不是人才,而且是一个犯上作乱的刁民。大凡是人才,智商不会低到连这一点都想不到,因此,他们绝不会上此种人才策略的当。更可怕的是,"口渴"或"不口渴",谁说了算?显然不是被当做"水"的人才说了算。在"口渴"时说"不口渴",在"不口渴"时说"口渴",受得了当权者此番折腾的除了投机钻营的小人和见风使舵的两面派外还会有一个真正的人才吗?现实社会为什么不缺小人和两面派而唯独缺人才,是否与此种人才战略有关?

得过且过者消耗有限不大会口渴,不会想到水,寻欢作乐者有酒肉饮料相伴不需要多少水,行将就木者需要水时感觉不到需要水,见钱眼开者收受了好处,在不需要水时也会说需要水,武大郎之流宁可口渴也不愿意让比他个子高的人给他送水。人才工程如果落入这些人手中,那么中国永远只能用衬衣换飞机,中国永远只能是产品的代加工地而不是创新创意的发源地。

真正的人才战略的核心,不是"求贤若渴",而是"让位于贤"。让真正懂得渴而又能解渴的人才来当政,才是解决人才短缺困难的根本。

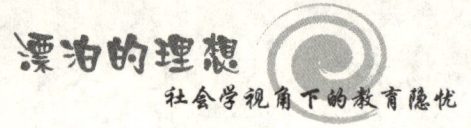

道德教育　自欺欺人

2011年5月5日

　　道德教育轰轰烈烈，从未停歇，实际上，这是一场成本昂贵的闹剧。此话怎说？越来越多的人都清楚地意识到，受教育程度与人的道德品质之间并不存在必然的联系。

　　大学生一定比小学生有德吗？未必。接受各种教育最多的官员就一定比百姓有德吗？也未必。抄作业的不是小学生而是大学生，饭后不付费的不是百姓而是官员。接受了更多教育的人，只是"缺德"缺得更高雅、更有品味、更具有隐蔽性，不仅容易欺骗百姓，也容易蒙蔽选人用人的组织部门。组织部门考察选拔干部又是民意测验，又是组织审查，可谓程序严密、制度规范，但在用人公示中被贴上"德才兼备"标签的人，说不定是"五毒俱全"的人。道德教育越来越失去其价值，除了让人学会伪装，还真不容易找到别的用处。

　　在这场闹剧中，最难受的要算是扮演主角的教师。政府重视、舆论配合、组织保障、经费落实、待遇到位，道德面貌未见好转，如果不是教师无能，那么还可能是别的原因吗？教师明明白白知道自己承担的任务是永远无法完成的，还要备受指责，心里自然更难受了。一个人的道德品质是在亲身感受中逐渐形成和发展的，可以说，有怎样的感受就会有怎样的品德。老实人吃亏的感受会让人变得奸诈，正义得不到伸张的感受会让人变得恶毒，有钱能使鬼推磨的感受会让人变得贪婪，小人得志的感受会让人变得虚伪……在世风日下、道德沦丧的现实面前，一名教师"不缺德"就算是奇迹了，还要让他承担起让人"有德"的重任实在是勉为其难。

　　当教育失去"育德"的功能的时候，责任自然而然落到了"法"的身上。但是，当"法"又由"缺德"的人操控的时候，道德只能离我们越来越远，而染色馒头、三聚氰胺、瘦肉精就会与我们越来越近。

官场忽悠：讲正确的废话

2011年5月18日

　　文山会海，正确的废话泛滥成灾。

　　以我所在的教育领域为例，正确的废话同样让人的耳朵长出了老茧。"教育要让人民满意"、"要减轻学生的学业负担"、"应该提高学生的道德素质"、"教育机会要均等"、"要注重大学内涵建设提升教学质量"、"应该去行政化建立现代大学制度"、"要清除学术腐败",等等。没有一句是错的,但没有一句是要兑现的。总是"要"、"要",几乎不讲"如何"、"如何";老是"应该"、"应该",就是不提"怎么样"、"怎么样"。诸如此类的尽管正确但又可以从不负责任的话,为什么会铺天盖地广为流行?

讲正确的废话,也并不一定有主观上的故意。有的官员也是想做事情,只是不知道通过怎样的途径、手段和措施让自己的愿望变为现实,也不知道自己的职责就在于解决问题、化解矛盾、把愿望变现实。愿望与现实错位,目标与手段颠倒,只会不厌其烦、接二连三地提要求、表愿望。许多时候连要求也提不出、愿望也表不了,只好到文件、报纸中去抄。如此正确的废话的泛滥实属官员能力不够所致。另外一类正确的废话就是地地道道的官场忽悠了。这类官员深知正确的废话的妙处:既可以不做事,又可以代表方向、路线的正确;既可以省心省事,又可以彰显自己的雄心壮志;即使工作落后群众不满,正确的废话又可以作为挡箭牌把责任一推了之。正确的废话,简直是护身符,能确保自己一生既轻松又无忧。做实事,讲有个性的话,既费力又伤神,既苦自己又得罪他人,弄不好与上司意见不符还要葬送仕途。比较之下,讲正确的废话不失为为官处世的上策。所以,不要对当前泛滥成灾的正确的废话有太多的不满,更为声势浩大的正确的废话还在后头呢!当下一些最为基层的官员讲起话来,也净是正确的废话。看来,不论大小官员对正确的废话的"妙处"都有了深刻的领会。

与官场泛滥成灾的正确的废话相对应的是民间无处不在的无厘头的牢骚。官场的忽悠与民间的牢骚,既泾渭分明又彼此联系,这种共生相伴的言语生态,构成了当下中国社会的一大特色。

没用的"眼保健操"何以流行

2011 年 6 月 7 日

为什么要做"眼保健操"?谁都会说:为了保护视力、预防近视。"眼保健操"真的能"保护视力、预防近视"?其实,其有效性只是一种主观臆测。既然"眼保健操"的功效不明,那么为什么还能长期流行?数以亿计的人对自己一天两次"抹眼睛"的怪异行为的合理性为什么不产生怀疑?

"眼保健操"的益处至今没有得到科学证明,而孩子们一天两次用自己的脏手糟蹋自己眼睛的事实却是有眼睛的人都能看到。奇怪的是,就是这样一项与邪教的练功操没什么两样的所谓的"眼保健操"居然在以传播科学、追求真理为己任的学校流行长达 40 年。没有人质疑,没有人反思,没有人批评。在当今的学校,存在就是合理的,权威就是正确的。人们安于现状,习惯于从众,适应于服从,变得没有主见、没有思想、没有独立人格。领导按文件发号施令,老师按部就班凭习惯做事,学生似乎患上了早衰症不再有好奇心、不再有探究的兴趣、不再有质疑的勇气。现实中,不要说"眼保健操"的科学性不会受到质疑,就是谎言被当做真理、谬论被当做圣经也变得司空见惯。

昨天看报,在一地方报纸的小记者版面,看到 30 余篇小学生写的作文。字里行间,看不到孩子们的童真童趣,也看不到孩子们的灵光闪现。尽是言不由衷的歌功颂德和老成世故的阿谀奉承。给人的感觉是,连拍马屁也拍得没有个性、没有创意。其中,有几篇作文是写"家乡"的,写的全是家乡的"可爱"。不是说不可以写"可爱"。问题是家乡的"可爱"之处怎么都一模一样,写的都是汽车、高楼、马路、公园之类。我还以为这些小作者都生活在同一个小区,但他们的通信地址又告诉我他们生活在不同的区域,在不同的学校就读。我们的教育就是如此神奇,能让不同的人产生同样的感受,能让不同的人写出同样的文章,能让不同的嘴巴说出同样的话。我真不明白,孩子们对于自己的家乡,怎么就看不到环境的污染、交通的拥堵、物价的上涨、贫富的差距?没有批评,就没有文学;没有反思,就没有思想;没有质疑,就没有个性;没有求异思维,就不可能有发现问题的独特视角;没有独立人格,也就不可能有人的真正成长。缺乏科学依据的"眼保健操"的流行反映出了人们科学质疑素质的欠缺,"雷同作文"的背后同样让人看到了当今教育对人的个性的扼杀。

孩子们在获得知识,但失去了质疑、批评、反思的能力;孩子们在获得考试的分数,但失去了创新、创造的可能。看来,要回答"为什么不能培养出创新人才"的钱学森之问,当从引导孩子"怀疑一切"开始。

中国未来十年的教育隐忧

2011 年 9 月 22 日

(1)更多的孩子毁于起跑线。"不能让孩子输在起跑线"的愿望将会日益强烈,但这将导致更多的孩子不仅输在起跑线上,而且被毁于起跑线上。当下的早期教育就像轮渡繁忙的码头。家长关心的是尽快让孩子上船,至于上的是一艘漏水的船还是一艘由不会撑船的人掌舵的船,家长既不会过问也没有能力判断。只是看到有那么多的人把孩子推上船,自己也就迫不及待、不遗余力地把孩子往船上推。过河的人多了,"拖拉机手"当起了船老大;过河的人急了,"沙漠探矿公司"也转型为船运公司了。这就是当下及可预见未来的中国早教及早教市场。

(2)将会出现更多的心理失衡、精神畸形的孩子。孩子的成长与父母的素质直接相关。当下及不久以后的孩子,他们的父母皆为 80 后和 90 后。由于这些家长

第三编 灯下闲谈

出生于转型期，成长于转型期，他们经历了社会的分层分化，感受到弱肉强食的残酷，看到了关系社会无关系的无助，因此他们对孩子的期待更高，对于孩子成长的心情更为迫切。再加上自己具有前辈不具有的经济实力和知识储备，家长对于孩子的培养和教育会更坚决，会更舍得投入，会更主观武断，当然也会更容易走火入魔。为自己所痛恨的当年自己父母所采用的教育方法，不仅会全盘继承，可能还会变本加厉用于自己孩子的教育。他们容易看到知识、分数或某一技能的作用，而难以看到道德、精神以及苦难的经历所可能起到巨大的支撑和推动的作用。未来的孩子：可能有知识，但可能缺道德；可能有分数，但可能缺兴趣；可能有一技之长，但可能缺人文素养；可能有获奖的本事，但可能缺抗挫折的能力。

（3）中小学教师的道德底线将全面失守。中小学教师师德问题时有所闻，这本不足为奇。让我担心的是，随着世风日下，教师这一人世间的道德楷模也会不断因被腐蚀而蜕变，直至道德底线全面失守。这种失守的标志就是逢年过节收受学生及学生家长的礼金礼品的全面化和常态化。所谓全面化，就是从个别到整体。所谓常态化，就是从遮遮掩掩到理直气壮。这种道德底线失守的发展路线：先城市后农村，先沿海后内地，直至遍布全国各地。到了这一天，真正的教师只有在书本中才能找到了，真正的教育当然也就成了完成时态。

（4）中小学领导日益走向独裁。懂得责任、权利、义务的公民的培养，需要讲民主、讲科学、讲法制的现代学校教育。遗憾的是，辛亥革命已过了百年，学校管理中的民主作风不仅仍然欠缺，而且是越来越欠缺。当今的校长，平易近人的少，发号施令的多；民主决策的少，大权独揽的多。校园中等级森严，官大一级压死人，充满了恐怖，老师见校长犹如老鼠见到了猫。这固然与校长个人性格有关，但主要是校长产生机制和现代学校管理体制导致了校长的独断专行和学校民主氛围的丧失殆尽。现行的任命制产生的校长，唯一能保证的就是关系学上的出类拔萃。而精于关系学的人的最显著特点就是"媚上欺下"。当"权力"和"关系"珠联璧合的时候，一个学校有多么可怕，稍有社会常识的人都能想象得到。而"权力滥用"和"关系横行"又恰恰是任命制的孪生兄弟。此种制度，能不让人担忧？

（5）出国留学低龄化，国内高考成为低水平游戏。为什么要出国留学？这是与国家教育水平、个人发展前景、生存安全和家庭经济条件等多因素相联系的。出国留学的浪潮一浪高过一浪，不能说纯粹是因为对国内教育的失望。综合各方面的情况，可以肯定，出国留学的高峰远没到来，而且出国留学会越来越年轻化，到发达国家读本科的高中毕业生将是不久的将来出国留学队伍中的主力军。大量优秀高中生的出国，国内的高考也就只能是二流学生的一场游戏了。据美方资料，去年一年中国赴美留学的人数为14万，为美国送去了200亿美元。出国留学，给国外送去的仅仅是美元吗？

（6）高职院校将成为扫盲机构。适龄人口下降和放弃高考、出国留学人数的增多,有人据此认为中国的高校存在着倒闭的危险,而我不这样认为。中国的高校还不至于倒闭,但其中的高职院校却会成为扫盲机构。中国高等教育毛入学率不高,还有大半的人没上大学。问题是没上大学的这些人,尽管接受了基础教育,但却没有知识基础。今年高职院校录取分数线,有的省只有100多分,录取分数线高一点的省份也就200分上下。这样的分数,只要闭着眼睛瞎蒙再加上一篇流水账似的作文即可取得。没有基础教育水平的提高,没有接受基础教育学生整体水平的提高,高职院校除了承担起扫盲的重任外还能做什么呢?

(7)高校成为权力角斗场。大学强调的是"校长治校,教授治学",大学内部有着比政府部门、企业单位更多的独立运转的组织和机构,这些组织和机构就像手表机芯的零部件,一刻不停地按照自己的方式在运转,看似各自为政、自行其是,但都是围绕同一个目的。然而,今天的中国大学,权力多元,政出多门,彼此干扰,相互打架,像是散了架的手表机芯,没有了整体的功能。未来的十年高校辅导员到岗,他们的分流、转岗、提拔,再加上高校内部追官逐利之风日益强劲,惨烈而且持久的权力角斗在所难免。在这角斗中受伤最重的除了教学、科研,还会是什么呢?

(8)教改是捞钱的由头。中国的教改,从幼儿园到大学,从未停歇,但从未有过真正的教改。未来的这种伪教改不仅不会消失,而且还会变着花样更高密度地出现。既然无益,那么为什么还有那么多人热衷于教改?道理很简单,教改就有钱,要钱就教改。如此捞钱,不仅安全可靠,而且高雅风光有品位,难怪教育界一批能人乐此不疲。随着教育经费占国内生产总值4%的目标的实现,捞钱的教改项目也将成倍增长。我为老百姓的血汗钱流入一大批伪学者的口袋而感到心寒,我更为中国教育被这么一大批伪学者戏弄而感到绝望。

但愿我的忧虑是多余的,但愿我的想法是错误的。我衷心地希望十年后,我所担忧的不会在中国出现。

六门挂科无碍优秀大学生评选

2011年10月1日

根据学籍管理条例,六门科目不及格的大学生应退学。我的一位学生,来自河南,四个学期累计六门课程不及格。我不仅不同意让他退学,而且主张只要他本人愿意便可以提前毕业,甚至可以以优秀毕业生的身份毕业。许多人,包括中央电视台的记者,对我的主张都有不解甚至提出反对意见。我的理由是什么?我凭什么提出这样的主张?在回答这些问题前,我先介绍一下我的这位河南籍学生。

这位河南籍学生是我院首届创业班的学生。两年前一收到录取通知书即提前来学校报到。由于学校开学准备工作还未就绪,没法安排他入住。手头只有200

元钱的河南籍学生,只能在火车站候车室过夜。在其他同学还在家里的空调房里度假的时候,他的创业生涯就这样艰难地开始了。在不到两年的时间里,他有了汽车,有了有11名员工的公司,有了三层楼的仓库,有了都已转化为产品的五项专利,年销售规模老早超过千万级,世界500强企业是他公司的采购商,最大的一个订单达200万元人民币。

我就是据此不让他退学而且还要让他成为优秀学生吗?不全部是。我当然要考虑他的创业业绩,但我的教育主张更来自于我对现行教育的反思。

教育是为了什么?课程是为了什么?道理很简单,每个人也都会说:教育也罢,课程也罢,都是为了学生的成长。即"教育"、"课程"只是一种为了人的"成长"的手段。既然这位河南籍的同学"成长"的目的已经达到,那么就没有必要再让他去学这些课程了。然而,现实中,就是有这样一些人,分不清"手段"与"目的",甚至把"手段"当"目的"。人们也都会说:教是为了用不着教。既然河南籍的同学已经不需要教了,那么为什么还一定要让他接受"教"呢?

有人也一定会问,这位河南籍同学,没有规定课程的学习,怎么会有这样的成长呢?要知道,课程学习仅仅是人的成长的众多途径中的一条。创业本身就是有效的人的成长的途径和手段。更何况,这位河南籍的同学,不纯粹就在赚钱,他在不断学习着学校没有能力开设或者不开设的课程。为了学习真正的企业管理,他利用暑假45天的时间到阿里巴巴总部边实习边学习。他的外贸业务很大,英语及国际贸易知识非常重要,在相关课程学习已结束的情况下,他仍然继续坚持学习。他有自己的专利而且还在申请专利,他有自己的品牌而且还在创造品牌,知识产权保护方面的知识为自己所欠缺,而学校又没有相应的课程,他就坚持自学。随着事业的做大做强,他目前最关注的是投融资,而学校又没有能力给他多少帮助,这多少让他有些失望。"学生需要的,不能给;学生不需要的,强制给。"这就是当今大学课程设置所存在的问题。大学不为自己的这种课程教学行为检讨,还要通过"学籍条例"等强制政策来压服学生。这是合理的吗?这是公平的吗?这是科学的吗?这是道德的吗?当大学的"课程超市"还没有建立之前,在大学生的选择权还没能充分体现之前,校方任何为自己课程重要性的辩护只能说是强词夺理。尤其是对一些天才、怪才、偏才的"课程要求",如果没有区别对待,那么只能是在扼杀人才而不是在造就人才。

一个学生是否优秀,与他是否有挂科没有关系,而是决定于他是否已成长和在成长。

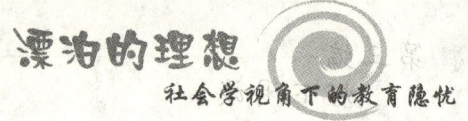

大学里什么老师最郁闷
2011年10月8日

要说大学里最郁闷的老师,非思政老师莫属。他们承担的是一项根本就无法完成的任务,他们在从事的是一项很辛苦但却无法见效的工作。如果是一位成就欲望强烈的思政老师,或者是一位善于反思而且是自我敏感度很高的思政老师,那么这种郁闷也就会越持久越强烈,也会越让自己寝食难安。

美国在20世纪早期面对移民潮和工业化随之而来的社会问题,大张旗鼓地推行品格教育(Character Education)。但是,这种所谓的品格教育的效用在美国国内早就被推翻了,这就是1930年美国学者Hartshome和May的划时代论文。美国哥伦比亚大学教师学院的社会和宗教研究所在1924年到1929年,对美国23个社区超过1万名中学生作了系统调查。研究发现,一个学生的诚实行为,和他们所在的学校是否正式的品格教育课完全无关;至于是否欺骗,主要取决于具体的环境和情况,依然和学校里是否有正式的品格教育课完全无关,反而跟特定社区的氛围等一些因素有关。所以,从那时候开始,美国就做了重大的转变(见郎咸平:《郎咸平说:我们的生活为什么这么无奈》),从小学到大学不再有那么多的品格教育的课程了。我们可以不知道,也可以不相信这一研究成果,但我们不能无视这样的事实:人的道德境界、思想觉悟并没有随着受教育程度的提高而提高。大学生不如中学生诚实,中学生不如小学生守纪,小学生不如幼儿园儿童有礼,这难道是个别现象吗?

既然人的品德的形成是无法靠课堂教学来实现的,人们价值观的形成也不是靠思政课的说教便能做到的,那么人们为什么还要乐此不疲呢?在我看来,有以下五个方面的原因:

一是因循守旧,缺乏独立思考。一些人往往视存在为合理,也没有自己的见解和思考。只会因袭,不会改革;只懂模仿,不知创新。在他们看来,60多年都是如此,今天理所当然也只能如此了。

二是明哲保身,缺乏改革勇气。一些人知道现行做法没价值,但他们更知道改革有风险。而且很清楚,前者的"没价值"与己无关,而后者的"有风险"却直接关系到自己的前途命运。

三是蛮干傻干,缺乏科学精神。一些人蔑视规律的力量,在传播科学的大学不讲科学,总以为有投入便会有产出。这种人看似有热情、有干劲,实际上与信奉"人有多大胆地有多大产"的人一样愚蠢。

四是敷衍塞责,缺乏责任担当。"是否有效",不为他们关心;"不要承担责任",

才是他们的首选。他们深谙"形式比内容重要,过程比结果重要"的官场问责规则。朱镕基深恶痛绝的"以会议贯彻会议"、"以文件落实文件"的做法是他们的特长。

五是别有用心,缺乏道德良心。一些人明知无效,却偏说有效,明知价值不大,却偏要说价值巨大,一切都是为自身的利益,或为了巩固自己部门地位,或为了捞到课题经费,或为了保住自己的职位。

思政课的低效无效,人们是否据此就可认为:思想政治教育是可有可无的,是可以放任不管的?不是的,思政工作从来都是需要的,关键是要提高有效性。不能一味地增加课时、增加人员配备,而是要不断探索思政工作的新途径、新方法,不断提高思政工作的科学性和艺术性。不是纯粹通过"价值观"来塑造价值观,而是要通过搭建平台、营造环境,让学生在亲身实践中通过感悟、体会、思辨来形成自己的道德判断能力和人生观、价值观。

创业能力因上大学而遭扼杀

2011 年 11 月 6 日

浙商是怎样成长的?粤商是怎样成长的?成千上万的企业家是怎样成长的?他们当中的绝大多数人并没有上过大学。那么,他们创业的本事来自哪里?他们是通过怎样的途径和载体让自己成长起来的?

在回答这些问题之前,我们再来看另外一个事实。大学毕业生,被冠以有文化、有素质、有理论、有理想的成千上万的大学生,却只能打工,给"文盲的老板"打工,甚至还不配给"文盲的老板"打工。大学似乎也有所觉醒,试图挽回一点面子,也在不断加强"创业教育"。然而,"创业教育"培养的仍然是"就业人才",就像"诚信教育"培养出来的仍然是骗子一样。

上了大学打工,上不了大学当老板。这一事实告诉人们:就创业人才培养而言,人世间存在着有比大学更好的途径和载体。这一途径和载体就是创业实践本身。上不了大学的人,没有知识,没有文化,没有文凭,没有学历,没有就业的资本和条件,在万般无奈下只能自谋生路。出人意料的是,他们逼上梁山般的创业行为,不仅成就了自己,而且也成就了事业;不仅一不小心让自己成为了百万富翁,而且还为那些上了大学的"天之骄子"创设了就业岗位。这足以说明:实践,只有实践,才是创业能力获得的途径和载体。

上了大学打工,上不了大学当老板。这一事实还告诉人们另外一个道理:创业能力绝决不是像有的创业教材上所说的是什么稀缺资源,而是人人都可以具有的。人们总没有理由说,创业能力只属于上不了大学的人,而上了大学的人不再有创业能力。但事实上,上了大学的人似乎真不再有创业的能力了。原因就在于:上了大学的人不再有不上大学的人的创业实践。没有创业实践,一个人也就失去了创业能力形成和发展的基础和条件,就像没有了江河湖海,一个人就不可能学会游泳一样。

大学不厌其烦的就是说教,不断重复着他人的经验,而能力的形成恰恰是自身经验积累的过程。创业能力不是"教"的结果,而是"练"的结果。然而,当今的大学却在不断剥夺学生的"练"。一些立志于创业并勇于创业的大学生,或被警告或被处分或被退学或被开除,大学生的创业激情因此被打压,创业能力自然因此被扼杀。现实当中,也有一些成功创业的大学生,他们之所以成功,是因为他们很庆幸地被退学了。

大学要想在创业人才培养上少作孽,就要给学生创造更多的"练"的时间和机会。

理论重要但不是人人都需要

2011年11月8日

"上大学就是学理论。"精英高等教育时代,此话基本正确。但在今天,大众化高等教育时代,此话就不一定正确了。研究型大学,无论怎样强调理论学习都不为过;高职院校,如果还一味强调理论学习,那么不是自作多情,也是自寻烦恼。

理论的意义路人皆知。没有理论的教育,就不可能有研究型人才的诞生;没有扎实的理论功底,就不可能有学术上的突破。可以说,在科学研究的道路上,没有比理论的学习更重要的了。尤其是科学技术发展到今天的高度,要想有进一步的创新和发展,没有多学科理论知识的武装可以说是不可能的。今年暑假,我在美国就中美博士培养作过一点比较研究。当谈到中美博士培养差异性的时候,人们可能会认为由于实验研究条件的差距,中国的博士在实验研究能力方面与美国博士相比可能会有较大差距。但是在美攻读博士学位的中国留学生却认为,中国培养的博士生在实验研究能力上是有差距,但理论功底上的差距才是要命的。美国博士研究生,理论课程的学习不会少于三年。既要修本专业的课,还要修相邻专业的课。美国的博士生告诉我,是不是顶级的人才,就看理论知识是否丰富,是否扎实。在他们眼中,所谓大师,就是在多个学科或者多个领域理论上融会贯通的人。在美攻读博士学位的中国留学生认为,美国的博士生能比中国的博士生出更多的成果,就是因为美国的博士生所学的课程更多,理论功底更扎实。他们还提示我,对中美博士培养质量的比较,可以不看仪器设备、科研经费,只要看开设的课程便可以知道两者的距离。有一位美国博士生的观点让我至今印象深刻:中国博士生有论文、有课题,但没有课程的学习,结果所写的论文、所做的课题基本上没有意义。他们一再坚持,没有高质量的理论学习,就不可能有高质量的博士生。可见,没有理论的学习,就没有研究型人才的培养;没有高质量的理论学习,就不可能有高质量的研究型人才的培养。

  理论实在是太重要了,以至于人们忽视了理论的适用性和可接受性。理论的重要是有前提的,是有范围的。研究,不能没有理论;研究型人才的培养,不能没有理论的学习;研究型大学,不能没有高水平理论课程的开设。但是对于一个普通人,一个应用型人才,理论尤其是高精尖的理论就不那么重要了,甚至可以不学。以数学为例,在日常生活中,一个普通人只要掌握小学三四年级的算术就足够了。有学者做过研究,一生中用到过初中阶段学的二次方程的人还不到学过二次方程总人数的2%。是哪些人在用呢?是那些学了二次方程又去教二次方程的人。所以,不可以把理论的作用无限扩大。更何况,理论也不是每个人都能学的。人,各有所长,各有所短。人的智力也是多元的。有的人适合学理论,有的人不适合学理论。为了1%的人的成才,让99%的人陪读当炮灰,这既不人道又不经济。让适合学理论的人去学理论、多学理论,让不适合学理论的人不学理论、少学理论,这才是真正的让人人成长的教育。

  让人人学理论作研究,既没必要,也不可能。让研究型大学回归理论,让高职院校回归实践,这才是大学的常态。

数学的双重功能:助人与害人

2012 年 1 月 11 日

  数学,变化无穷又逻辑严密,无中生有又天衣无缝,数学是世界上最伟大的科学。但是,并不是每个人都玩得起数学,并不是每个人都能欣赏到数学之美,更不是每个人都能体会到数学之快乐,许多人还深受数学之害。只是数学实在是太伟大了以至于人们看不到或者看到了也不愿意说出它的祸害。

  数学的一个功能是人们津津乐道的,那就是启迪人的智慧,推进人类社会的发展。数学的另一功能,也是客观存在的,只是人们装着没看见不愿意说出来,那就是害人,让人不得好死。赞美数学的言词和理由实在是太多了,不用我多说了。我倒要说说数学的祸害。为什么人们不说,我要说?我只是想让更多的人少受数学之害,让更多的人能体面地有尊严地生活。

  有许多人因数学而活得精彩,因数学而成就人生。同样,有许多人因数学而黯然神伤、悲观失望,因数学而失去对学习甚至对人生的兴趣。道德的教育是有人性的教育,是不能以牺牲一部分人而去成就另一部分人的。现行的数学教育,就缺乏这样最基本的德性和人性。从小学到大学,一些人的自尊自信和自鸣得意,就是来

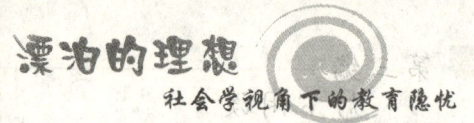

自于另一部分人在数学面前的垂头丧气和悲观失望。

而且,教育已变得越来越不人道,越来越残酷无情。明知有的学生数学不行,学校、老师偏要让他学;明知有的学生害怕数学,学校、老师偏要用数学去吓唬他;明知有的学生不喜欢数学,学校、老师偏要让他去考数学。似乎不把学生整得心理失常、离家出走就绝不罢休。中小学如此,连高职院校也是如此,数学简直成了整人、害人的工具。

许多高职院校的教师缺乏最起码的同情心。谁都知道,高职学生是因数学不好才成为高职生。高职教师本应同情感谢善待这些学生才是,是他们数学不好才使自己学校招到了学生,是他们不会学数学才使自己有了饭碗。然而,这些成全了高职院校平生谈数学色变的孩子上了高职以后,高职院校不仅不给好脸色,而且仍然用数学不断去刺激去折磨,继续让他们抬不起头来做人,仍然让他们没好心情去做别的学问。

数学加害人的祸害,为什么能长期横行?原因在于那些学得懂数学的人丧失了对学不好数学的人的同情心。在现行体制下,话语权也罢,决定权也罢,都掌握在这些学过数学、会学数学的人手里。当话语权、决定权与冷酷的心结合在一起的时候,对于一个不擅长于数学的人来说,苦难的人生就再也不容易被改变了。

实在是没有必要让每个人学那么多的数学。就绝大多数人而言,掌握小学三四年级的数学就足够了。在欧美国家,除了从事研究的学生外,数学都没有我们学得多、学得难。数学启迪人的智慧的作用也被想当然地扩大了。有人说,数学也许没有更多的直接作用,但能启发思维,让人变得聪明。如果,真有如此作用,那么,在我看来,也要以乐学、能学为前提。一个看到数学就恶心、就发抖的人,还能通过数学让他变得快乐好学、思维活跃吗?

数学在中国的悲哀:一个人搞专业、作研究,需要学的时候不学了;一个人还不知道将来要做什么更不知道自己是否适合学数学的时候,却被逼着持续不断的瞎学乱学。逼迫一个人去学永远学不懂的数学,世上还有比这更可怕的精神虐待吗?还弱势学生以选择学习的权利,废除学校强制学习数学的霸王条款,是我新年的愿望。

高职学生在忙什么

2012年1月16日

高职也属大学。在人们的观念中,上大学就是听课、阅读、做练习、听讲座。今天的高职生,尽管也属大学生,但与人们观念中的大学生已完全不一样了。

对于今天高职生的学习生活,我可以用这样两句话来概括:上课基本不听讲,

第三编
灯下闲谈

下课基本不学习。那么，这些大学生都在忙什么呢？

上课时，听讲的学生在10%左右，文科的学生稍多，工科的学生更少。其余学生，最常见的是玩手机。现在的手机，除了发短信，还可以上网、玩游戏，这正好满足了这部分人上课时解闷消遣的需要。对于这些学生来讲，生活中最不可或缺的不是书籍而是手机。不玩手机又不听讲的同学，要保持清醒状态都变得异常困难了，有的瞌睡懵懂，有的干脆酣然大睡。不记笔记，不看教材，课堂中偶尔的活跃是因为教师的笑话。这不是我的凭空想象，而是来自对十余所高职院校的专业教师（其中有系主任、教研室主任）的访谈调查。

下课时，除了一部分学生从事学生会、社团工作外，其余同学一概忙于看电视、看电影、上网、聊天、玩游戏，其中又以玩游戏和聊天为主，这是我和我的同事最近作的一项调查所了解到的一些情况。我们对某高职院校大一一个班50位同学"课余时间主要忙什么"所进行的调查研究，除了个别访谈、实地考察外，还请该班班主任和部分同学进行核实，了解到的情况应该是符合事实的。全班50个同学，课余时间上图书馆阅读的只有1人，占2%；上网玩游戏和聊天的为32人，占64%；看电视、看电影的6人，占12%；创业兼职的5人，占10%；学生会社团活动的4人，占8%；打篮球的2人，占4%。这也就表明，76%的学生课余时间忙于玩游戏、聊天、看电视、看电影。

我知道我们的这项调查样本不够大、代表性不够强，还不足以反映高职学生的全貌。为此，我们又请另外一些高职班主任、辅导员和学生对此调查结果进行再分析，希望能听到不同的声音，更希望能提供不同的情况。然而，他们对我们的调查结果基本表示认可。

了解到这样的情况后，人们能够想象得出，高职院校就是一个超级网吧。高职学生，上课时"休眠"，下课时"鏖战"。高职院校，课堂理论教学基本无效，学生课后基本不学专业。许多家长以为自己的孩子上了大学，没想到与社会青年进网吧没什么两样。了解到这样的情况后，人们也应该能理解了：为什么大学毕业生不受企业欢迎，为什么大学毕业生的工资还不如农民工，为什么放弃上大学和上大学又退学的人会越来越多，为什么上大学不能改变人的命运反而还让人致贫致困，为什么"读书无用论"又再次泛滥。了解到了这样的情况后，人们也应该意识到一些高职院校一直声称自己培养的是"有文化、有道德、高素质、高技能人才"，原来不过是一句欺世盗名的谎言。

高等教育大众化、普及化之后，会产生许多新问题新情况，如果仍然延续精英的理念，延续传统高等教育的做法，那将会产生无穷的灾难。高职学生如此学习、生存状况，就与高职院校办学思路不清、教学举措混乱有关，切莫把责任都推卸给学生，学校首先要反思反省。

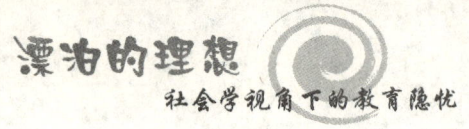

有关系的大学生更懂得努力

2012年2月5日

在关系社会,有了"关系",似乎就无所不能了。按此逻辑,有关系的大学生即可高枕无忧,得过且过了。然而,在现实中,我发现有关系的大学生比没关系的大学生更懂得努力,更懂得奋斗,更懂得该怎样来规划未来。

对于我的这一观点,很多人肯定会表示不赞同。是的,有的没关系的大学生是很努力,有的有关系的大学生是很懒惰,但从总体上讲有关系的大学生要努力一些。我的这一观点是怎么得出来的呢?近些年我接触了为数众多的各级各类大学生,他们都意识到工作不好找,对未来也都有或多或少的担忧。奇怪的是,一些出身贫寒又无任何社会关系可依靠的大学生表现得更漫不经心,而有关系可依靠的大学生反而更有紧迫感,目标也更明确,实现目的的行动也更坚决。在与同事、朋友、熟人聊到此种现象时,居然他们也有类似于我的感受和想法。有了他们的认同,从而也就形成了我"有关系的大学生更懂得努力"的看法。

是什么原因让有关系的大学生更懂得努力呢?原来有关系的大学生更懂得现行的国家政策和社会现实,他们更知道"关系"的威力和局限性,他们也更知道自己可能面临的机会和必须具备的条件。例如,他们都很清楚公务员、中小学教师录用中"逢进必考"的政策和做法,他们也很清楚如果不通过"笔试",那么任何"关系"的存在也难以发挥作用。他们知道得更多,得益于关系网,得益于关系网背后"高人"、"能人"的指导。而没有关系的大学生,得到的指导少,对社会上的用人信息、政策和做法也就欠了解。认识上的模糊不清自然会导致行动上的迟疑徘徊。有些没有关系的人还习惯于扩大"关系"的作用,认为一个人的发展、工作岗位的取得与个人的努力、才能没有关系,一切皆决定于"关系"。有了此种认识而又没有"关系"的人就很容易产生一系列的消极心理和行为:没有进取心,没有人生规划,听天由命,悲观失望,得过且过,放弃努力。这样的人还没比赛就已失败。有关系的人还会得到更多的精神上和物质上的支持、帮助,而这些支持和帮助对于维持一个人的努力行为起到了保障和支撑的作用。例如,在找工作的准备过程中,有关系的大学生,总是有更多的进培训班学习的机会,也会有得到更多的复习应考、面试准备方面的个别指导的可能,还会有更多的来自关系圈中人们的不断鼓励、督促,这一切对调动和维持一个人的积极性自然能起到很大的作用。

有人说,一个人在这个社会没有关系、没有背景,已很难得到一个像样的职位了,即使得到也很难得到晋升。如果说这个说法是成立的,那么我要说,这不全是社会的责任,那些没有关系但放弃努力的人也有不可推卸的责任。既没关系又不努力的人,在让自己变得一无所有的同时,也在让裙带关系变得更加畅通无阻和更加恣意妄为。

倾斜的讲台　偏心的教育

2012年2月7日

　　新学期开学了,中小学生都返校读书了,但许多学生特别是中学生回到学校后并不可能受到真正意义上的教育。没有老师会关注他们,更没有老师会帮助他们,甚至没有老师批评他们。

　　这些得不到教育的在校学生也会像别的学生一样每天起早贪黑背着书包上学,但他们只是"陪读者",他们的座位总是在远离讲台的地方。他们知道教师的辛勤耕耘与自己没有关系,他们知道学校的升学考核与自己没有关系,他们更知道只要自己不对坐在前面的同学产生干扰、只要自己在上课的时候不发出声响,永远都不会有老师来找自己的麻烦。这些学生有教科书,但却没有教科书中的知识;这些学生也会有毕业证书,但却没有与毕业证书相称的学问。他们在学校中完全是"边缘人",是"多余的人",不要说受到尊重,就是能受到批评也应算得上是一次难得的受教育的机会了。老师对他们的关怀主要体现在:他们只要不打呼噜,上课时想睡就可以睡;他们只要不逃离学校、玩失踪,考试交白卷也没有关系;他们只要对教学秩序不产生破坏,作业可以抄,还允许不交。他们在学校中受教育的机会被"剥夺"了,但他们却享有浪费时间和青春的权力与自由。

　　我的话绝非危言耸听,真实的情况可能比我说的要严重许多。得不到尊重的学生自认为不是读书的料而把学校和老师的做法看成是正当合理的,对学校心存不满的家长也会因为自己的孩子"不会读书"、"不争气"而失去了披露真相的决心和勇气。不是说没有人说,这种偏心的教育、"倾斜的讲台"就不存在了。长期以来,人们总是觉得我们的中小学教育水平是很高的,培养的学生不仅考试能力强、基础知识扎实,而且思维活跃、想象丰富。我们的中小学教育是培养了一部分这样的学生,但多数学生绝不是如此,他们知识贫乏,不会解题,根本拿不到考试的基本分。现在上大学(高职院校)的一些学生,高考分数只有100多分,连分数加减法都不会,更不要说怎么开方了。真想象不出他们是怎样上中小学的,也真想象不出他们是怎样接受基础教育的。但要知道,这些学生还是在高考中胜出的学生,应该是中小学生中的佼佼者。当今绝大多数的人还上不了大学,我国高等教育毛入学率刚过25%,也就是说还有接近3/4的同龄人还上不了大学。上了大学的人是这样的知识基础,那些上不了大学的人有怎样的知识基础也就可想而知了。由此可见,我们的中小学教育只是让少数人得到了成长,而让多数人成了炮灰。我们也有理

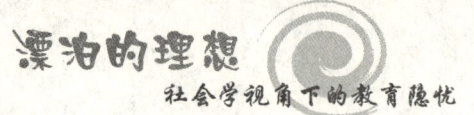

由相信,当今社会最可怕的两极分化不是贫富差距的拉大,而是学生发展水平差距的拉大!

为了让讲台不再倾斜,为了让多数学生都得到真正受教育的机会和权利,改变对学校评价和考核的方法是当务之急。在中考、高考还要继续存在的情况下,对学校的评价,如果既看升学率,更看中考、高考的中位数成绩,那么也会比现行的单一评价要好。只要正视问题,总能寻找到办法。

当今最没尊严的人是大学教师

2012年4月15日

知识分子讲自尊,讲人格,"士可杀不可辱",知识分子的尊严比生命重要。大学教师,又是知识分子中最典型的代表,是社会上最讲尊严的一个群体。然而,当今的大学教师,不能说全部,但也不是少数,却已蜕变为全社会中最不讲尊严的人。一个人也罢,一个组织也罢,堕落始于不讲尊严。

不要以为我把话说绝了。只要到大学教室中去看一看,就能感受到许多大学的许多老师是在做着世界上最没面子的事。没有学生听讲,没有学生举手,没有学生应对。课堂中最活跃的学生就数玩手机的学生了,当今的手机仿佛也是专为不听讲的大学生设计的,看电影、听歌曲、聊天、购物、收发短信等功能一应俱全。要是不玩手机,那么要想维持清醒状态似乎都是异常困难的了。课堂中,瞌睡懵懂者有之,酣然入睡者有之,精神恍惚者有之,排排坐的学生仿佛就是一群躺在海滩上、不论游客怎样千呼万唤也不会作出任何反应的慵懒的海狮。

教师的快乐是因为自己的讲解得到学生的共鸣,教师的成就是因为自己的思想被学生所接受,教师的尊严是因为自己学者的身份受到学生的膜拜。当教师的讲解成为学生的催眠曲的时候,当教师讲解成为没有观众的"独角戏"的时候,我不知道大学教师从何处去寻找到自身工作的快乐,我更不知道从何处去寻找到自己作为一名大学教师的尊严。

不要怪学生不肯学习,也不要怪学生不给教师面子,更不要怪学生不懂得尊重人。在我看来,当今的许多大学教师是可以不要尊严的。一个讲尊严的教师能在无人听讲的情况下继续讲课吗?一个讲尊严的教师能允许自己在学生心目中是可有可无,甚至是多余的吗?一个讲尊严的教师明知自己的讲课纯粹是浪费自己和学生的生命却仍心安理得地领取薪水和奖金吗?大学老师不再要面子,大学老师不再要尊重。他们关注的是工作量,而不是工作成效;他们关注的是生存和生活,而不再是自己思想的传播。只要自己的工资、奖金不少,他们永远都不会在乎学生是否在听讲,他们永远都会准时出现在讲台演那永远没人观看的"独角戏"。当然,大学里最最不讲尊严的人,还数那些明知课堂教学无人听讲还说课堂教学成效日益显著,明知课堂教学流于形式浪费钱财还说教学质量日益提高的有一定话语权的人。

如果真要讲尊严,那么面对无人听讲的教师是会痛不欲生的。他们是不会让无人听讲的状况继续存在下去的,一定会对现行的教学模式进行大刀阔斧的改革的,一定会去寻找到受学生欢迎也适合学生发展的"传道授业"的方式的。他们会反思自己教学中存在的问题,也会去研究不同时期、不同类型学生的差异性,更会去思考不同类型的大学应该有不同的教学方式和课堂组织形式。讲尊严的教师,总是会千方百计调动起学生学习的积极性,总是会根据学生的实际对课堂教学进行改革。讲尊严的教师也可能教学能力有限,但一定不会把无人听讲的课堂教学看做是正常状况并让这种状况继续存在下去。

当一个教师不再需要尊严的时候,说不定最希望看到的结果就是"无人听讲"。他们可以不用花心思去备课,更不用担心自己讲错课,可以尽情享受无尊严生活的漫不经心和得过且过。他们不会有内疚,不会再自责,他们会为自己的不讲尊严寻找到种种辩解的理由。他们会说学生没素质,会说学生文化基础差,会说学生对理论学习没兴趣。他们擅长的就是对学生无休止的抱怨和在无人听讲的教室中喃喃自语。

大学教师不再讲尊严,课堂教学变得名存实亡,知识的传承变得名存实亡,大学也将变得名存实亡。

课堂教学远没有人们想象的那么神奇

2012 年 4 月 17 日

"课堂教学"是教学的基本组织形式,但不是唯一的形式。大学中除了"课堂教学"形式,还应有别的教学组织形式。"课堂教学"在知识传授、思想传播方面是能起很大的作用,但在能力训练、品德养成方面又往往力不从心。课堂教学远没有人们想象的那么神奇,有许多事做不了、做不到;有许多课开了也白开,纯粹就是浪费钱财。

然而,现实中有许多人总是会任意扩大"课堂教学"的作用。在他们看来,"课堂教学"简直是无所不能的灵丹妙药。就他们的理解,要让学生得到什么,要让学生成为怎样的人,只要"开一门课",那么一切都搞定了。如果是一个不懂教育的外行,有如此美妙的主观愿望,那么还情有可原。遗憾的是,一些教育官员、教育专家,也是这样的一种思维,也是这样的一种认识。官员、专家的差错,如果仅仅停留在思维上、认识上,那么还不至于造成多大的灾难。问题是,官员之所以为官员,专家之所以为专家,他们的思维绝不会仅仅停留在思维的层面,他们的认识也绝不会仅仅停留在认识的层面,他们必定会把自己的思维和认识强加于人并付诸行动。因此,官员与专家的差错往往是天底下最大的差错,官员与专家的危害往往是天底下最大的危害。

可怕的是,这种差错和危害正在发生当中。"心理健康"、"创业学"不久将成为全体大学生的必修课。不是说这些课不重要,问题是开了"心理健康"课程就能解决大学生的心理健康问题了吗？开了"创业学"就能让大学生有了创业能力了吗？如果真有如此神奇,那么开个网络课程让全国大学生统一组织收看不是更省事！我也是多么希望有如此简单便捷快速经济神奇的教学方式。但理智告诉我,他们的主观愿望可能没错,但永远也不可能取得预期的结果。

要让一个人心理健康就像要让一个人身体健康一样,很重要,但很不容易。如果开了"心理健康"课程就能让人们心理健康,那么就像开"身体健康"课程就能让每一个人健康一样是不可能的。假如开了"身体健康"课程就解决了人们的健康的问题,那也就不需要医学专业,更不需要医学院了,甚至医院也可以关门了。一定意义上讲,心理健康比身体健康还要复杂还要困难,更需要专门知识、专门人员和专门机构。大学生是会产生心理问题,这些问题的解决寄希望于一门课程未免太勉为其难了。"心理健康"马上就要成为人人必学的必修课了,但我敢肯定地说,大学生的心理健康状况不会因为此课程的开设而会有所好转。

《创业学》的命运也不会好到哪里去,对推动大学生创业也不会起到什么作用。创业能力是在一个人的创业实践中形成和发展起来的,就像一个人的品德不是靠课堂中的说教便能形成一样。大学生的品德出了问题,要加强大学生的德育工作,这没错。问题是德育工作不能仅仅理解为就是开设课程。"大学生思想道德修养"课能做到的就是不断重复学生早已明白的一些道德知识,至于这些道德知识怎样转化为道德品质依靠的是全社会的公平正义和学生个体的反思感悟。学校中道德课程的地位始终至高无上,学生们的道德面貌让人们称心满意了吗？大学生自主创业的人数少之又少,要改变这种状况,重要的是鼓励大学生付诸创业实践,而不是课堂里的"唠叨"。我担忧的不是大学生创业人数没有因创业课程的普及而提高,而是原本想创业的大学生因修了"创业学"而放弃创业。

知识、理论上的问题可以通过课堂教学解决,品德、能力上的问题的解决需要的是亲身实践,专家不可能不懂得这种道理。那么他们为什么一味热衷于"课堂教学"呢？这就不得不让人提出这样的质疑:他们热衷的是"课堂教学"本身还是"课堂教学"背后的利益？说不准是"课堂教学"背后的教材、教辅、培训班、教改课题、专项经费等利益让他们学会了讲不真实的话。至于官员,相当一部分是靠搞形式主义发家的。他们知道"形式"的功能、奥妙和神奇。课开了,就是重视了,就是落实了,就是创新了。至于有没有真正的作用,他们知道过去没人追究,将来也不会有人追究。凡是能推卸责任的任何"形式"的东西往往为不作为的官员所热衷。专家谋私利,官员保权力,做的事怎能不伤天害理?

对于我的观点,谁都可以嗤之以鼻。但是,开设一门课程,总应该有课程质量标准吧;所谓质量标准,总应该可测量吧!如果说无质量标准,或者说无可测量的质量标准,那么凭什么让人去相信这样的课是有用的?我知道,花自己的钱就不可能做无标准的事,而花国家的钱是越没标准的事越会有人去做。"心理健康"也罢,"创业学"也罢,不会有课程质量标准,更不会有可测量的课程质量标准,但一定会出现在全国各高校的教室中,因为花的是国家的钱。

大学首先要让学生有谋生的本领

2012 年 5 月 27 日

大学要让自己的学生有"人文精神",这没错,但首先要让自己的学生有"谋生本领"。

需要是有层次的,连生存的需要都得不到满足,能产生高层次的人文需要吗?真的要让学生具有"人文精神",就必须首先扎扎实实培养学生的"谋生本领"。一个人如果连生存的本领都没有,那么这个人的"人文精神"往往是无从谈起的。

大学倡导"人文精神",天经地义。问题是,这种"倡导"很多是假惺惺的。要区分这种"倡导"是真是假,有一个很简单的标准,那就是看一看这所大学培养的学生是否有谋生的本领。一个具有"人文精神"的大学,肯定是极端负责任的大学,在培养学生的各个环节中不仅会体现出对学生无微不至的关怀,更会做到严格要求、悉心指导。在这样的大学中,学生能不学到谋生的本领吗?相反,培养的学生没有谋生的本领,就业能力不如农民工,这样的大学肯定是不尽责任的大学。一个连基本职责都不履行的大学是有"人文精神"的吗?奇怪的是,越是这样不尽责的大学,"人文精神"的口号往往喊得越响。

为什么人们喜欢讲"人文精神"而要回避"谋生本领"?不是这些人更高尚,而是这些人更虚伪也更懂得怎么样逃避责任。"人文精神",看不见摸不着,没法评价没法考核,而且"放之四海而皆准",不用担忧说错话,更不用担忧无法兑现。而"谋生本领",却是看得见、摸得着、能评价、能考核,没法忽悠、没法推卸,需要实打实去做才能兑现,而且说多了还显得庸俗功利。既可以不承担责任,又可以代表一贯正确,除了高喊"人文精神"外,还有更好的方式方法吗?看来,"谋生本领"的地位如果继续得不到确立,那么高举"人文精神"大旗干着"反人文精神"勾当的人还将会与日俱增。

"谋生本领"是"人文精神"的基础,"谋生本领"形成的过程是培养"人文精神"

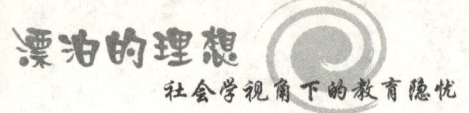

的载体。人们能指望一个连学生的"谋生本领"都培养不出来的大学能培养出"人文精神"吗？无视"谋生本领"高喊"人文精神"往往是一个骗局，人们务必警惕。

大学生家长怕放假

2012年6月3日

记得自己的大学时代，每当自己放假回到家的时候，妈妈总是比过年还高兴。当自己的女儿上大学后，我也总是盼望着假期早日到来，并且希望女儿在家能多住上一阵子。女儿上了大学后忙于学业和为出国留学准备，放假在家的时间总是非常的短暂。每次女儿返校，都有些依依不舍。

而今天的许多家长，自孩子上大学后，就害怕起放假了。对此，我有许多不解。原来，这些家长也是像我妈和我一样，对于孩子的放假也是翘首以待的，盼望着孩子能早日回家。盼星星盼月亮般盼到了孩子回家，结果想象中的孩子变了样，想象中的家庭亲情变了味。孩子的回家，不仅没有给家庭带来欢乐，反而让家庭的气氛变得紧张、尴尬。父母不再有孩子上大学时的骄傲，有的是对孩子眼前生活习惯、学习状况和未来前途的担忧。

孩子已不是高中时的孩子，没有了按时起床，没有了正常的一日三餐。父母上班去了，不见孩子起床，中午时赶回家，孩子仍然酣然大睡。千呼万唤让孩子起床，起床的孩子不是出现在餐桌边，而是出现在电脑前。父母做好的饭要送上前去，孩子自顾自地敲击着键盘，仿佛一切都未曾发生。晚餐也基本上是由父母把饭菜端到孩子的电脑旁，而且还要时常把凉了的饭菜重新加热重新端上。没有了一家人餐桌上的欢声笑语，没有了家庭成员之间的交流沟通。晚上孩子何时上床睡觉，父母就真得搞不清楚了，只是自己醒来时，孩子还在电脑前玩兴正浓。孩子这样的生活方式，让家庭的生活秩序和父母的生物钟乱了套。父母上班时记挂着在家的孩子，中途又要跑回家给孩子送菜送饭或者做菜做饭，这样来回折腾，自己的工作又受影响。为孩子服务，父母从来都是心甘情愿的，从来都是不知疲倦的。但是，面对正在接受大学教育却变成这样一种状况的孩子，父母累了。这种累，不仅是体力上的累，更是心理上的累。

父母不是保健医生，但是他们懂得孩子的这种生活方式是在自我摧残；父母不是教师，但是他们懂得整天沉迷电脑游戏是在自毁前途。自从大学放了假，父母就再也过不上安稳的日子了。孩子不起床，让自己叹息；孩子不睡觉，让自己烦恼；孩子对电脑游戏走火入魔，让自己怒火中烧但又必须强忍着。因为每次对孩子的劝说，除了加剧孩子的一意孤行外，就是使得家庭成员之间的关系变得更加对立和紧张。孩子长大了，也由不得父母说了。父母最大的愿望就是希望假期早日结束，孩子返校了,眼不见为净。可恶的是,现在的大学假期不仅越来越多,而且放假的时间也越来越长。大学的假期似乎就是专门用来惩罚家长的。

假期结束,父母就清静了吗?没有清静,他们对孩子的牵挂、担忧始终挥之不去。开学了,孩子的生活是否回归了正常?上课了,孩子是否自觉地放弃了游戏?离开了家,孩子是否就有了自立自强的意识和行动?与老师在一起,孩子是否就会变得潜心学问?一些家长苦不堪言,他们很清楚,孩子离开了家回到大学,一切都会变得更糟。

放假了,让父母感到怕;不放假,同样让父母感到怕。当大学对家长的"怕"不会有自责、羞愧的时候,孩子也能冷血到置自己父母的"怕"而不顾吗?

不能视而不见的七种社会心理

2012 年 6 月 7 日

第一,看客心理。习惯于当局外人,习惯于看热闹,习惯于说三道四,一切都与自己没有关系,意识不到自己应承担的社会责任和公民义务,主人翁意识严重缺失。没有道义担当,没有国家意识,没有集体观念,不再有"从我做起,从现在做起"的责任行为。他们会骂世风日下、环境恶化,他们也会抨击社会不公、贪污腐败,但从来不会与自身责任相联系,从来不会意识到自己要做点什么,要尽点什么力。"看客"擅长于坐而论道、吹毛求疵。国家兴亡,单位盛衰,一切都与自己没有关系。在"看客"看来,反正,死也与大家一起死,无须自己操更多的心。

第二,怨妇心理。台上的人抱怨,台下的人抱怨;有钱的人抱怨,没钱的人抱怨;得利者抱怨,失势者抱怨;房价涨了抱怨,房价跌了抱怨。仿佛每个人都受到了不公平对待,每个人都有满腹的冤屈,不分场合、不分对象,只要一张嘴就是牢骚、抱怨和骂爹骂娘。从火车车厢中的议论到网上的留言,从大会后的分组讨论到隔壁邻居茶余饭后的聊天,都能让人感觉到"抱怨"无处不在。"抱怨"涉及的对象从干部选拔、贫富不均、外交军事到教育、卫生、物价,可谓包罗万象。

第三,先知心理。社会上一些人尽管不以"先知"自居,但时时处处都会摆出一副"先知"的架势。似乎什么都看透了、看穿了、看懂了,不仅对当下的事看清了,而且就是对未来的发展也了如指掌。物价走势、环境恶化、就业前景、贫富分化、腐败整治、外交斡旋、政府换届似乎尽在他们意料之中。看上去,他们关心时事政治,心忧天下,而且善于思考判断。但稍加分析,就可以发现对未来并不是真有预测力,其"预测"往往是一种情绪性的否定性的判断。"搞不好的"是他们对未来判断时使用频率最高的一句话。许多事还未发生、还未开始,就被他们下结论:搞不好的。其实,这种"先知心理"的背后是积郁已久的"不满情绪"和"叛逆心理"。

第四，倦怠心理。当今人们的工作状态遭到来自包括工作者本人在内的各界人士的越来越多的诟病。许多人不再有工作的热情，更谈不上职业的兴趣，守住工作的底线成了许多人最高的职业追求。得过且过、敷衍了事不再是业内个别人的工作状态。可以说，散漫、松懈、厌烦、懒惰等减力性的心理状态弥漫在各行各业各阶层的群体之中。除了在复习应考的中学生外，社会民众普遍缺乏生命的活力和昂扬的斗志。人们的倦怠，是因为信仰的缺失；人们的倦怠，是因为分配机制生了病；人们的倦怠，更是因为各阶层之间流动的阻隔。

第五，弃船心理。船快要沉了，船上的人恐慌、绝望、挣扎，随时准备跳船求生。这是电影中经常可以看到的场景，不知从何开始现实生活中的一些人也慢慢产生了一种弃船心理。灾难似乎就要降临，末日似乎为期不远，一种末世心态在这些人心头挥之不去，"快完蛋了"随时会脱口而出。有了这种弃船心理，对现实中困难的解决更会有无助感和无力感。他们在拼命寻找"求生"的路，逃离将要沉没的船成了他们的不二选择。投资移民、出国留学的浪潮看似风光无限，其背后隐藏着的是"求生"的恐慌。与这种弃船求生心理相伴的就是乘机捞一把的"赌徒心理"和及时行乐的"颓废心理"。

第六，崇贿心理。行贿受贿为历代历朝所深恶痛绝，但是在今天有许多人对自己不会"行贿"而感到无能，对自己无资格"受贿"而感到痛心。崇贿，羡腐，笑贫不笑贪，能说是个例吗？有了这种心理，凡事"行贿"开路。一个企业家如果不行贿，那么自己的营业执照似乎是虚假的；一个家长如果不行贿，那么自己的孩子似乎就成了孤儿不再有人关注了；一个病人如果不行贿，那么似乎是自己把自己送上了断头台。此种心理，如此风气，一旦成为社会文化，什么反腐倡廉，什么公平正义都将是镜花水月。至于那些崇尚行贿受贿的人，尽管可能会获得一时之便、利谋得一时之利益，但终究活得不体面、活得没尊严。

第七，归隐心理。社会上有一些人与工于心计、唯利是图的人不同，他们厌倦了争权夺利、尔虞我诈，他们不再追求功名利禄。面对世风日下的社会，他们感到痛心但又无能为力；面对灯红酒绿的人际环境，惹不起躲得起。他们选择了归隐田园，远离尘世。有的人移居山里，重新过上自给自足的农耕生活，他们图一个清静，图一份新鲜的空气，逢人便说健康第一。有的人走上了宗教信仰之路，或佛教或道教或基督教。他们的这种超凡脱俗，不排除有的人的修炼达到了新境界，但更多的是看破红尘的逃离、躲避。

第三编 灯下闲谈

教育患上不治之症——"正气缺乏症"

2012年9月2日

我们当今的教育让人们如此失望、如此痛恨,是因为缺正确的教育思想、缺先进的教育理念吗?是因为缺校舍缺仪器、缺教材吗?是因为缺方法、缺手段、缺载体吗?是因为缺教师、缺教育智慧吗?是因为缺领导、缺强有力的管理吗?是因为缺教育思想家、缺教育指导吗?是因为缺教育改革、缺教育规划吗?统统不是!在我看来,当今的教育最缺的是"正气",教育患上"正气缺乏症"已有时日了。

教育应是弘扬正气的事业,学校是最讲公平正义实事求是、最容不得投机取巧虚伪造假的场所。若是当讲真话成了不正常而讲假话却成了正常的时候,教师和学生不仅不可能有批评虚假的勇气,就是对于自己说过的话是属于真话还是假话都已不可能有了分辨的能力。校园中,不论是小学还是大学,从领导的报告到办公室人员起草的文件,从班主任的讲话到学生写的作文,有着太多的言不由衷,有着太多的不切实际,不是说大家都在有意造假,而是造假的习惯性行为使然。有太多的人不造假就不再会写文章,不造假就不再会在台面上说话。同样,当把有正义感的人当成另类而把投机分子当成英雄的时候,我们还能指望学校培养的人有道义有风骨有立场吗?缺乏正气的教育,培养出来的人自然漠视普世价值,热衷的是个人利益;造就的人才自然不懂终极关怀,计较的是眼前得失。教育没有了正气,就像一个不再有免疫力的人,已无药可救。任何先进的理念方法手段,任何强有力的指令举措改革,都成了中看不中用的东西,已不可能在今天的校园里产生多大的实质性的作用了。

没有正气的教育,推崇的是投机,膜拜的是关系,看重的是利益,追求的是权利,热衷的是行乐;没有正气的教育,让人感受不到真才实学的力量,让凭本事做人的人体会不到做人的尊严,让一心向学和追求真理的人始终处于单位和组织的边缘,让诚实守信脚踏实地的人看不到前途。这种教育培养的学生理所当然缺乏志气,他们关注的是自己是眼前是利益是享受,什么国家、民族、信念、理想、正义统统与自己没有关系。一些孩子为什么像马戏团里的动物不给物质刺激就不读书?一些孩子为什么不送到辅导班就不知道干什么?一些孩子为什么沉迷于网络游戏可以到了废寝忘食的程度?一些高中生为什么到了高考结束填报志愿还不知道自己有怎样的兴趣?一些人上了大学以后为什么除了睡懒觉还是睡懒觉?一些大学生为什么除了考公务员外就不知道自己还能做什么?一句话,我们的学生从来就没对学习本身发生过兴趣,从来就没想过自己的学习要为社会为人类带来点什么,改变点什么。拿到文凭成了当今学生的最大追求,考试及格也就成了他们最崇高的

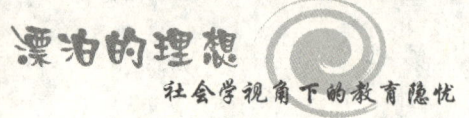

目标。对于这样的学生,我们能指望他们创新创业吗?能指望他们有学术建树吗?能指望他们拿诺贝尔奖吗?

没有正气的教育,不再有疾恶如仇,不再有对真理的捍卫,有的是见风使舵的两面派和没有脊梁的墙头草。在没有正气的环境中,人们学会了明哲保身,学会了唯唯诺诺,学会了溜须拍马。一个人接受这样的教育时间越长会越没棱角越没个性越没思想。没有了教育的正气,也没有了人的骨气。为什么听不到激动人心的报告?为什么看不到观点鲜明的文稿?为什么在校园里一整天听不到一句有意思的话?为什么遇到的尽是没有阳刚之气的老师?为什么学校里开的每一个会仿佛都是曾经开过的会?这正是没有骨气的表现,同时也是没有骨气的结果。学校差不多已沦落为最没思想的地方,这与"最没新闻的是报纸"一样,是天底下最大的笑话和人世间最大的耻辱。没有了骨气,也就没有了胆量;没有了胆量,也就没有了批评;没有了批评,也就没有了思想;没有了思想,也就没有了个性;没有了个性,也就没有了创新。当今的教育为什么培养不出创造性人才?当今的学校为什么缺乏大师?答案应该不言自明了。在这样的没有正气和骨气的环境中,看似一团和气,但一遇到风吹草动,便会蠢蠢欲动甚至分崩离析。没有骨气的人,是叛徒、汉奸的最佳候选人。不要看他点头哈腰言听计从,风向一变便会迅速变脸叛变。创新型人才我是不指望了,我担忧的是患"软骨病"的变节分子会一茬又一茬地走出校门。

教育没有了正气,也就没有了人的志气和骨气,没有了人的志气和骨气,也就没有了教育存在的意义。

"重复"他人的话是可耻的

2012 年 9 月 5 日

教育崇尚的是创新,学校强调的是学生个性的培养。一个只会重复他人的话的人,显然是最没创新能力,也是最没个性的。接受了多年的教育、上了多年的学,却只能重复他人的话,这不是可耻的吗?

有的人总是会拿自己的高学历来炫耀,有的人没有学历要造一个学历。事实上,这大可不必。如果说只能"重复"他人的话,那么学历越高就越可耻。一个没受过多少教育的人,"重复"他人的话,还是可以理解的。当自己说不出自己的话的时候,把自己的高学历改为低学历,还有情可原。自己没有思想、没有观点、没有个性,连属于自己的一句话都没有,还要拿自己的学历来吹嘘,这可以说已到了厚颜无耻的程度。真要显示自己的水平,真要赢得他人的尊重,很简单,只要从说自己的话开始即可。

当然,"重复"他人的话最为可耻的人,不是拿学历炫耀的人,而是强制人家要听他"重复"他人的话的人。"重复"他人的话,已经够可耻了。还要硬性规定人家听他"重复"他人的话,这不是更可耻吗?!生活中这样的人,要数办报纸的媒体人和有权的官员。一张报纸没有自己的思想观点,尽是抄他人的一些话,却要通过红头文件强制单位、个人订阅。这种报纸免费送人用于淘宝卖家的包装或者给那些买不起卫生纸的人擦屁股还差不多。然而,办报人居然能够理直气壮地强制百姓订阅,这也足见社会上有的人已无耻到了极点。与这样的办报人在可耻程度上有的一拼或者说旗鼓相当的是一些官员。他们说不出一句属于自己的有思想的话,他们擅长的就是没完没了地"重复"着听众不知听了多少遍的他人的话。这些官员表现出得出类拔萃的就是"重复"他人的话的时候的从容不迫和面对听众的满腹牢骚能够充耳不闻。他们总是发出一个个"不容请假"的会议通知,并组织一批会务人员负责点名签到,以确保有足够的人数来听他们"重复"他人的话。这种无耻的行径,所造成的财力、物力、人力的浪费是非常巨大的。几十个人,甚至几百个人,又汽车又飞机,又司机又秘书,又请吃又住宿,又纪念品又文本材料,就是为了听"重复"人家的话的一场报告,这样的事是个例吗?单个人的可耻行为一旦与权力相联系,可耻的程度就会放大百倍千倍甚至更多倍。不会说自己话的人最好远离权力,否则自己的罪孽会是很深重的。

有人可能会说,"重复"他人的话有时候是需要的。此话不能说全无道理,但在信息时代这种需要是越来越少了。如真需要"重复",也要说明重复的是谁的话,是第几次重复。特别是在正式场合,"重复"就不单单是无脑子、无思想的表现了,也属抄袭剽窃。许多发言稿或要求民众阅读的文件,几乎都是他人的话。将如此地地道道的抄袭剽窃行径看成是正常的现象,这是当今最不正常的现象之一。

要人人都意识到,"重复"他人的话是可耻的,有时候还是很不道德的。唯有如此,我们的孩子才会变得更聪明,我们的学校也才不再会一边不断重复"创新"一边不断抄袭剽窃,我们的报纸也才会有人自掏腰包购买阅读,我们的官员也才会不被人嗤之以鼻,我们国家的马路上跑的汽车也才可能不都是外国的品牌。

每个大学生都要给自己算一命

2012 年 9 月 8 日

一讲到"算命",人们总是会认为这是"迷信",是反科学的,是不可信的。"命"真是不可"算"的吗?这还不能一概而论。一个人的"命",由算命先生来"算",由算命先生来预测,确实是不靠谱的。但是,一个人的"命"却可以由自己来"算",可以由自己来"预测",而且还可以非常准。道理很简单,未来是从当下开始的,看今天可以知明天,眼前的所作所为决定了未来的生存和发展。

漂泊的理想
社会学视角下的教育隐忧

大学生总是有做不完的白日梦,爱情、家庭、事业、房子、汽车,可谓无所不包。但是,梦想是否能成真?自己的未来到底会是个什么样呢?对此,他们又会认为"未来"还很遥远,想了也白想;有的大学生更是会认为人生不可测,一切都得听天由命。许多大学生总是习惯于生活在"想象"当中,至于未来到底会是什么样,似乎与自己又没有关系。对未来既关切又冷漠可以说是当下许多大学生的基本生存状态。

未来很遥远,但就在眼前;未来很虚幻,但就存在于身边;未来不确定,但一切都在发生。自己的未来,算命先生不知道,菩萨不知道,自己最清楚。自己的家庭背景,自己的能力特长,自己的志向抱负,自己的兴趣爱好,自己的人际交往,自己的意志品质,自己的努力程度,有谁比自己知道?正是自己最了解的这些因素决定了自己的未来。一个人只要平心静气对自己的这些方方面面作一个客观全面的分析,自己的未来、自己的命运就会像电影画面一样一幕幕呈现在眼前。

决定自己的"命"的因素看似很多,分分类,主要也就是三个方面:家庭背景、自身条件和主观努力。

家庭背景对一个人的命运所起的作用越来越大了,实习、就业、职场晋升不能说全靠家庭但也不能说不需要家庭。有了良好的家庭背景,再加上自己的努力,就如虎添翼。没有良好的家庭背景,即自己的父母既无钱,又无权,而且又没可利用的社会关系,如果自己还不努力,那么只有等死。当然家庭背景所起的作用也不是通天的,而是有适用范围的。例如,要通过公务员招考的笔试,要想获得国外名校全额奖学金,父母亲的社会关系再多再硬也基本上发挥不了作用。正因为如此,有良好的家庭背景但自己不努力的人,其命运仍然可能是悲惨的。相反,没有良好家庭背景但不放弃努力的人,其前途也完全可能是光明的。不过,没有良好家庭背景的人,要付出更大的努力。不要去抱怨"凭努力不能实现梦想"的社会,也不要怪自己投错了胎,唯一要想的和要做的是在起跑就落后的情况下怎样打败对手。

要想知道自己的"命",还要知道自己是什么"料",即自身条件。每个人都有自己的优势特长,也会有自己的弱势短板。认清了自己,就不至于走错了路,从而也就容易把握未来。不论什么"料",都为社会需要。自己是高职生,就要让自己有一技之长;让自己有一技之长,就要投入比理论学习更长的时间去操作训练。没有这样的操作训练,一名高职生的命运一定比农民工还要惨。论文化不如高中生,论技术不如中职生,能有好前途吗?一名考上研究型大学的学生,不是因为自己上研究型大学,自己就能成为研究型人才的。一名研究型人才,要乐于对理论的沉思和探索,要习惯于科学探索的寂寞和孤独。否则,其命运与一名没有一技之长的高职生不会有太大的差异。

当然,要梦想成真,要让自己有美好的前途,最最重要的还是主观努力。只要真努力,总会有前途,关键是要懂得何为真正的努力。现实中许多大学生都会认为已经很努力了,已经很辛苦了,其实不然。努力不努力,是相比较而来的。自认为努力了,但可能还不如人家努力,这就算不上真努力。为能较为准确评价自己努力的程度,可从以下几方面来衡量:

大学要比高中忙。自己如果没有高中时忙,那么证明自己不够努力,自己的"命"也不会好到哪里去。

大学一周七天都应是学习时间。清华、北大的多数同学,没有休息日,一周七天都用于学习。自己有几天用于学习?

大学学习是高强度的脑力活动。清华、北大同学一周忙七天,每天都要忙过零点。自己如果上课玩手机,课后玩游戏,那么凭什么说会有好前途等着自己?

大学的学习场所是教室、图书馆、实验室。自己如果整天窝在寝室,那么不论自己在做什么,都不配称为努力。没有紧张度的学习是低效的甚至是无效的,寝室里的学习基本属于此类学习。

大学生现在可以根据自己眼前的实际算出自己的"命"了。如果对自己的"命"有所不满,那么不要怪自己"命"不好,而是要从调整眼前的生活和学习开始。若任其自然,则悲惨的日子离自己已为期不远了。

教育论坛简直成了斗富会

2012 年 11 月 7 日

长期来参加的一些教育论坛,给人的感觉简直就是斗富会。发言者不讲自己的学校培养了多少人才,而是不断炫耀自己的家底。发言者,往往也有教授的职称,也往往兼任什么主任、所长之类的职务。但给人的感觉不像是一名教师,确切地讲更像产品展示会的"推销员",当然有时候也像一名"人贩子"。

教育论坛理所当然要讲教育理念、教育思想、教育改革、教育成果,但发言者往往避而不谈,也许根本也谈不出来或者根本没什么好谈。站在发言席上的人擅长的热衷的是没完没了地亮家底,什么仪器设备,什么教学器械,既是 PPT 的图片展示,又是指手画脚的介绍,那架势俨然像一名产品展示会的推销员。显示了"富有"以后,就开始炫自己的团队,什么教授博士,什么跨世纪人才"151 人才",又不是什么倒卖人口的交流会,一名教育工作者何苦要扮演"人贩子"的角色没完没了地对自己手底下的人逐一"推销"呢?到了最后才会举几个学生获奖的例子以显示自己的办学成就,说实在的,那几个奖也根本没有什么含金量。有人说,每个教育论坛,包括学校经验交流,都是这个套路,没什么大惊小怪的。对于什么论坛、经验交流会,我也是能不参加就不参加,眼不见为净。但工作关系,还是不断要被参加。实在是不能容忍,还是要说两句。

教育论坛之类的会议之所以会成为"斗富会",不是发言者有主人翁意识要利用一切机会介绍自己的学校,而是反映了当今的大学根本不是为了学生。一个背离了"以学生为本"的大学,其价值追求必然严重扭曲,自然要把自己的"高富帅、白富美"当成了教育的最高成就,导致的结果必定是学校建设的比阔斗富。当今的大学,学生是否得到发展不重要,重要的是要有能够让人看的办学条件;学生是否有前途不重要,重要的是教师学历职称是否能拿得出手。大学仿佛不是教育机构而是产品展览中心,大学同样也不像是在培养学生而是在培养教师。

人们可能马上就会说,硬件设施、师资力量是培养好学生的条件,没有这些条件也是培养不好学生的。是的,把学生培养好是要有条件的。让我搞不懂的是,大学为什么老要炫自己的条件,而避而不谈自己的条件所产生的结果呢?这不就像一个卖鸡蛋的人,老是给顾客看产蛋的鸡而不给顾客看鸡蛋一样傻吗?有了鸡蛋肯定是会有鸡的,有结果也一定会有条件的。相反,如果只呈现鸡,则是难以让人相信有鸡蛋的;如果只呈现办学的条件,则也是难以让人相信有教学结果的。当一个大学只会叨叨唠唠炫耀自己办学条件的时候,人们有理由相信这所大学是为办学条件而创造办学条件,而不是为了用来培养学生。现实中,有太多的条件纯粹就是为了摆设,有太多教师职称的晋升地地道道与学生的成长没有关系。

只有条件,没有结果,有比这更可耻的吗?然而,当下的大学不仅不以此为耻,而且还要作为业绩在论坛上来炫耀,这也足见教育的病已经不轻了。

不能让学生"忙"起来的大学教育叫忽悠

2012 年 11 月 12 日

谁都知道,学生是教育活动中的主体,包括教师在内的任何外在的教育因素或力量不能转化为学生学习的主动性、积极性,都将失去其存在的意义。可以说,学生"忙不忙"是大学教育是否有效的最直接表现。一个大学如果不能让学生忙起来,那么这个大学基本上是在忽悠学生、家长、政府和社会。

学生"忙",证明这个学校是好学校,这个学校的教育是真教育;学生"不忙",那么这个学校是垃圾,这个学校的教育是伪教育。要让大学回归本业,要让大学教育不再是忽悠,学校一切工作的出发点都应为了学生的"忙",学校一切工作的归宿都要以学生"忙的程度"来衡量。一本教材是否有用,一门课程是否重要,一名教师是否突出,一项教改是否必要,一笔投入是否见效,一种设施是否必需,一项理念是否正确,不是看哪位老师会喊,也不是看哪位专业负责人会叫,更不是看哪位专家会吹,最直接的衡量评判标准只有一个,那就是看学生"忙不忙"。不能让学生忙起来的所有一切,基本上是劳民伤财,基本上是低碳时代的二氧化碳,当属可省略之列。

第三编
灯下闲谈

图书馆的图书汗牛充栋,没有学生借阅,除了徒增蟑螂的数量还有何用?实验室、实训室铁将军锁门,除了浪费国家钱财、让老鼠有更多的栖息地外,还有何用?高职称、高学历教师的讲课,无人听讲,除了证明职称学历像注了水的猪肉外,还有何用?大学教师接二连三出版的专著、教材,无人翻阅,除了骗取学生的钱财增加二氧化碳排放外还有何用?什么教学改革、什么教育新模式、什么教学成果奖,不与学生的学习状态相联系,除了显现华而不实的作风和弄虚作假的智慧外,还有何用?什么特色专业、重点课程、教改项目,不能调动起学生的积极性,除了证明做文本的本事和搞公关的才能外,还有何用?财政拨款的增加、专项经费的设立,无关学生的学习,除了让大学校园的奢靡之风愈演愈烈之外,还有何用?这样的道理应该谁都懂,但不知从何时开始,人们似乎都变得不懂了,尤其是包括大学教师、教育官员和评估专家在内的与大学关系最为紧密的人员似乎更是不懂。如果懂,那么他们怎么只关注投入,不关注产出?怎么只看教师学历职称,不看学生学习积极性是否得到调动?怎么只强调硬件设施,而不强调学生的学习状态?

当然,他们会认为,投入也好,硬件也好,教改也好,职称也好,都是为了学生的学习,都是为了学生更有效的学习。我也知道,学生的学习是要有条件的,书籍、教师、实习实训设施是为学生学习所不可或缺。但是,当下的大学,当然不能说是全部,但也不在少数,办学条件日益改善,学生学习积极性却江河日下。图书馆图书借阅量直线下降,上课群体性打瞌睡,学校几乎成了超级网吧。办学条件不会自然而然转化为学生自觉的学习行动,教学条件更不能与教学效果画等号。当大学教育不再是为了"培养人"的时候,任何投入、改革都是别有用心的"作秀"和"忽悠"。当"作秀"和"忽悠"普遍被认同为"政绩"和"质量"的时候,学生又怎能不从教室玩到寝室、从秋天玩到夏天、从接到录取通知书玩到接到毕业证书呢?

一个人读书,越读越忙,是在进步,越读越闲,是在堕落。国外的学校,研究生比大学生忙,大学生比中学生忙,中学生比小学生忙。中国的大学领导人,如果不是"海归",那么也都会有多次出国访问的经历,对此不会不了解。当面对我们的大学生越读越闲的状况时,我们的大学领导人为什么还会那样从容不迫、心安理得呢?为什么还会那么热衷于无关乎学生"忙"的所谓"建设与改革"呢?说白了,我们的大学患上了"责任缺失症",而且这是一种"高致病性传染病"。不论是谁,只要进入大学就能迅速学会唱高调、演假戏,就能迅速学会"推卸对学生发展所应承担责任"的一切方法和技巧。教师为了各种私利的"忙"与学生无所事事的"闲"成了当下大学师生的基本存在状态。

此种"责任缺失症"十分可怕,但也并不是无药可救。只要动真格,只要极少的代价就可以将此病治愈。一台摄像机,或一架卡片照相机就足以让大学教育不再敢忽悠。只要把学生在教室、寝室的真实情况公布于众,让全社会来评鉴。可以肯定,如此做法,比官方选派专家所进行的教学评估,不仅有效百倍,公正百倍,而且

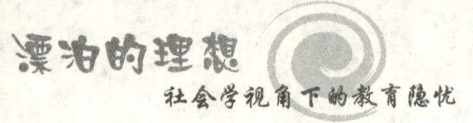

成本也可以节省百倍。

要让大学教育不再成为忽悠,还需要国家对大学的管理也不要再继续忽悠。

假如没有升学率

2013年3月4日

假如没有升学率,还有那么多家长逢年过节向老师送卡送礼?

假如没有升学率,老师还能带生捞外快?

假如没有升学率,老师还能在课余时间办辅导班大把大把捞钱?

假如没有升学率,招生时校长室还能门庭若市?

假如没有升学率,新生编班时,学校领导还能一如既往地牛气冲天?

假如没有升学率,教研室还能掌握统考的大权?

假如没有升学率,教育主管部门的官员还能批条子、收票子?

假如没有升学率,就没有教师违规带生办辅导班,没有教师的违规,能有校长、局长的权威?

……

应该明白了:

为什么一边口口声声素质教育,一边又扎扎实实应试教育;

为什么一边高喊减负,一边又不断增负;

为什么一边强调教育公平,一边又继续要把学校学生分成三六九等;

为什么一边说要减少考试取消排名,一边又不断统考并以名次论英雄;

为什么一边声称不能加班加点,一边又是不断剥夺假期补课补习;

为什么一边声讨升学率,一边又推行升学率。

是升学率背后的利益,让升学率越演越烈;是升学率背后的利益链,让学生的负担越来越重;是升学率背后的利益共同体,让教育成为说一套做一套的两面派。只有让教育成为卖方市场,只有让优质教育成为稀缺资源,也即只有造成受教育机会的短缺,相关教师、校长、学校和教育主管部门的官员的社会地位和物质利益才能得到充分保证。而要产生这样的效应,只要牢牢抓住应试教育不放即可。教育界人士在培养人才上没什么本事,却深谙这套生财之道。所以,寄希望于当下教育的自身改革,放弃应试教育,那就像要商家不要赚钱一样,必定是会让自己失望的。

我也知道,在当下还不能完全没有升学率。如果真的没有升学率,那么产生的问题可能更多,腐败会更严重,弱势群体的利益更得不到保护,社会公平更无从谈起。但要升学率,并不是要当前的这种升学率。要想彻底改变当前追求升学率的状况,光靠教育一家是做不到的。但是,如果教育界真的以国家民族的利益为重,

不计自身的得失,那么也还是可以有所作为的。至少在以下方面可以立即着手改革:

取消小学的统考,还孩子们快乐的童年;

取消重点高中,让中考不至于像现在这样惨烈无比;

重点扶持薄弱学校,让城乡学校得到相对均衡发展。

人为什么越受教育越偏离正轨

2013年3月7日

不断听人抱怨,小学生做到的大学生做不到,普通群众做到的领导做不到。人们抱怨的是不是属实暂且不论,但从道德层面上而言,大学生不一定比小学生有德,领导不一定比群众有德,当属不争的事实。

大学生比小学生接受的教育多,领导比群众接受的教育多,岂不接受的教育越多人越恶? 如果是这样,那么取消教育不是既省钱省事又有益于人们道德水准的提高吗? 这也不能一概而论,关键要看是怎样一种教育。就道德教育而言,其本质是"真"。道德教育的功能和艺术最终都落实到"真"这个字上面。换句话说,道德教育是否有用或者说道德教育是否有必要存在,就看这种教育是"真"还是"假"。接受了体现"真"的道德教育,人们将会变善;相反,接受了处处充斥着"假"的道德教育,人自然会变得越来越恶。

道德教育就是一个把社会道德伦理规范内化为一个人内在道德品质的过程。一个人有德,就是对道德伦理规范的不折不扣地接纳;一个人缺德,就是对道德伦理规范的拒绝或者是阳奉阴违地接纳。一个人是善还是恶,是有德还是缺德,其标准就是这个人在道德伦理面前是"真"还是"假"。大学生说得比小学生好听,但就不落实到行动上,这就是"假";领导总是不断教育群众,但做的就是比群众还差,这就是"假"。要想让一个人有德,这确实不容易。如果道德教育本身又无处不"假",那么还想指望受教育者"向善"、"有德"吗? 这在数学中叫"不可能事件"。

面对世风日下道德滑坡,人们总是呼喊加强道德教育,但从未提及要加强体现"真"的道德教育。如果我们加强的道德教育,处处是"假",那么越加强,道德越是会滑坡直至全面崩盘。有人一定会说,道德教育就是"真善美"的教育,怎么会有"假"? 每天都在造假,每件事都掺杂着假,还不知自己在造假,这也足见"造假"是多么地习以为常! 政治老师总是习惯性地讲那些他自己都不相信的话,校长更是擅长台上台下的随机应变,班主任信奉的不是真理信念而是功利主义,家长那是赤裸裸地不厌其烦地"有奶便是娘"地利己主义的言传身教,媒体舆论自然不甘落后见人讲人话见鬼讲鬼话的无原则无立场总是能发挥到淋漓尽致。当造假只要不像

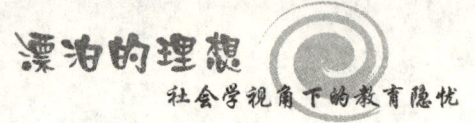

奶粉会危及生命就会被人们认为是理所当然的时候，中国会有道德吗？人会有良知吗？

亲戚从菲律宾旅游回来，大发感慨，经济不如我们，道德大大好于我们。人家也堵车，但骑摩托车的人总是有序排队耐心等待，没有中国的争先恐后。亲戚问，菲律宾人肯定没有我们受教育年份久，也不见像我们铺天盖地的道德教育宣传，他们的道德面貌为什么比我们好？我不知道菲律宾如何开展道德教育，但我知道没有"真"的道德教育不是真的道德教育，这种不是真的道德教育越多不是收效越微而是危害越大。我们的道德面貌不如欧美还能找出一些障人耳目的理由的话，当下我们的道德面貌还不如菲律宾，我们还有什么理由为自己辩护？如果还要挖空心思找出理由，则不是说我们脑子上有智慧，而是暴露了我们不敢面对真实的虚伪本质。

应该说，我们从来就没有真正的道德教育。也应该明白了，为什么一个人越受教育会越偏离正轨。真要让人心变"善"，当让道德教育变得有"德"，让道德教育变"真"开始。

高职科研需要休克疗法

2013年3月14日

教学与科研，相辅相成，相得益彰，这在理论上没有问题。但是，天底下的许多事，理论上没问题并不等于实践上没问题。历来被人们所倡导的高等教育"教学科研双中心论"，今天在许多高校，特别是高职院校已造成学校工作的极大混乱，严重干扰了正常的教学，导致人才培养质量的急剧滑坡。当务之急是，对高职科研实施休克疗法，终止高职院校在科研领域的无理取闹，还高职院校的本来面貌。

"科研"这一最神圣的字眼，现在却与最为肮脏的勾当相联系。因为"科研"，老师不成其为老师，教学不成其为教学，学校不再是一个培养人才的场所。要说当今危害教学质量最大的因素，那是非"科研"莫属！老师们的脑子里有的是"论文"、"课题"、"项目"、"经费"、"职称"，哪里还有"教学"、"备课"、"上课"、"改作"、"辅导"？！一些稍有良心忙于教学的老师如果不是被讥讽为不识时务，则也往往成为学校的边缘人。一个老师只要有"论文"，课堂里可以成为职业催眠师；一个老师只要有"课题"，除了上课可以永远不与学生见面；一个老师只要有"项目"，不要说可以不批改作业，就是不布置作业也总是能名利双收。忠诚于教学的人成了傻子，关心学生成长的人成了笨蛋，整天忙于备课上课改作辅导的人永远是低职称。如此高校所培养的学生，在玩游戏、吃零食、睡懒觉上会稍有底气外，还有什么能让自己满怀信心走上社会？入校时是在考试竞争中胜出的"优秀才俊"，毕业时是连农民工都不如的"平庸之辈",我们的高校能让一个人实现如此快速转变,在世界高等教育史上也称得上奇迹了!

如此"科研",如能出点像样的成果,那也不能说完全没有意义。问题是,如此"科研"不是真科研。其出发点纯粹为了个人的名利,不外乎为了职称、钞票,而不是为了知识的创新技术的进步。看上去一个个不亦悦乎,其实人们的兴趣根本不是科研本身,而是科研之外的"油水"。如此出发点必然导致"科研行为"的心浮气躁,人们追求的是"短平快"、"急就章",看重的是短期效应、眼前利益。如此科研除了浪费百姓税收、养活一些三流杂志社、增加 PM2.5 的排放外,就是败坏风气让人变成鬼。剽窃、抄袭者有之,送钱、送礼、拉关系、发文章者有之,群众撰写、领导署名者有之。"科研"创不了新,"科研"领域的阴谋诡计倒是能不断得到创新发展,人间之丑恶在高校"科研场"都能悉数找到。

当务之急是对这样的科研实施休克疗法,终止对高职院校教师科研的考核,终止科研的扶持政策,让科研与职称评聘不再挂钩,让教师专注于学生的培养。这样做也会有一些弊端,但是两害相权取其轻。在高职院校科研的"存"与"废"上,只能当机立断选择后者了。

我这样的主张,并不是说高职院校不能倡导搞科研,更不是说不允许搞科研。我的意思是,高职院校以教学为主,以培养学生为重。科研是高职教师完成本职工作后的业余爱好,是一种不受功利驱动的业余活动。要知道,这种不计名利的"业余爱好"才是真科研,才容易出真成果。在实施科研的休克疗法后,还存在的科研行为,才是高职院校科研的希望所在,才是学校要倡导的科研,才是政府未来要资助的科研。

高职院校"师傅"比"博士"更需要

2013 年 3 月 18 日

高职院校招聘教师的学历要求越来越高,许多学校非博士不引进。

高职院校教师非博士不可吗?有了博士办学水平就高了吗?要我说,高职院校不是不可以有博士,而是"师傅"比"博士"更需要。光有博士,没有师傅,这绝对是一所玩花架子的、会忽悠人的高职院校。

博士是学术型人才,适合高深理论的传授和研究。而高职院校是培养技能型人才,技能型人才以获得经验为主,理论够用即可。让博士来传授经验,就像早些时候社会上出现过的让硕士当保安。这不是"杀鸡用牛刀"的人才高消费,而根本就是"林黛玉杀猪"——不适合。如果高职院校老师的学历要求真的需要博士这个层次,那么中学老师的学历那是非博士后不可了。平心静气实事求是分析,在教学中面临的理论上的挑战,中学老师要比高职老师严峻许多。高职院校尽管是中学后教育,属于高等教育层面,但涉及理论的广度和深度在许多领域远不及中学。这看似滑稽,本质上也符合常理。中学生中有相当一部分人要走学术道路,将来要成为硕士、博士、博士后直至教授、研究员,他们对学术的兴趣以及在学术上所具有的天赋,使得一个没有渊博知识、没有深厚理论功底的老师将难以胜任中学的教学。而高职院校教师面临的最大挑战是来自学生职业技能获得过程中经验的传授,一名优秀的高职老师可以不是博士但必须是一名师傅。我这样讲丝毫没有贬低高职和高职教师的意思,我讲的是不同类型学校对教师素质需求是不一样的这样一个基本事实。

　　高职院校老师要有博士学位,看似一个用人问题,实际上反映出了人们对高职认识的偏差。他们总是认为,高职首先是姓"高",其次才是姓"职"。既然姓"高",是属于高等教育,理所当然要有高深理论的学习。要学习高深理论,理所当然要有高深理论的博士来任教。这套逻辑看似顺理成章、天衣无缝,实际上是失之毫厘、差之千里。职业教育的本质是让人有一技之长,经验学习是第一位的,"理论够用为度"是国际共识。所谓的"高",是相对于中等职业教育的"中"而言的,就是说高职生应有更"高"的技能。高职生也是冲着技能而不是理论来的,他们如果想学理论、能学理论,也不来高职院校了。当下就是有那么一些包括专家官员在内的人无视高职教育的本质和高职学生的实际,想当然地在高职院校强化什么理论。结果是上课时昏睡一片,下课时网游一堆,培养的人要技能没技能,要理论没理论。引进的老师还死活要博士,证明对什么是职业教育仍然没搞明白,看来这些高职院校还准备在培养"待业大学毕业生"上大干一番。

　　有人一定会反驳我,他们的理由是欧美、我国台湾的高职院校的老师大多有博士学位。是的,此话不假。但也要具体分析,之所以会产生这样的事实,是因为职业教育本身的需要,还是因为社会上博士太多之故?像发达国家和地区,不仅高职院校老师中许多有博士学位,而且在中小学,甚至幼儿园也不乏有博士学位的老师。那么我们能否据此认为,幼儿园、中小学的老师必须要有博士学位?培养的博士多了,自然要进入各行各业,而并不是说这些行业都需要博士。

　　在当下,高职院校具有博士学位教师的多寡与教学质量高低之间肯定不存在必然的联系,任何对高职院校教师必须具有博士学位的规定都是来自对职业教育认识的迷失。具有博士学位的高职教师,要想赢得学生的尊重并体现自身价值,除了让自己同时成为"师傅"外,别无选择。

第三编 灯下闲谈

高职在"姓高"意淫中的狂躁

2013 年 3 月 21 日

　　教育要培养什么样的人,这是决定于受教育者的实际和社会发展的需要,并不是学校要把学生培养成怎样的人就能培养成怎样的人的。这样的道理想必谁都明白,但在教育实践中,有的办学者不仅不明白,而且还很糊涂。最典型的就是一些高职院校的办学者,无视学生的实际和社会的需要,始终沉浸在"姓高"的意淫中狂躁不止。如此狂躁危害无穷,但又都披上漂亮的外衣,让人一时难以识破。

　　狂躁危害之一,"精英情结"的搅局。在这些办学者看来,高职院校属于高等教育,属于大学,所以高职院校姓"高"。既然属于高等教育,是大学,高职院校理所当然要注重理论学习,要注重学生文化素养的培养。这种逻辑,听上去无懈可击,其正确性也就没人怀疑了。在这种认识主导下,高职院校办得与普通本科院校也没多大的区别,学生的学习仍然是在教室中听教师讲授为主。当学生在教室中昏昏欲睡的时候,人们指责的是学生,而从来不会要求学校对自己办学理念和教学实践进行检讨和反思。对学术的尊敬,对理论的尊重,对经典的敬畏,可以说是精英教育时代大学的传统。然而,今天如果仍然以这种知识阶层的文化理念和价值追求来强加给高职学生和高职院校,这种所谓的精英情结,绝对不是对高等教育传统的坚守,而是彻头彻尾的"精英傲慢"。这种傲慢,来自他们对大众化高等教育以后高职学生的兴趣、能力和追求的视而不见。高职学生可能是一名天才的花匠,可能是一名天生的水暖工,然而,现在的高职教育却要天才的花匠去学那让他永远学不懂的微积分,让天生的水暖工去学那永远都用不到也学不会的工程力学。如此"精英傲慢"所导致的高职教育的必然结果:课堂内理论教学基本无效,课堂外学生基本不学习。

　　狂躁危害之二,"政治正确"的迫害。坚持高职姓"高"的人们,还是会有自己的一套教育哲学的。他们会搬出"全人教育"的理念,认为教育不仅仅只给人一种技艺,只让人有一技之长,而要让人和谐全面发展。他们甚至认为,人的发展是人的基本权利,对人的发展的限定是对人权的剥夺,是不道德的。他们还进一步会说,教育要立足于学生的可持续发展,过早的职业训练将会削弱他们对未来变化的适应和发展的后劲。每句话似乎都是从学生利益出发,每句话也似乎说得在理。这些听起来"政治正确"的观点和话语,在高职教育的现实中不过是夸夸其谈,对高职学生的福祉和发展起不了任何实质性的作用。在校期间,高职学生在课堂中基本处于受理论折磨的状态,长年累月让他们去听那永远都听不懂的课,而且固定在座位上不允许自由活动,天底下有比这更痛苦的事吗?学生寻求解除痛苦的方法是玩手机和睡大觉,痛苦是解除了,但他们获得全面发展了吗?他们获得了发展的基础了吗?他们有了可持续发展的后劲了吗?让高职学生更为痛苦的是离开学校以后,他们要理论没理论,要技能没技能,要素质没素质,凭什么安身立命?当他们迷茫、彷徨、失望的时候,当他们的下场还不如农民工的时候,他们的母校却在为自己"全人教育"所取得的辉煌成绩而不知疲倦地欢呼雀跃着。

狂躁危害之三,"理想追求"的误导。高职既然姓"高",停留在专科层次那是很没面子的事,专升本、设立硕士博士点也就成了高职办学者追求的最高目标。他们对职业教育没有什么理解,但有一个观点念念不忘,那就是:职业教育是一个"类",既然是"类",就可以有不同的层次;既然可以有不同的层次,有了专科,也可以有本科,甚至可以有硕士、博士点。可谓理想远大,而且这种理想的追求很能蛊惑人心,能在短时间内让师生员工走火入魔不能自拔。有太多的学校,无视学生梦游般的学习状态,整天做着"专升本"的白日梦;如此白日梦,又让高职教育越来越偏离正确的方向;越偏离方向的高职教育培养的学生越不受社会的欢迎;培养的学生越不受欢迎学校也就越想专升本。这就是"升格办学"理想追求中的怪圈。高职不是不可以升格,但是,是不是升格是有遵循的规律和原则的,而不是自己说要升格就可以升格的。只有在现有学习年限已完不成教学任务的情况下才可以考虑延长学习年限。那么,当下的高职,三年学制是不是太短了呢?我看不是太短而是太长!有太多的时间没利用,有太多的时间被浪费。如果还要专升本,除了学生多交一年学费、多玩一年和教师们在"姓高"的意淫中得到一点虚荣心的满足外,则是不会有任何实质的益处的。

第四编　家庭教育

当今孩子生活中最缺的是什么

2011 年 5 月 23 日

当今的孩子，不愁吃、不愁穿，似乎没什么欠缺。实际上，当今孩子有很多欠缺，缺活动空间，缺小伙伴，而一个人成长的基础——"做"——为孩子所最缺。

"做"是孩子成长的途径，没有"做"，孩子就失去了成长的依体。今天的许多父母正在不断剥夺孩子"做"的权力和机会，这实际上等于剥夺了孩子的成长和未来。孩子为什么不懂得感恩？为什么缺乏责任心？为什么极端自我中心？为什么会产生人际交往困难？为什么缺乏社会竞争力？所有的这一切，都与孩子从小缺乏"做"的锻炼有关。

什么是"做"？做，就是完成任务的活动。一个人承担的任务，有来自学业的，有来自生活的，有来自家庭的，有来自社会的，这也使得一个人的"做"的形式和内容具有无限的多样性和丰富性。一个人正是在这样"做"的过程中，健全心智，完善人格。但是，今天的孩子除了完成学业的任务外，可以说不需要承担别的责任。或者说，除了学业，所有的一切都由父母代劳了。父母的出发点也许是好的，是为了让孩子有足够的时间和精力用于学习。但是，就实际效果而言，可以说没有比这更糟糕的了。

未经历生活的艰辛，缺乏一颗感恩的心。一个人只有在不断完成任务、克服困难的过程中，才能真正学会将心比心，才容易感受到父母劳动、工作的艰辛以及父母对自己的良苦用心。当今的孩子，为什么对父母的要求置若罔闻？为什么对父母的焦虑忧愁毫无觉察？为什么对父母动辄发怒？一切皆因为当今的孩子缺乏对真实生活的真实感受。在他们看来父母也像自己一样无忧无虑、无牵无挂。这种经历，让孩子失去了分忧分担的意识。当不被孩子理解、尊重、感恩的时候，父母首先不要责怪孩子，而是要反思自己对孩子是否宠过了头。

没有更多的担当，缺乏应有的责任心。谁都知道责任心很重要，但很少有人知道责任心是在承担责任的过程中逐渐形成和发展的。父母只会说教,却从不让孩子承担责任。父母一方面说责任心的重要,另一方面又让孩子过上"衣来伸手、饭来张口"的寄生虫似的生活。文具父母整理,作业父母检查,生活父母料理,导致的结果是孩子的书包越来越乱、作业的差错率越来越高、时间的浪费越来越多。孩子缺乏责任心的典型表现就是只顾当前快乐不想未来发展,只考虑自身利益不管父母感受。为什么说穷人的孩子早当家?就是穷人的孩子不仅从小干家务,而且还要下地干农活,从而懂事早、承担责任早。

习惯于享福"被服务",变得极端自我中心。一个习惯了"被服务"的孩子,是想不到为他人服务的。这样的孩子在家庭中是焦点、是中心、是太阳,能够随时随地发号施令、表达意愿、决定取舍。任性、固执和极端自我中心往往是这种孩子的固有品质。这样的孩子在家庭中、长辈面前可以为所欲为,走进学校、走上社会说不准会成为孤家寡人。不仅适应集体生活困难,甚至会走向与社会群体的对立。道理很简单,离开了家庭,人与人之间的关系是平等的,不再有"太阳"与"行星"之分,还自以为是"太阳",不能适应自己不能改变的一切,那只能走向自我孤立。现实生活中有的孩子不喜欢集体生活,对学校、同学总是有没完没了的牢骚,还会不断提出调换班级和学校的要求,所有的这一切都可以从长辈对孩子的过分殷勤服务中找到一些原因。

过于单一的生活方式,造成人际交往困难。一个人承担的任务越多,活动范围也就越广,在与各种各样的人打交道过程中,自己的人际交往能力、适应新环境的能力也都得到了锻炼和提高。而一个除了完成学业不再需要做任何事的人,生活是单一的,活动场所是固定的,交往的对象是不变的,这样的人很可能从开始时的不需要交往变成不喜欢交往,到后来演变成害怕交往,长大了很可能也就成了"宅男"、"宅女"中的一员。人际适应困难,人际交往受阻,不要说做大事,就是过上正常的生活有时也会变得困难。

无困难克服的生活,造成竞争力的退化。父母亲总是希望自己的孩子能幸福,但似乎并不清楚幸福的基础是竞争力。父母亲总是千方百计创造优厚的物质条件,总是费尽心计排除生活上的种种困难,舍不得让孩子受一分寒、挨一分饿,殊不知,这正埋下了让孩子丧失幸福的祸根。一个没有竞争力的人即使有再多的房产、股票、存款也难以确保一生的平安幸福,而竞争力的获得来自于完成各种任务、战胜各种困难的活动。要让孩子幸福,就要提高孩子竞争力;要让孩子提高竞争力,就要让孩子承担责任、解决困难。温室里培养不出参天大树,养尊处优的生活只能让孩子变成阿斗。

"做"为孩子所不可或缺,更让孩子健康成长,就要放手让孩子"做"。

第四编
家庭教育

教育无范本

2012 年 1 月 17 日

年轻的父母对孩子成长的关心程度真可谓无以复加,总是急于要找到一条孩子成长的最佳途径并试图创设一种培养孩子的最佳模式。

近来,不断有家长与我探讨:"虎妈"好还是"羊妈"好,让孩子上早教中心好还是不上为好,让孩子学钢琴好还是不学为好,让孩子参加艺术等级考试好还是不参加为好,上奥数班好还是不上为好,上校外辅导班好还是不上为好,上老师家补课好还是不补好,让孩子看电视好还是不允许看为好,允许孩子玩游戏好还是不允许为好,假期里让孩子上校外特长班好还是不上为好,把孩子交给爷爷奶奶外公外婆抚养好还是由自己抚养好,是自己陪着孩子读书好还是不陪为好,让孩子均衡发展好还是有一技之长为好,早点到国外就读好还是迟点为好……

上述的任何一个问题,可以说都有成功的先例,也都有失败的教训。教育问题,很多时候没有标准答案,从而也就不可能以"好"或者"不好"、"对"或者"不对"这样简单的判断来回答。试图从书籍中或者从成功家长那里得到答案,也往往会使自己感到失望。因为这些答案很可能自相矛盾、彼此冲突,让自己变得更加无所适从。

教育问题为什么会没有标准答案呢?这是因为每个孩子、每个家长、每个家庭以及每个孩子的成长环境都是不一样的。有的孩子可能适应"虎妈"的强悍作风,而有的孩子可能适应"羊妈"的温柔举措。所以,我们说,"适合的教育"才是最好的教育。

要讲"适合",就要讲因材施教。要让家长找到"适合孩子的教育",对不同的孩子实施差异化的教育,这确实是有难度的但却是至关重要的。当今社会上的多数家长在不知道怎样来教育培养自己孩子的时候,只能是"跟风",只能是"从众",也即人家怎么做自己就怎么做,人家孩子怎么学自己孩子就怎么学。这种"尝试性"的教育有点像赌徒的押宝,但比赌徒的押宝又更危险。赌徒输了可以重来,孩子教育失败了就很难重来了。

听我这样一说,家长可能就紧张了。教育孩子既无范本供自己参考,自己又找不到适合孩子成长的教育方式,那么家长该怎么办呢?教育确实是没有固定的模式,但也不是说没有规律可循、没有原则可遵守。在我看来,家庭教育中,不论采取何种教育方式、运用何种教育手段对孩子实施何方面的教育,都必须符合以下基本要求。

一是要有助于孩子懂得将心比心,懂得体谅父母。"虎"的方式也好,"羊"的方式也好,是否适合,关键就看孩子是否变懂事了,是否能为父母分忧了。如果自己的做法让孩子变得更加无所用心、更加得过且过、更加被动懒惰、更加不顾及长辈感受,那么自己就要反思反省,对自己的教育行为要做调整。始终要记住一点,做学问,求功名,首先要学会做人。

二是要让孩子变得好学能学,养成良好的习惯。教育的目的是让孩子喜欢学习、学会学习,即"教是为了用不着教"。让孩子产生"厌倦"的教育是最失败的教育,而此种教育在当今中国是比比皆是。有的培训机构、教育中心能起到的作用就是让孩子学一门课恨一门课,让孩子学某种技能恨某种技能。家长如果让孩子接受此种教育或培训,则无异于花钞票雇人把自己的孩子往火坑里推。

三是要照顾到孩子的兴趣、愿望和特长,要有助于孩子学会做主、学会选择。父母们习惯于自作主张,包办代替。如此做法,容易产生两种副作用:一是让孩子产生逆反心理,父母要求的他偏不理会;二是孩子可能成为一个没有主见、不会做主、不懂选择的一切都习惯于听从他人摆布的新时代阿斗。孩子不论多么小,不论多么幼稚,父母都要征求孩子的意见,听取孩子的想法。

家庭教育中父母当防"好心办坏事"

2012 年 1 月 28 日

父母爱孩子,总是希望孩子健康、幸福、有出息。但是,许多父母总是好心办坏事,总是做着天底下最傻的事。

(1)只给孩子吃喜欢吃的,造成孩子偏食。偏食,对生长、健康不利,而且适应性差,在变化的环境中不要说不能体会到生活的幸福,就是过上一个正常人的生活很多时候都会感到困难。孩子此种偏食的恶习,不是别人,正是父母给养成的。为了孩子眼前的快乐,却让孩子失去了获得一生幸福的最基本的生活习惯和能力,父母的爱之害可见一斑。

(2)替孩子解决困难和问题,造成孩子抗挫折能力和竞争力的低下。要让孩子幸福,重要的是要让孩子在困难面前不低头且具有战胜困难的能力和本事。而这样的孩子是在与困难作斗争中成长起来的。孩子做不出的题目父母做,孩子的课外手工由父母完成,等等,可谓不一而足。所有的这一切,既是对孩子眼前锻炼机会的剥夺,更是对孩子未来幸福的剥夺。

(3)过度保护,纵容甚至鼓励攻击,造成孩子心胸狭窄、性情乖戾。生怕自己的孩子在与人交往中吃亏,父母纵容孩子"以牙还牙",教唆孩子"诉诸武力"。这样的孩子在眼前看似赚了便宜,但却让其落入了被孤立的陷阱。过度保护,只能让孩子成了好斗的公鸡而不可能成为能搏击长空的雄鹰。

(4)陪孩子读书,让孩子在求学的路上永远不能独立行走。陪读是需要时间和精力的,陪读的父母精神可嘉,但效果是没有比这更糟的。学业成绩优秀的孩子的一个共同的特点是"自觉地学"、"独立地学"。在父母陪读中长大的孩子,除了"不监督不学习"、"不相伴不做题"、"不辅导不能完成练习"外,还能有什么能让人刮目相看的?

(5)不辞辛劳、不惜代价送孩子进各种培训班学习,造成孩子厌学。最有害的学习,不是没有获得知识、本事,而是产生对学习的厌倦和仇恨。父母容易看到他人对孩子教育的重视,却看不到此种重视所造成的孩子们普遍地对学习冷漠和厌倦。盲目送孩子进培训班,简直就是花钱让孩子下地狱。

(6)找人情托关系为孩子谋得"一官半职"或让孩子受到特殊照顾,容易让孩子学会虚荣、学会弄虚作假。人情社会的"人情"、关系社会的"关系",并不全是一个人向上攀登的阶梯。一个孩子要有真才实学、要在学业竞争中获胜,需要的是诚实的品质和踏实的作风。钟情于"人情"、"关系"并受"人情"、"关系"庇护的人,在求学生涯中可能会有一时风光,但肯定会有更多的在竞争中的落败。

(7)无节制的物质奖励,让孩子从小不再有远大的理想和崇高的精神追求。父母以物质奖励来调动孩子学习的积极性,出发点不能说不好,效果却没有比这更差了。这让孩子从小就觉得,读书就是为了吃喝玩乐,读好书就是为了更好地吃喝玩乐。而事实上,一个讲究吃喝玩乐的人书是读不好的。当今有那么多的年轻人深陷网络游戏、扑克麻将的泥沼不能自拔,自然与拜金主义、享乐主义横行的社会有关,但谁又能说这与从小受到父母的物质诱惑没有关系呢?

(8)舍不得让孩子承担家务劳动,导致孩子不懂得承担责任。父母总是觉得孩子完成学业都已来不及,与学业无关的事再不能让孩子做了。这似乎合情合理,实际上是大错特错。孩子学业好的前提条件是要有责任心,而责任心是在承担责任的过程中逐渐形成的。不懂得承担家庭责任的人,自然不懂得将心比心,更不懂得为父母排忧解难。更何况未经历时间紧迫的孩子永远不会珍惜时间、永远不知道怎样安排时间。

自制力是成功的关键

2012 年 1 月 31 日

要让汽车到达目的地,动力固然重要,但还有比动力更重要的,那就是刹车。动力不好,只是会延长到达目的地的时间,而没有刹车或刹车失灵则既到不了目的地,还可能会导致车毁人亡。要让一辆汽车顺利前行,多数情况下"制动力"比"推动力"更重要。一个人的发展也是如此,要想顺利达到目的,也要有有效的"刹车系

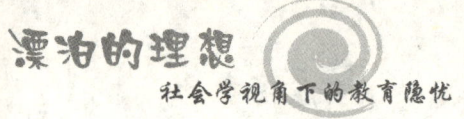

统"，即要有"自制力"。

要做好一件事，必须集中注意力；要读好书，需要长年累月集中注意力。而生活中的来自主客观的干扰很多，诱惑很多，这就要求一个人要有很强的抗干扰和抵制诱惑的能力，即要有很强的自制力。有了自制力，才能确保一个人在充满干扰、诱惑的环境中使自己的心理活动指向和集中于特定的对象。我曾对几位考上清华后来又到美国名校攻读博士学位的学生进行过研究，发现他们除了在自制力上略胜一筹外，还真难发现他们还有什么过人之处。他们也喜欢游戏，但不会沉迷其中；他们也喜欢电视，但只看他们认为有意义的节目；他们也喜欢玩耍，但适可而止。是这种"自制力"确保了他们学业上的领先，也是这种"自制力"使得自己在学术追求上始终具有持之以恒的精神和行动。

缺乏自制力的孩子，在家庭生活中的表现：赖床，会设定叫早起床的铃声，但铃声响了又装着没听见；馋嘴，喜欢吃的，吃撑了还要吃，明知吃多了不利健康还要不停地吃；贪玩，知道家庭作业是非完成不可的但也要先玩一把；强占，对于喜欢的东西，会不择手段迫使父母购买，是人家的也会胡搅蛮缠霸占；迷恋电视和游戏，不顾父母反对，心甘情愿成为电视和游戏的俘虏；不顾场合的吵闹，似乎不懂得在不同的场合应该具有不同的言行举止，唯有随心所欲、恣意妄为。对于上述行为，许多父母都理解为孩子小，不懂事，长大了自然而然会改变的。事实上，小时候的自制力会关系到一个人一生的发展。

有多项心理学的研究表明，童年时期即缺乏自制力的人，在将来更有可能面临着健康、学业、债务以及法律方面的问题。20世纪60年代末，美国哥伦比亚大学的心理学家，在一群四岁的孩子们面前放一盘饼干，暗中观察哪些孩子不能抵御偷吃饼干的诱惑。在随后的跟踪调查中，心理学家们发现，那些能抵御诱惑的孩子在学校和日常生活中往往表现得更出色。

该怎样来培养孩子的自制力呢？一是从小就要让孩子意识到自制力的重要，观念上的清晰认识是自制力产生的前提条件。二是父母要以身作则，不该做的不做，不该为的不为，为孩子自制力的形成起到示范表率作用。三是对孩子任性、无节制的行为不能放任，更不能纵容。许多父母为了让孩子做某件事或者制止孩子做某件事，往往会以允许孩子做另外一件不该做的事为条件来与孩子做交换。如此做法，只能是饮鸩止渴，会留下更大的隐患。四是对孩子要爱而有度，过分的宠爱往往是滋生孩子无节制行为的温床。五是要让孩子有远大的理想和正确的人生观，这看似大道理，但却是产生强大自制力的心理基础。

第四编 家庭教育

是什么让孩子有了自己是小皇帝的感觉

2012年2月2日

　　小孩子天真活泼，惹人喜爱。但现在的一些小孩子尽管聪明伶俐可还是让人喜欢不起来。没教养，没规矩，不知道长幼有序，更不知道不同的场合要有不同的言行举止。不会顾及他人感受，不听从大人的劝导，桀骜不驯，肆意妄为。个头小火气大，对父母的训斥会还以"反训斥"，生气、哭闹、打滚往往是他们的专利。

　　孩子的这种任性、极端"自我"的品行是怎样形成的？说这是父母"宠"的结果，有的父母不认同，认为自己还是很严厉的，有时候还会通过"打骂"的方式来教育。说这是父母"只养不教"的结果，父母更是不认同，认为自己也经常跟孩子讲道理。那么，到底是什么原因让孩子有了自己是小皇帝的感觉和行为呢？我要说，这是包括父母在内的长辈对孩子过分"在意"和"关注"的结果。

　　在孩子来到人世之前，与孩子相关的人员已做好了甘当"臣民"为孩子的快乐提供无微不至服务的准备。孩子一旦降生，即成了家庭生活和人际交往的中心。孩子还不会说话表达，但自己是"圆心"、是"太阳"的感觉已牢不可破。一个在"被在意"中长大的人是不容易"在意"他人的，一个在"被关注"中生活的人也是不会"关注"他人的。不要怪孩子"任性"，孩子始终在"任性"中生活；也不要怪孩子"自我"，孩子一直都在"自我"中成长。大人们对孩子前呼后拥的追随和百依百顺的服侍，自然让孩子变成了小皇帝。在小皇帝看来，凌驾于众人之上、做自己想做的一切是太理所当然不过的了。

　　当孩子的所作所为超越了父母的忍受程度，父母也会以"打骂"来教训，但是一时的"打骂"已不可能对长期以来无所畏惧的孩子起到多少震慑的作用了。至于，平时长辈的说理、劝导，那简直就是"太监对皇上的哀求"。

　　要让孩子从小就知书达理，就要消除孩子精神和物质上的特权，建立起家庭成员之间的平等关系。在平起平坐中吃饭，在相互尊重中交流，在共担责任中生活。让孩子在得到关爱的同时关爱他人，在得到服务的同时服务他人，在得到体谅的同时体谅他人，懂得谦让，懂得克制，懂得自己不应享有比他人更多更大的权利。在这样没有特权的环境中长大的人，才会具有真正的感召力和竞争力。要知道，在家是小皇帝，离开了父母的庇护完全可能成为小奴隶。

　　对孩子不可能不在意、不关注，但为了孩子的成长，长辈只能在心里在意，在心里关注。

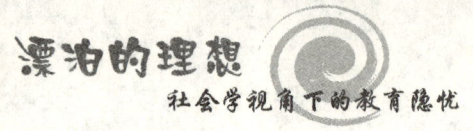

断后路方有孩子的前途

2012 年 8 月 23 日

近来发生在身边的一些事,让我切切实实感觉到有太多的父母不会当父母,不配当父母。

事件一:一家长到学校取儿子大学毕业证书,不知道到哪个部门向哪位老师取,通过他朋友的朋友打电话向我询问。我问:为什么毕业时没领?答:可能是因为有科目不及格要补考后才能领。我又问:为什么不让儿子自己来领?答:儿子不肯出门。我再问:为何?答:就是喜欢在家中,不是睡觉就是游戏。

事件二:经熟人介绍,一家长来找我,要我帮忙找单位给他儿子开一暑假实习的假证明。我问:儿子实习了吗?答:没有。我又问:为什么不去实习?答:不愿意。我再问:暑假都在忙些什么?答:好像也没忙什么,就是在家看看电视、上上网。当听到我说完此忙不能帮也帮不了的时候,我看得出来他仍然意识不到我为什么不帮这个忙。

事件三:高中同学的女儿大专毕业参加事业单位招工考试,考场设在我所在的学校。考前一天老同学来学校代女儿熟悉试场,我开玩笑明天也帮女儿代考吧!第二天开考前接到老同学电话,女儿要晚几分钟到考场,要我帮忙不要取消其女儿考试资格。我问:为何迟了?答:睡过头了。我又问:复习太迟早上起不来?答:不是,还比平时睡得早。我再问:你为什么不唤醒她?答:催了,女儿不依。

事件四:同事的朋友经商,30 年的打拼积累了不少财富,儿子大学毕业近两年只忙两件事:一是在家时的网游,二是出门在外的打牌、喝酒、卡拉 OK。同事朋友着急,向我咨询有何妙招。我问:上过班吗?答:只上过一星期班。我又问:为何?答:儿子说辛苦且工资低,收入还不够付上下班的油费。我再问:为什么不让儿子跟随自己一起经商?答:儿子不愿意。

上述几件事发生在不同的家庭,但我们可以发现共同的问题,那就是这些孩子太有依靠、太有后路了。自己要做的事,父母都会代自己做了;自己需要的物质条件,父母老早都给自己创造了。一个孩子不再需要自己做事情、不再需要自己去创造财富,那么这个孩子自然不懂得自己应承担怎样的义务和责任;一个孩子不需要承担义务和责任,那么这个孩子永远也长不大。

我们的父母总是最有爱心,只要孩子能少吃苦自己可以多吃苦;我们的父母总是最勤劳,只要自己能做什么事都愿意代孩子去做;我们的父母总是最有责任心,只要孩子一辈子吃不完、用不完,自己可以拼死拼活无休止地积攒财富。然而,父母越是任劳任怨,子女却越是得过且过;父母越是无所不能,子女却越是寸步难行;

父母积累财富越多,子女却越是挥霍无度。好心办坏事总是当下父母的特长,好心得不到好报也往往是当下父母悲惨的结局。

　　孩子要幸福,就要能做事、能办成事,就要有在竞争中取胜的本事,就要有能够凭借自己的力量创造财富的能力。所有的这些办事力、竞争力和创富力,不可能由父母遗传,也不可能由父母赠与,一切都要在长期的独当一面的活动中锻炼成长。孩子的任何依赖心理都会影响到这种锻炼的有效性,父母的过多的包办代替更是对孩子锻炼成长的捣乱和破坏。

　　父母要想一想,自己的本事来自哪里?自己的财富来自哪里?很简单,我们的本事来自于无路可走,我们的财富来自于无依无靠。你要想让自己的孩子有与自己同样甚至更大的本领,就要让他"无路可走",你要让自己的孩子有与自己同样多或者更多的财富,就要让他"无依无靠"。比尔·盖茨、巴菲特为什么不留更多的财富给孩子,他们不是要让孩子变成赤贫,而是要让孩子创造比自己更多的财富。他们更懂得对子女的爱,更懂得对子女的关心,更懂得怎么样才能让"富不过三代"的悲剧不会在自己的家族中出现。

　　有的孩子已被父母宠坏了,无论怎么苦口婆心也不能改变孩子的不思进取,无论怎么软硬兼施也不能改变孩子的好逸恶劳。对于这样"刀枪不入"的孩子,父母伤心痛苦绝望,还有救吗?实事求是讲,在这时候,教育所能起的作用已是很微弱了,必须要下猛药,那就是捐出财富,断其后路,让孩子意识到自己再不振奋、再不努力将无房可住、无钱可花。试图保留财富,又想让这样的孩子创造财富,到最后只能是人财两空。财富只能留给能创造财富的后代,分忧也只能给懂得为他人分忧的人。

　　有时候残忍是最大的爱,有时候舍弃是最大的获得。同样,很多时候断了后路才会有孩子的前途。

家长要把经验"关在笼子里"

　　2013 年 2 月 4 日

　　人类的经验越积越多,一个人要想获得前辈积累的经验所需的时间也越来越长,读书读到 30 岁没拿到博士学位也很正常。即使拿到了博士学位,也很难说就是一个有"经验"的人。如果"经验"能嫁接,那么无疑是人类历史上最伟大的科学发明。孩子一出生,服上一颗"药",立即就有了一个博士所具有的"经验",还有比这更妙不可言的发明发现吗?我不知道目前是否有人在做这项研究,但我知道现实中有许多家长尽管没有这颗"药"却努力在做着把自己的"经验"迅速转化为孩子的"经验"的事。

让孩子尽快有"经验"、有更多的"经验",家长的这种愿望和心情可以理解。但一个人的"经验"的获得就像一个人的身体发育一样需要时间,是一个漫长的过程。家长想把自己的"经验"一口气全部传授给孩子,不仅不可能,还可能会产生以下的问题:

过多的"经验"学习,没有了快乐的童年,让孩子失去对"经验"学习的兴趣;

过难的"经验"学习,超越了孩子的承受能力,容易让孩子产生对"经验"学习的恐惧、厌恶,进而会排斥、拒绝父母"经验"的传授;

过多过难的"经验"学习,容易造成父母与孩子的紧张,让家庭生活变得不愉快,父母也好,孩子也好,都可能经常心情不好;

即使孩子乐于接受父母"经验"的传授,但如果没有孩子自身的探索实践,这样的孩子完全可能只是一个"经验"的被动接受者,而不可能成为"经验"的超越者。

那么,父母应采用怎样的方式把自己的知识经验传授给孩子呢?

父母要特别重视孩子亲身实践经验的积累。父母容易犯的一个错误,就是习惯于通过"教"来传授自身经验,似乎"教"是经验传承的唯一方法。事实上,孩子亲身实践积累的经验是获得父母经验的基础,没有孩子亲身经历所积累的经验,父母说得再多再好,许多时候都是白说。孩子独立做一件事,可能做得不完美,而且很费时,这时候父母往往会主动前去代劳。这似是在帮忙,实乃在剥夺孩子的成长!做作业,孩子做不快,做不来,大人不能代做,这谁都懂。其实,做任何事都像做家庭作业,父母都不能越俎代庖。因此,父母要善于"把自己的经验关在笼子里",不要轻易把"答案"告诉给孩子,不要把自己"知道的"直截了当地说出来。只有当孩子想做又做不成、想说又说不清的时候,父母可以因势利导传授自己的"经验",但也要力争做到"点到即止"。

国外的孩子,自从能拿勺子起,就自己吃饭,自从能独立行走起,外出旅游时自己的行李箱就自己拉,自读书要选课起,就自己做主……正是这样放手让孩子做、鼓励孩子做,国外的孩子也变得特别能干,他们在高中未毕业不懂外语的情况下,就有了独立行走他国的本事。我们的孩子尽管考试不错,但是,不要说独自出国,就是独自回到家似乎都是有些困难的。我们的父母也是能看到这种差异背后的原因的,但轮到自己就犯迷糊了。

中国的腐败是因为官员的"权力没有关在笼子里",中国的孩子"长不大"是因为父母的"经验没有关在笼子里"。前者亡国,后者亡家。

第四编 家庭教育

比"解题"更重要的是"出题"

2013年2月7日

怎样的孩子是好孩子？怎样的学生是好学生？答：能解题的孩子是好孩子，能考个好分数的学生是好学生。在"分数膜拜"的社会，这样的回答一点都不会让人感到意外。

能解题、能考试当然是好孩子，但还不能说是最好的孩子。最为优秀的孩子，不仅能"解题"，更能"出题"。所谓"出题"，就是说孩子在完成学校家庭布置的学习任务作业训练的前提下，还能自己给自己确立新的学习方向、自己给自己交代学习任务、自己给自己出题目，并且不断为此而努力。当自己的孩子能十分自觉完成大人交待的任务的时候，家长切不可忘乎所以，要知道还有比自己孩子更有竞争力的孩子的存在，他们同样能"解题"，还能自己给自己"出题"。

寒假开始了，一些上学的孩子东游西逛、无所事事。怎样没事做？他们总是会理直气壮地说当天的家庭作业做完了。他们也许真能解题，也真的解完了题，但他们把"学习"仅仅理解为"解题"，在他们的观念中解完了题学习任务也就完成了。有太多的孩子，作业做完了，学习行为也就终止了。可见，一个只会"解题"而不会"出题"的孩子，学习是被动的，思维的对象是单一的，兴趣是狭窄的。他们可能在眼前的考试中胜出，但绝对不可能在知识的学习和知识的创新中实现真正的超越，学校课程知识的范围就是他们的人生边界，完成作业训练成了他们的人生理想。这样的孩子，只能当一个执行者，而不可能是一个决策者，因为他们不习惯出题目，也出不了题目。读研究生当助手，走上社会当下属，这就是他们学习和生活最有可能出现的状态。当不再有人给他们出题目的时候，他们也就不再会学习，不再会思考，可持续发展也就无从谈起。现实生活中，常有人抱怨，某某人当年读书怎么不如自己却当了官或者赚了钱。这可能有社会不公的因素，但也完全可能是因为自己只能"解题"，而人家擅长"出题"。

今天的孩子"解题"已经够累了，还要"出题"，不更累吗？不会的。"出题"是自觉自愿的，是自己感兴趣的，兴趣所在、愿意做的自然是不会累的。有的孩子英语学习遥遥领先于学校的进度，有的孩子自学了大学计算机理论，他们的成就让他们快活还来不及怎么还会感到累呢？由于自己在某方面有更深的造诣更渊博的知识，同时掌握有更多的学科方法和知识工具，当他们再去"解题"的时候，会变得更得心应手。所以真要让学生有"解题"的本领和能力，就不可以在"解题"辅导上下功夫，而应在孩子自我"出题"上多引导。

孩子给自己"出题"，有哪些题目可出呢？孩子乐于探索并有益于自身成长的领域都可以是自己"出题"的范围,由于年龄、特长、兴趣、家庭背景的不同,"出题"的形式、题目涉及的内容可以是无限丰富。稍加分析,可以得出五种基本的"出题"类型:一是学科拓展型,选择学校学习的一两门课程,加快进度,学得更多更深;二是兴趣驱动型,在自己感兴趣领域,例如,写作、天文,多下工夫,确立自己的优势;三是项目研究型,经常选一些课题,例如,春节来历、大气污染,通过搜集资料拓展知识,通过分析综合训练思维;四是技能操作型,在音乐、美术、体育方面选一方向,不断练习,陶冶性情,形成特长;五是公益服务型,通过对社区、弱势群体的服务来加深对社会的了解,提高自己的交往、工作、组织能力。不论何种"出题"类型,家长可以当参谋,但最终要由孩子"拍板"。

走好眼前的一步,孩子要能"解题";要想走得更远,孩子还要能"出题"。如果满足于"解题",而不是"出题",那么对孩子的期待越大,所带来的失望也可能越大。

玩可以是另外一种学习

2013 年 2 月 11 日

学业负担重,孩子的玩被剥夺了。"给孩子玩的时间"、"还孩子玩的权利",对于这样的呼吁我一万个赞同。

问题是,每个孩子都会玩吗?在许多人看来,每个人都贪玩,玩是生来就会的事,不存在会玩或不会玩的事。事实上,玩的学问可大了!看连续剧是玩,独自一人闲逛是玩,收集资料、写观察日记是玩,与同学合作进行考察是玩。一个孩子玩什么,怎样玩,不仅会影响眼前的学业,还会影响到未来的发展。因此,可以从一个孩子的玩预测到这个孩子未来能走多远。

许多家长关注孩子的学业,会比较少过问孩子的玩。家长的一个朴素认识是,孩子学习辛苦,让孩子玩一玩,轻松轻松。一个人的玩,确实就是让自己轻松。如果因为玩让自己变得更辛苦更沉重,那么谁都不再会去玩。需要讨论的是,"学"与"玩"一定是对立的吗?"学习"一定就是沉重的吗?在玩耍的轻松状态就不可能有"学习"吗?"玩"与"学"是可以统一起来的,"玩"中"学"不仅可能,而且说不准还是一种更有效的学习。例如,

动物观察中的玩;

植物种植中的玩;

旅游观光中的玩;

伙伴游戏中的玩;

书画鉴赏中的玩;

艺术训练中的玩;

体育活动中的玩；
手工制作中的玩；
主体研究中的玩；
实地考察中的玩；
文学欣赏中的玩；
魔术解密中的玩；
野炊烧烤中的玩；
技能练习中的玩；
竞技比赛中的玩。

上述"玩"，一个人可以没有任何心理负担，但同样可以获得，甚至是课堂里作业本里学不到的知识学问、生活经验和社会责任。如果说身心轻松的活动就是玩，那么身心轻松的学习同样也是玩。当"学"成为"玩"的时候这是最高境界的"学"，同样，当"玩"成为"学"的时候这是最高境界的"玩"。一个人不可能凡事都达到这样的境界，但让玩不再纯粹是消磨时光这多多少少还是能让人做得到的。

玩可以是另外一种学习，是可以更轻松的学习。没能意识到玩的这种功能和作用，势必造成家庭教育资源的极大浪费。当人家的孩子在玩耍中不知不觉进步的时候，自己的孩子却在不知不觉中虚度光阴。谁都说时间紧迫，但当玩纯粹用来打发时间的时候，这不是最大的浪费吗？

玩可以是另外的一种学习，但切忌成为课堂学习的延续或者是家庭作业训练的翻版。要让孩子在玩中学，"身心轻松"这一玩的本质是不能改变的。既要身心轻松，又要学有所得，有两件事对父母来讲很重要。

一是因势利导，在孩子最喜欢的"玩"中增加"知识内容"、"科技含量"，让孩子产生新的兴奋点。例如，让喜欢玩枪的孩子去研究军事和现代战争，让喜欢吃的孩子去研究食品安全和营养卫生。

二是创设新玩法，通过全新的玩让孩子进入知识新天地。例如，参观博物馆点燃孩子新兴趣，考察古村落让孩子迷上历史学。玩中学，从内容到形式都完全可以不同于学校的学。

孩子的玩，应该是富有创意和激情的，是闪耀着智慧的光芒的。也唯有这样的玩，才是真好玩。

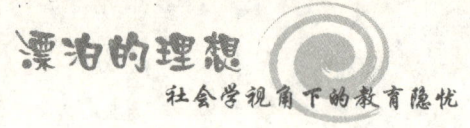

把拍板权还给孩子

2013年2月15日

如果说独裁者为了自身利益大权独揽还可以理解的话,那么家长为了孩子的利益还要大权独揽的话,那就是愚不可及的事了。生活中做着这样愚蠢的事的家长还真不少。

是否要去玩,到哪里玩,是否要上兴趣班,上怎样的兴趣班,是否要参加学科奥赛,参加怎样的奥赛,是否要学书法绘画舞蹈钢琴,怎样学,周末是否要到校外辅导站,进怎样的辅导站,一概由父母拍板。上高中了,学文科还是理科,还是父母拍板;高中毕业了,上什么大学,学什么专业,继续由父母拍板;大学毕业了,就业、读研、出国还是考公务员,仍然由父母拍板;到了谈婚论嫁,父母恨不得仍由自己说了算。这样的事实和现象,在现实生活中只是个例吗?

人是在拍板中成长的,可以说没有拍板就没有成长。每一次拍板,都要对主客观条件和可能产生的后果进行分析判断。为了拍好板,拍正确的板,要收集多方面的材料,要听取多方面的意见,还要分析比较、权衡利弊。尤其是面对两难选择,不仅是考验人的智慧,更是考验人的意志。一个人就是在一次次拍板中成长起来的。这种长大,既包括了决策能力的提升,也包括了独立自主意识的增强。可以毫不犹豫地说:没有拍板就没有孩子的成长,对孩子拍板的剥夺就是对孩子未来的剥夺。

怎样的人配称"阿斗"? 就是那些没主见、没思想凡事靠父母的人。"阿斗"是怎样培养出来的? 毫不客气地说,是拍板权从小被父母剥夺的结果。现实中的一些孩子眼前不知道要做什么,未来更不知道走什么路,不知道自己的兴趣所在,不知道要凭借自己的力量去圆未来的梦,他们只是有耐心等待父母为自己拍板,他们只是盲目相信父母有本事能清除自己前行路上的障碍。当离开了父母,没有了父母的帮助,这样的孩子只能是束手无策,坐以待毙。"阿斗"不是命中注定,是父母"精心培养"的结果。

为了孩子的未来,为了孩子的幸福,父母必须把拍板权还给孩子。当然,还拍板权于孩子,还是要有一些策略。第一,必须明确拍板是孩子的基本人权,同时也为孩子成长所需要。对于孩子的一切,能由孩子拍板就由孩子自己拍板。第二,父母要自觉约束自己的权力欲,不轻易行使拍板权。父母总是会认为孩子这也不会那也不会,代孩子拍板也就成了父母经常犯的习惯性错误。要知道,孩子不会拍板才需要拍板,就像不会游泳才需要下水一样。第三,不要担心孩子拍错了板。拍板不可能每次都正确,但错误的拍板说不定更有益于人的成长。谁都有经验,失败的经历更让人铭心刻骨,错误的决策更让人追悔莫及。一个人的反思、总结往往始于决策的失误,拍错了板可能会加速人的成长。第四,放手让孩子拍板并不是放任自流,父母要成为孩子拍板的参谋和顾问。提供背景资料、参与决策讨论,这是参谋和顾问的职责,但一定要记住拍板权在孩子。

父母的路再长也没有孩子未来的路长,父母再有能耐也不可能做完孩子未来要做的事。让孩子能独立的行走,独立的做事,这是家庭教育的出发点和归宿。要做到这一点,就要从让孩子独立拍板开始。

输不起也就赢不起

2013 年 2 月 18 日

一看题目,这是谁都懂的道理。但今天有哪个孩子能输得起?

父母的过度宠爱,导致当下的孩子少有"输"的经历和感受;

父母的过度褒奖,导致当下的孩子习惯于受表扬挨不得批评;

父母的过度退让,导致当下的孩子只知道"赢"不知道"输"。

因此,以下的一些非理性举动就成了当下一些孩子在"输"的情况下的基本行为:

一是耍赖。游戏也好,比赛也好,一旦输,埋怨规则,指责对手,不会从主观上寻找自身原因,惯常的手段就是通过赖皮来挽回败局。

二是依赖。要想变输为赢,不是想办法、找原因,更不是创造条件,而是要大人帮忙,要父母解决,"等、靠、要"是当下孩子的拿手好戏。

三是畏惧。输了,不是积极应对,更不是迎难而上,而是紧张、焦虑、恐惧,缺乏基本的求胜欲、自信心和应对策略。

四是放弃。面对败局,遇到挫折,不是寻找对策,而是选择放弃。"不玩了"、"走吧"是这类孩子"输"时的基本表达。

五是逃避。输了,不是想东山再起,自然也不会卧薪尝胆,而是选择了逃离。输过的事不再做,输过的活动不再参与,输过的游戏不再玩。

谁都希望赢,谁都不愿输,但"输"与"赢"就是一对孪生兄弟,没有"输"的"赢"几乎是不可能的。俗话说"不如意事常八九",生活中、工作中、竞争中"输"确实比"赢"要多。在"输"的面前,只有百折不挠、越挫越奋,一个人才能取得真正的"赢"。输不起一定赢不起!

那么怎样才能让孩子输得起?

首先,要让孩子从小有正确的"输赢观"。要让孩子知道,有赢就有输,而且很多时候只有一个赢而有众多的输。凡事都要有"输"的准备,而不能仅仅有对"赢"的渴望,当然准备输,并不是服输。每个孩子要知道,不找出"输"的原因,不解决导

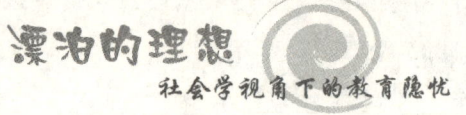

致"输"的问题,永远不可能"赢"。

其次,要让孩子从小就有"规则意识"。不论是游戏还是比赛,是输是赢要由规则说了算。输得起的孩子尊重规则,输不起的孩子埋怨规则。一个不守规则的孩子,不会在规则允许的范围内想办法找对策,除了怨天尤人就是无理取闹。让孩子有规则意识,父母即使在打球时"让球"、下棋时"让子",也要规则在先。孩子要知道,情绪不能超越规则,规则面前无特权。

最后,适当让孩子经历输、感受输。输了,有挫败感,自然开心不起来。但父母必须清楚,唯有如此才能提高孩子抗挫能力和解决问题的能力。为了孩子眼前的开心,不让孩子经历输,必然的结果是在未来会遭遇更多的输。

有学术前景孩子的基本特征

2013 年 2 月 21 日

中国的孩子课业负担重,学习时间长,升学压力大。确保考试的优秀成了家长、孩子追求的唯一目标。考试成绩也就成了衡量一个人是否会有学术前景的唯一标准。一个孩子能否上重点中学、重点大学直至能否到世界名校留学,预测的依据就是该孩子当下的考试成绩。会考试能考高分的孩子就会被认为是有出息,一定会在最终学术竞争中取胜,反之,则会被认为不是读书的料。

考试与一个人的学术前景真有如此一致的关系吗?不能说没有关系,但也没有密切到两者可以画等号的程度。一个孩子的考试成绩是与这个孩子接受老师家长辅导时间的长短、自身智力发展早晚等因素密切相关的。要想对一个孩子的学术前景作出比较正确的预测,仅看考试成绩是不够的,还要看以下一些方面的情况:

一是价值追求。是对学习本身有兴趣,还是对学习结果所可能带来的表扬奖励有兴趣,这一微妙的区别将决定了一个孩子能走多远。每个孩子都会看重学习的结果,但最优秀的孩子一定会把学习本身看得比学习结果更重要。最优秀的孩子一个共同的特征是学业上的融会贯通比得到物质奖励看得更重,学业问题解决比取得考试好分数更让自己愉悦,任何荣誉也没有比学习本身的成功更让自己感到骄傲。多数人读书为了生活,最优秀的孩子读书本身就是生活;许多人读书为了玩,最优秀的孩子读书本身就是玩。

二是自学习惯。服从老师安排,独立解决学习困难,按时完成作业,考试得高分,这样的孩子应该算是好孩子了,但还称不上是最好的孩子。最好的孩子在学习上,不仅体现在"服从",更体现在"自主"。能自己合理安排学习时间,能自己主动确定学习内容,能自己不断总结学习经验,能自己选择适合的学习方法。好孩子不是"教"出来的,而是"学"出来的。会自学的孩子,时间能得到充分的利用,学习的范围能超越学校的要求,学得的知识会更扎实也更能得到灵活运用,久而久之,自然变得出类拔萃。

三是意志品质。求学的路漫长而充满艰辛,最顺利发展,从小学到博士毕业也要 21 年。美国顶级大学的博士生告诉我,他们是在解决问题中成长起来的,每天都会遇到或来自理论或来自实验的看似无法克服的困难。凭一时的热情,再高的智商、再扎实的知识基础也不可能在学术上有所建树。最优秀的孩子,不仅因为聪明,更是因为意志过人。他们在困难时不退却,在平淡时能坚持,抵挡得住吃喝玩乐的诱惑,不需要父母老师督促,学习成了不间断的自动化的行动。

四是学习态度。性格决定命运,态度决定成败。"胜不骄败不馁"应是学术人的基本态度。一个人有了成绩,就沾沾自喜,是因为没有了更高的目标,也是因为没有在更广的范围将自己与他人作比较。只有那些成绩优秀又立志高远、充满自信又心怀谦卑的人,才可能在学术的路上走得更远。胜利容易让人倒下,失败同样容易让人倒下。一贯优秀的人对"失败"更陌生,如果没有对"失败"的正确应对,说不定"优秀"会因偶然的失败而终止。只有"赢得起、输得起",才可能顺风顺水。

五是学术兴趣。排名看总分,录取看总分,总分高了自然就会被人认为是优秀了。但真正优秀的孩子,除了总分高,还要有某方面的优势和特长。要想有优势和特长,两点很重要:一是有某方面恒久的兴趣,二是具备研究性学习的习惯和能力。兴趣能让人的学习变得自动化。研究性学习要求一个人:能给自己出题目,能制订计划,能自己搜集资料,能刻苦钻研,能独立完成,能反思总结,并且在这过程中能始终保持注意力的高度集中。

所以,当孩子考试优秀的时候,父母切不可据此认为自己孩子就一定会有良好的学术前景。要让孩子真正优秀,要让孩子在学术的路上走得更远,还得从多方面去关注和培养。

为孩子的魅力奠基

2013 年 2 月 27 日

父母关心孩子的学业、考试、分数、排名、升学,父母也关心孩子的生活质量、健康状况、物质保障、衣着打扮、人身安全,至于孩子的魅力,少有家长关心。

有的父母可能会认为,魅力是孩子长大以后的事,孩子小时候父母不必为此操心;而有的父母可能会说,一个人是否有魅力,决定于先天的条件,后天的培育于事无补;还有的父母可能会认为,孩子学业好、物质条件好自然而然就有魅力了。这些观点不能说全错,他们都从不同的侧面看到了决定人的魅力的一些条件和因素,

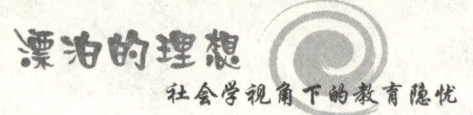

但他们并没把握住决定魅力的关键因素,更没意识到这些关键因素与一个人小时候接受家庭教育之间所存在的必然联系。

一个人的魅力是受到先天和后天众多因素的影响,但起决定作用的还是一个人"坚守、担当"的品质。邓小平是"矮个子",经历"三落三起"不改变心中的理想不改变做人的品格,魅力四射,无人匹敌。马云长得像"天外来客",为新商业文明,一分坚守,一分担当,赢得粉丝千千万万。浙江工商大学前人文学院院长徐斌,我不知道他是否长得英俊潇洒,是网上流传的他的《怀童心的孩子回家吧》的告别演讲稿,突然间让我感到他是当今高校中最有魅力的老师,也正因为有这样的老师浙江工商大学在我心中的形象也突然高大了许多。是什么力量让我有这样突然的转变?是因为谁都讲假话的情况下徐斌老师讲真话,是因为谁都要官跑官的情况下徐斌老师却怀着童心回家。是道德良知的坚守让人肃然起敬,是社会道义的担当让人不得不服。

是这种坚守,是这种担当,让人有了魅力。然而,当今的教育,当然也包括家庭教育,却不再让孩子学会坚守和担当。在道义和利益面前,有哪位家长会让孩子选择道义?在真理和利益面前,有哪位家长会鼓励孩子放弃利益追求真理?我们的孩子变得了没有童心,有着太多的与年龄不相称的老成和世故;我们的孩子没有了对原则的坚守,有着太多的在利益面前的随机应变。孩子眼前的利益是得到了保护,但"有奶便是娘"的行径总是让人喜欢不起来。一个孩子,从小讲功利,深谙趋炎附势,擅长于当墙头草,习惯于见风使舵,长大了不就是个投机分子吗?不就是个势利鬼吗?在父母对孩子眼前利益的过分保护和孩子自己对利益的过分追逐中,一个人的魅力也就渐渐消失了。

坚守是要付出代价的,担当也意味着有更多的牺牲。但也要看到,一个见风使舵的功利主义者也不见得就能得大利益。没有坚守就没有主见,没有主见就没有思想,没有思想就没有睿智,没有坚守,看似灵活多变,实乃跳梁小丑,难成气候。同样,没有担当的人,心胸狭窄,患得患失,总是难以超越眼前"利益的墙",让自己不可能走得更远。一个孩子眼前的利益看得越重未来的路说不定也就越短。坚守,担当,看似是对利益的放弃,实际上是对更大利益的追求。说不准,正因为如此,坚守和担当才成了一个人是否具有魅力的决定因素。

因此,要让孩子长大后有魅力,从小就要让孩子有对真理的坚守和对道义的担当。

父母怎样与孩子"谈恋爱"

2013年3月2日

　　家庭中最惨烈的战争莫过于父母对孩子恋爱的干预。对孩子来讲,恋爱最神圣最美好,自然也最不容许他人干涉。而在父母看来,年纪轻轻谈恋爱,是对学业的最大干扰,是在拿人生前途开玩笑,是最为大逆不道的事。这样的家庭战争,让父母伤心欲绝,让孩子痛苦不堪。避免这样战争的爆发,想必是每个家庭所希望的。

　　在家庭生活中,"恋爱"这一话题似乎是一个禁区。孩子不好意思问,父母也总是讳莫如深、避而不谈。回避并不意味着孩子恋爱不会发生,回避更不意味着不会发生孩子恋爱的危机,"鸵鸟政策"更容易引发家庭成员之间冲突的突然爆发。恋爱,是人的一生中必定要发生的。一个人进入青春发育期,朦胧的恋情就似必修课躲不过绕不开。对于这样在孩子身上必定要经历和发生的事,父母采取避而不谈的回避策略显然是不明智和不可取的。

　　为让孩子对恋爱有一个正确的认识,进而让孩子形成正确的对待恋爱的态度和行为,父母在日常家庭生活中要有意识地引入"恋爱"这一话题。在不知不觉中让孩子认识恋爱,在潜移默化中让孩子懂得恋爱。特别要注意的是,恋爱话题引入的"时间点"的把握。一定要在孩子恋爱发生之前进行,恋爱中的孩子那是"刀枪不入",任何高超的理论、美妙的言词也难以让孩子心悦诚服、回心转意。在孩子进入青春发育期前,"恋爱话题"应是家庭日常生活中的"必修课"。

　　与孩子"谈恋爱",谈什么呢?没谈恋爱的孩子对恋爱也并不是都不懂,父母在与孩子交谈中切忌居高临下,发号施令。教育的有效,不在于给孩子立规矩、发命令,而在于提供背景材料让孩子自己做出判断选择。在与孩子"谈恋爱"中,以下的内容不妨涉及。

　　(1)恋爱的隐患。恋爱是最甜美的,但也潜伏着最大的危机。买一件衣服,货比三家还可能不合适,还要退货。谈恋爱处对象,一辈子的事,眼前的适合并不意味着一辈子满意,一时的快乐并不意味着一生的幸福。一生一世的事,不是买件衣服,当慎而又慎,不可贸然决定。

　　(2)恋爱的走眼。两个人一辈子相厮相守,这本身是很困难的事,更何况恋爱时容易看走眼。恋爱中的女人是弱智的,恋爱中的男人也高明不到哪里去。这一道理在恋爱进行时听不进去,所以要提前讲。让孩子知道,恋爱时要多一分理性、多一分清醒,多听取他人意见。

　　(3)恋爱的底线。恋爱中的人,头脑发热,海誓山盟,容易走火入魔、超越底线,甚至一失足成千古恨。世上，失不可复得的要百倍珍惜，不可取代的要百倍珍惜。还不知道什么要值得珍惜，也不知道恋爱底线的人，是不具备谈恋爱资格的人，其恋爱会开花，但结的一定是苦果。

(4)恋爱的担当。恋爱属于激情状态，恋爱中的人一定会认为自己是最圣洁、最超凡脱俗、是最不讲功利的。处于激情状态的人，可以不要名利、金钱、地位、前途。但人不可能永远处于激情状态，总要回归平静。平静状态，彼此吸引，如果不是因为功利，那么就是责任、才华、能力、素养。如果什么都没有，光凭激情，那么怎样为自己为对方创造一生的幸福呢？

(5)恋爱的干扰。恋爱让人幸福，恋爱给人灵感，恋爱也给人带来学业上的干扰。谈恋爱的人处于激情状态，处于激情状态的人自然无法平静，自然耐不住寂寞。热恋中的人，总是把表达爱慕之情看得比维持生命的一日三餐重要，把与恋人相见看得比生命的存在更重要。没有强大的定力，任何信誓旦旦的保证都不能让恋人回归平静。

话说回来，恋爱是孩子的权利，是孩子必定要经历的。父母要做的，不是不让孩子恋爱，而是引导孩子如何恋爱。

附 录

"改革可能会错,但不改革是最大的错"

记者　李鹭芸

有这样一位校长,他允许学生用淘宝网店的等级冲抵学分;有这样一位校长,他承诺"两个不"——不申报新课题,不新带研究生;还有一位校长,他没有任何行政级别……

"不一样"的高校校长,会带来什么样的理念突破、制度创新?这些"不一样",能否为中国高等教育打开另一扇窗,又或者只是过场戏?文化版推出系列报道"不一样的校长",来听听高校里不一样的故事。

——编　者

义乌工商职业技术学院创业班的教室里,老师在讲课,学生则猫在电脑后,身边散落着网购热卖品,他们正通过淘宝旺旺和顾客谈价格、接单子……

这所学校被称为"淘宝大学",却和马云没半点关系,名字的由来,源于被称为"创业教父"的副院长贾少华。此前,他规定,学生经营的网店级别可以代替学分;而今,他又表示要让六门课不及格的石豪杰以优秀毕业生身份提前毕业。

贾少华的离经叛道,屡次刺痛传统教育的神经。

"强迫成绩差的学生学高等教育课程,就像叫姚明去跨栏"

1999年研究生毕业后,贾少华来到义乌工商学院担任副院长。

当时,这所学校刚刚脱离杭州大学,开始独立办学,属于高考录取中的最后批次。贾少华满怀"化腐朽为神奇"的激情,要为学生设计追赶强者的一整套教育思路。

现实却很残酷。临近期末考试的一天,贾少华到教室转悠,不经意拿起一个学生的课本。整本书上,除了一个名字和电话号码外,连条横线都没有。贾少华问:

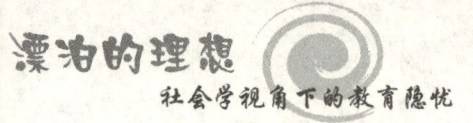

"这是你的名字和电话?"学生答:"不,是老师的。"原来,学生只是在开学时记下了老师的名字和电话,以后一个字都不写了。这让贾少华大受刺激,"我这辈子都忘不了!"

绝望的同时,贾少华接受了一个事实,书本知识不是高职学生的兴趣所在,"考清华大学要700多分,我们学校只要300来分,会读书和考试的孩子不在我们这儿。强迫成绩差的学生学高等教育课程,就像叫姚明去跨栏。"

但他也发现,"这些学生的行动力很强,开运动会布置场地时,他们一个比一个积极。"一个颠覆学院式教育的念头在他脑海中慢慢产生。

"学生是学校的产品,如果不受市场欢迎,就意味着老师的失败"

"改革可能会错,但不改革是最大的错。"贾少华有些激动,这十多年,走得不易。"最大的困难,就是打破固有观念。"面对争议与压力,贾少华拼上了一切可利用的机会。

2008年,贾少华把一整栋教学楼空了出来,命名为"创业园",却只为学生提供两根线——一根电线、一根网线。"不是学校小气,真正的创业是从无到有的过程,所以硬件都要学生自己解决。"贾少华就是要让学生自己投入,有投入才会努力创业。

他还建立了"创业学院",让月收入8000元以上,或是网店达到四颗钻以上的学生搬进创业园,并力排众议,制定了《创业学生管理办法》,学生可以通过创业实践以及其他与企业管理相关的课程修学分。"现在的门槛降到了5000元,一开始的8000元,就是为了堵住反对的声音,月收入都超过公务员了,大家高抬贵手吧!"

这个"没有一分钱投入"的创业园,产出却是惊人的。何洪伟于2005年起步做网商,2009年的成交量就达到1.3亿元,2010年,被网商大会评为"全球十大网商"。2007年入学的杨甫刚,复读了两年才勉强考进,毕业时,他开着凯迪拉克离开学校。石豪杰在报志愿时,到学校考察后放弃"二本",现在他的网店聘请员工11人,年销售额超千万元。这三名学生入校时都是贫困生,连学费都是写了欠条给贾少华的。

目前,义乌工商学院有2000多名学生在网上创业;他们中的60%以上生活费自理,1/3的月收入接近普通白领,一年的销售总额超过2亿元。

贾少华并不认为自己推动的创业教育有多了不起。"从大学出来的学生找不到工作,校长、老师还心安理得,还为一大堆研究成果而沾沾自喜。可事实上,学生是学校的产品,老师是生产者,产品如果不受市场欢迎,就意味着我们的失败。"

"知识是他人经验的积累,能力是自身经验的积累"

发达国家,大学生自主创业率达到 23%~25%,而我国却不到 1%。"中国的大学注重创业教育,为什么创业人才寥寥无几?"贾少华说,"中国创业教育就像在教室里用理论培养游泳运动员,可学员看到水就发抖,下了水说不定就淹死。知识是他人经验的积累,能力是自身经验的积累。"不付诸行动的创业梦想,只能和理论书本一起束之高阁。

贾少华奉行一个标准,"学习好的是好学生,创业好的更是好学生"。他规定,一般的学院奖学金是 2000 元,但创业竞赛的最高奖金是 10 万元。贾少华说:"我就是要鼓励创业,创业不仅能解决自己的就业问题,而且还解决了别人的就业问题。"

有人问贾少华:"如果你是清华的校长,那么还搞不搞创业教育?"贾少华的回答很坚决:当然不会!他认为,不同的学校应该承担不同的使命。现在国内高校,人人要做精英,结果却是"上不去,下不来",这很可悲。有研究表明,只有 1% 的高校具有知识贡献、知识创新的能力,中国 2000 多所高校,有 20 来所"做精英"就可以了。

贾少华坚持,开网店的过程,培养了学生的责任心、自信心,以及待人接物的礼节,懂得了怎么做人。"商德不是靠说教,而是在创业过程中逐渐形成并积累的。即使互联网毁灭了,我的学生也能活下来,因为他们已经具备了洞察市场、捕捉机会的能力,具备了跟企业、跟供货商的谈判协调能力,与顾客的沟通维护能力,以及管理员工的能力等,这些经验,是在商业环境下的立足之本。"

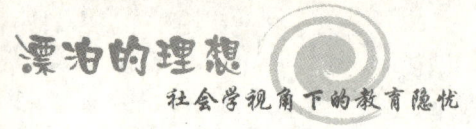

后　记

此书中的绝大多数文字是在最近两年(2011年4月—2013年3月)内写的,并按写作时间先后排序。不再从事学院主要领导工作后,有一个想法,两年写一本书。2011年出版了一本,还有比较多的人阅读,这也就让我有信心来出版这本书。此书中收录了稍早时候写的少量文章,这些文章本该收录到前面那本书,由于当时疏漏,现整理收入此书中。

多年从事学校的管理工作,在很多人眼中我是学校的领导,但我在任何时候首先把自己定位为教师。我所理解的教师,就是终身与书打交道——读书、教书和写书。近几年,自己可以比较纯粹地当一名教师了。但让自己最为骄傲的不是自己的教育主张受到了海内外媒体的关注,而是圆了到全国各地讲学的梦;让自己最为舒心的不是自己写的书受到了读者的欢迎,而是自己有了比较多的时间来读书;让自己最为充实的不是还有那么多新老朋友的牵挂,而是自己能静下心来写书。要问我为什么写书,我就是想让自己成为一名比较纯粹的老师,至于别的什么还真说不出来。书中的文字,都是从教师的视角去看教育,有见闻,有感受,有批评,有牢骚。若有冒犯,则请读者宽容谅解;若有错误,则请读者批评指正。同时,也要感谢所有与我交流的新老朋友,常常是你们的激励让我有了写作的冲动,没有你们,也就没有这本书。

教育从来都不是脱离社会而存在的,不同的社会,对于教育有不同的理解和践行。对于教育的忧思,任何社会都会存在,因为这关乎一个家庭的未来,关乎一个民族的明天。作为一名从事教育学、社会学研究的教师,在从事多年教育管理工作和推进创业教育实践的过程中,我累积了一些对于当下教育的思考。在对东西方教育现状的深入研究之后,我不禁对当前教育中令人困惑的种种问题产生隐忧。在研读先贤教育学著作的过程中,我也有了自己对于教育的理解和理想。书里的文字,或许浅薄,或许粗糙,但全是真话、实话、心里话,也请读者自己评判吧!

有理想,便无所畏惧,哪怕这理想仍在远方漂泊,哪怕这理想与现实之间仍有差距,只要我们仍在探寻,仍不放弃,就有可能接近。也可以说,理想永远都是在远方的,但现在我们要做的,是放下身段,在重新审视、自我批判中前行。

贾少华
2013年3月30日于义乌岭下海棠园

图书在版编目(CIP)数据

漂泊的理想:社会学视角下的教育隐忧/贾少华著. —厦门:厦门大学出版社,2013.12
ISBN 978-7-5615-4810-3

Ⅰ.①漂… Ⅱ.①贾… Ⅲ.①教育学-文集 Ⅳ.①G40-53

中国版本图书馆 CIP 数据核字(2013)第 251096 号

厦门大学出版社出版发行

(地址:厦门市软件园二期望海路 39 号 邮编:361008)
http://www.xmupress.com
xmup@xmupress.com

沙县方圆印刷有限公司印刷

2013 年 12 月第 1 版 2013 年 12 月第 1 次印刷
开本:720×1000 1/16 印张:13 插页:2
字数:254 千字 印数:1~3000 册
定价:46.00 元

本书如有印装质量问题请直接寄承印厂调换